纪念上海开埠170周年

上海滩·1843

中国在此转身

卞君君◎著

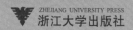

ZHEJIANG UNIVERSITY PRESS
浙江大学出版社

由争鸣是社会发展的大前提。上海自开埠后便是东西方文化的交融之所,各种思潮的碰撞、交锋,使上海的文化异常地活跃和繁荣,从而造就了上海的品格。而作者在书中,哀叹这种以上海文化为代表的争论、自省意识的衰落。例如,他谈及"公共空间":

对于"公共空间"的理解,中国老百姓侧重于"公共使用",却在"公共管理"方面意识薄弱。姚公鹤在《上海闲话》叹道:"呜呼,教育不普及,又曷怪公益心之薄弱耶!"自20世纪初以来,针对民众公德问题的反省,一直没有停过。但这种内省在中国很多历史教科书中一概不见了,在民族主义高涨的汹涌浪潮中,爱国主义教育笼罩了一切。

他继而在更大的层面上加以评论:

由此可见,一个国家的兴衰与成败,不仅取决于它的政府能否制定和实施正确的战略和政策,同时还取决于是否能承认现实,自我剖析、自我反省的勇气。如果一个政权不能正确认识历史,连反省的勇气都没有,还能指望它真正与时俱进吗?

这其中的弦外之音,关注时政的读者自然能心领神会。

从根本上讲,"开放"意味着先进制度、先进文化对落后制度、落后文化的改造和征服,但问题是,落后的制度和文化往往意味着巨大的权力寻租空间,因此既得利益集团会千方百计地阻挠"开放"。对今日的中国而言,这一点不是值得温故的历史,而是需要直面的现实。

一百七十年前,中国的国门被叩开,被迫开阔眼界,被迫进入世界一体化进程,而当一百七十年后,中国已今非昔比,成为世界格局中一支重要的力量,然而我们国家仍然有一种百年前那种"惧怕开放,惧怕融入世界"的心态,这可能是一切表面的危机背后,更令我们为之担忧的境况。

从这个角度讲,本书能够借上海的百年发展让我们重新正视"开放"之于中国未来的价值和意义,则善莫大焉。

客观而言,君君写作此书,并不具备优势,他并不是史学专业出身,也没有城市研究的背景,于他而言,操作这个选题,本就是"知其不可而为之",若一般人或早已知难而退,但他查阅文献资料无数,着实下了一番苦工。君君对近代政治、历史颇有志趣,此书也是以"上海"为切口,来展现他对中国近代历史变化演进的一个观察和思考。无论如何,这都值得鼓励和嘉许。其中或有讹误,或有漏疏,终归瑕不掩瑜。

　　是为序。

2013 年 7 月 11 日于杭州大运河畔

1843

城市的源起

上海，一座被大炮轰开的城市，
为了贸易，为了这个四亿人口的市场。

一

海上来"客"
【注定结局的开始】

崇德八年八月二十六日（1643 年 10 月 8 日），天未亮，黄浦江通往东海的入海口处，一个渔家孩子背着竹篓，穿过一片芦苇坡，去茅草丛生的滩涂上挖牡蛎。显然，这个孩子不会预知到两百年后，他脚下这片海滩将成为一座繁华的城市，城市的名字叫——上海。

他也不知道，就在他挖牡蛎的时候，远在千里之外的北方盛京（今沈阳）皇城内，一个和他年龄相仿的、只有五岁半的孩子被拥立为嗣皇帝。半个多月前，他的父亲皇太极突然猝死，由此清王朝出现了第一位娃娃皇帝。这位小娃娃就是爱新觉罗·福临，第二年于大政殿举行即位大典，改元顺治。

1644 年，中国出现了三个皇帝，除了还是"部落首领"的爱新觉罗氏以及秉承家业的明朝崇祯皇帝之外，另外一个加入"皇榜"成员的是个农民，他叫李自成。他们三个人在当时中国的历史舞台上形成了三支政治力量：没落的明、关外虎视中原的清和号令农民"造反"的大顺。

从朱元璋开始，明朝历代皇帝都有滥杀功臣、多疑吝啬的坏毛病，崇祯的这个家族之症已经让整个王朝病入膏肓。抗击清兵时，如果一个城市沦陷，就把失城的将领杀掉；一个地方沦陷，就把丢地的官员杀掉。就连战功赫赫的袁崇焕、孙传庭这样的大帅也是说杀就杀，而且抄灭全家。皇帝如此苛求擅杀，怎能不让与清兵殊死搏斗的官兵们心寒呢？吴三桂、洪承畴、耿精忠、尚可喜等，都是能征善战的将领，前车之鉴让他们有了事后做"汉奸"的充分理由。

1644年3月18日，李自成领导的农民军乘着晦暗天色，开始攻入北京城。19日破晓，紫禁城内的太监们在听到攻城炮声后早已作鸟兽散了，满朝文武无一人来护主。亲眼看着几个老婆或跳井或上吊自杀后，绝望的崇祯皇帝踉踉跄跄地爬上了紫禁城后门的煤山。此时天色大亮，京城已完全陷落了。在山顶的寿皇亭，他放眼一看，只见京城内外火光冲天，四周喊杀声阵阵传来，炮声隆隆作响。见此，崇祯不禁仰天长叹，泪如雨下，想不到当年祖宗出于象征江山永固而堆筑的煤山，今成自己的葬身之地。随后，崇祯在半山腰找了一棵歪脖子槐树，解下衣带上吊了。

据说，崇祯皇帝的死状非常狼狈，身上只穿着白色内衣，披散着头发，右脚穿着一只红鞋，左脚光着。他用34岁的年龄给277年的大明王朝画上了一个黑色句号。临死，可怜的崇祯还哀叹："朕非亡国之君，臣乃亡国之臣。"皇帝殉国，何等悲烈！

崇祯死了，李自成的屁股也没能捂热紫禁城的龙椅，"一怒为红颜"的吴山桂打开山海关迎清兵入关。清军打出替汉族地主"报君父之仇"的旗号，灭了李自成的大顺而一统中原。应该说，明朝的统治是李自成推翻的，但顺治却拣了个天大的漏，成了清朝第一位入关的皇帝。

清军入关被很多海外学者认为是中国近代史的开端。农民们用菜刀、锄头革了一个旧王朝的命，而满族的铁骑又踏下了一个新王朝。长江后浪推前浪，一代新朝换旧朝。尽管农民起义波及黄河南北，满汉战争伤亡千百万人，但中国还是封建社会，同两千多年前的秦王朝别无二致。

与中国的农民革命、清兵入关大致相同的时间，欧洲的英国也发生了一场"革命"。从1640年英国国王查理一世召开新议会事件开始，被称为"世界近代史开端"的资产阶级革命爆发了。1649年1月30日，在英国王宫前的广场上，查理一世的头颅在众目睽睽之下被斧头砍落。英国资产阶级的胜利，是一个历史的新纪元。这场革命，为欧洲和世界的封建专制主义制度敲响了丧钟，随之一种迥别于封建社会制度的新政治制度在欧洲宣告诞生。

几乎是同时发生的东西方两场革命，同样是两个以悲剧结局的皇帝，但两个国家却走上了完全不同的发展之路。英国资产阶级革命的成功，为工业革命提供了新的政治大厦，在此后的三百多年里释放出了巨大的能量，它波及世界，震撼全球。工业革命产生的坚船利炮让英国在大洋大海中横冲直撞，成为18世纪世界最强大的殖民国家，号称"日不落帝国"。我们不难设想，在皇宫广场上处死查理一世时民众的欢呼声，不就是两百年后西方叩击中国国门的隆隆炮声吗？

"暴力革命"总是需要代价的，在轰轰烈烈的资产阶级革命中，贵族与平民都把守了一个传统底线，即尊重和维护私有财产。于是，"暴力革命"变成了一场没有流血和牺牲的资产阶级改良运动，使得资本主义君主立宪制完全在英国确立下来。一百多年后，英国的资产阶级革命翻版在法国上演。令人叹息的是，中国没有在法理或者制度上确立财产不容侵犯，在强势而毫无契约观念的政府面前，皇帝要抄你家，甚至要你死，大家都还要"谢主隆恩"。

资产阶级革命改变了英国也改变了世界，但中国还在旧有的轨道上运行，尽管庄家换了，却还是原来那副牌局。东面是大海、北面是冻土区、西面是高原、南面是岛屿，中国形成了一个巨大的"孤岛"，在持续千年的时间内，这个"孤岛"内部一直发生着世界范围内规模最大的商品交换，发达的市场、繁荣的商贸、成熟的农业……以至于被认为"14世纪时，离工业化只有一根头发丝的距离"。然而，大一统的中央集权专制制度，让这个微小的距离直至鸦片战争爆发时的19世纪，在这长达五百年的时间都没能跨过去。

今天的故事重复着昨天的历史，改朝换代的船票没有搭上驶向蔚蓝色大海的资本主义客船。从此至1912年中华民国临时政府成立、末代皇帝溥仪退位，爱新觉罗氏统治了华夏整整268年。以入关的数十万人马领导上亿人口的帝国，这个看上去很像"小概率事件"的事实，让满人部族政权时刻保持着防止被颠覆的警觉。

1653年，已经坐稳紫禁城龙椅的顺治接到一份来自广州的"内参"报告，称一艘荷兰国的海船停靠在虎门港，提出要上岸通商贸易。顺治从德国传教士汤若望口中得知,荷兰是一个新崛起的西方强国,1624 年击败西班牙独占了台湾岛。群臣对是否与荷兰做生意,分歧很大。于是,荷兰人对清朝官员大肆行贿,同时游说被顺治尊称为"玛法"(满语中"爷爷"之意)的汤若望,希望他能在皇帝面前多说好话。

后世,有人找到了一份当时参与此事的荷兰人信函,上面记录:"政府官员对我们的礼品出奇地满意,并同意向我们提供各种便利。"信中记载了一个耐人寻味的细节:"汤若望见到我们把大量的礼物,特别是武器、毛毯、红珊瑚、镜子等众多奇珍异品一件件摆出来的时候,他发出了一声长长的叹息。"1653 年,顺治接见了荷兰使团,特许荷兰国每八年到中国"朝贡"一次,每次来的人不超过100 人,并只允许 20 个人能到京城。

对于一个游牧民族建立的王朝,他们对海外贸易是不怎么感兴趣的,在征服汉族后就视自己为天朝,不承认平等"贸易",视他国为藩属,连"朝贡"也只能八年一次。尤其是 1661 年郑成功集团收复了台湾岛,为了切断沿海百姓与郑成功集团的联系,以"骑射"得天下而水军薄弱的清王朝只能下令海禁,规定"片板不许下水,粒货不许越疆",甚至将沿海居民内迁 30 里,使靠近台湾岛的沿海边界变成无人区。

清朝的海禁政策执行了二十多年,直到顺治的儿子康熙平定"三藩"、统一台湾之后,海商贸易才逐渐宽松。1685 年,强势、开明的康熙皇帝正式宣布开海贸易,设立粤、闽、浙、江四大海关。海关制度的建立,是中国自唐代开辟"丝绸之路",创设"朝贡贸易"的市舶制度以来,政府首次将对外贸易的管理与经营活动分开的新贸易模式,伴随催生的是一个迥异以往的、从事洋货生意的商人阶层。

设立海关后,外商被允许在四大海关自建商馆内,自主买卖。荷兰、美国、丹麦、英国、瑞典等国先后在广州珠江边自建商馆,每个商馆占地 21 英亩,年租金为 600 两白银。这批在中国土地上最早的西洋建筑群,与中国人的房屋相映,犹如一道突兀而怪异的风景。清政府对这些外商的行动进行了严格管制,颁布了许多限制法令,例如外商未经批准不能进广州城、禁止外商雇用中国人做仆奴、禁止外商向中国商人放贷资金,甚至有禁止外商在广州过冬、外商不得乘轿子等奇怪规定。外商到中国几乎是被"圈养"起来了。

中国商人同样需要获得政府发放的牌照,方能与外商交易。第一批被特许从事洋货贸易的商行共有 13 家,他们是政府与外商之间联系的唯一中间人。一项广受外商诟病的规定是:洋人有事要申诉,自己不能直接向广州当局上告,必须通过行商向政府呈文。这显然是极不利于维护外商利益的。为了控制价格,广州的商人还成立公行,缔结同盟,分享利益,一致对外。这个组织显然是受到官方支持的,这种"对外统一行动、对内垄断利益"的商业特色极像扬州"盐商"的做法,"十三行"商人因此渐成一个组织严密的垄断型商帮,与两淮盐商、晋陕商人一起,被后人称为清代中国的三大商人集团。

明清时代崛起的粤商,与中国近现代社会经济转型相始终,承前启后,脉络至今不绝。而广州十三行行商则是清代中前期兴起的粤商中独树一帜的劲旅,当时的英国人称他们是"国王的商人"。明末清初"岭南三大家"之一的屈大均在《广州竹枝词》中描写道:"洋船争出是官商,十字门开向二洋。五丝八丝广缎好,银钱堆满十三行。"这反映了当时十三行地区洋船云集,外贸繁盛的情况。

广州"十三行"牌坊

1689 年,一艘悬挂着英国国旗的商船驶进广州港,与粤海关监督达成协议后,获得登岸贸易的许可。这艘商船并没有独特之处,但它的到来却是个历史性事件,原因在于它属于大名鼎鼎的英国东印度公司。在世界企业史上,英国东印度公司是最早的股份制有限公司之一,它在英国殖民地印度的贸易垄断特权是经伊丽莎白一世女王特许的,是英国政府和商业利益集团的"全权代表",最鼎盛之时,英国东印度公司控制着全球 40% 的贸易。

初进中国市场,英国东印度公司的商船买卖清淡,船舱里装满了毛纺织品,这在天气炎热的广州并不受欢迎。由于毛纺织品的滞销、茶叶瓷器的刚性需求以及清政府的强硬,造成英国东印度公司在相当长时间里处于贸易逆差的被动局面。除了官定税额以外,英国人还遭到中国官员大量勒索,这在中国当然是司空见惯了,但这方面,英国人似乎不怎么习惯享受这种"国民待遇"。于是,他们试图将贸易转往厦门、宁波等其他港口，但发现那里的"刮地皮"勒索更厉害，只好又回到广州。

为了打开市场，英国东印度公司一直试图解决两个困扰外商的难题：一是扩大对华贸易的市场港口；二是找到更能赚钱的对华商品。1715年，东印度公司在广州城外设立了固定的商馆。在随后的近两百年间，这家"国有参股"的巨型公司，主导了西方世界的对华贸易，并直接打破了东西方的贸易均衡，它是鸦片贸易的始作俑者，对中国和亚洲产生了难以估量的影响。

转眼时间到了1736年，清朝皇帝的龙袍披到了25岁的乾隆身上，经过他爷爷康熙和爸爸雍正的呕心经营，年轻的乾隆拥有了一份殷实的家底。中国似乎有一个兴旺惯例，只要社会有七十年以上的平稳期，经济必会重获繁荣，因此清朝也迎来了"康乾盛世"的社会繁荣期。

1743年，又一个英国"游客"从海上"漂"来。"百夫长"号船长乔治·安森带着他疲惫不堪的船员驶入虎门港，这是史上第一艘英国籍战舰进入中国水域。他们已经几个星期没有看见陆地了，船上的给养几乎消耗殆尽，更为严峻的是，三分之二的船员因患败血症相继死亡，如果不立即上岸补充淡水和食物，他们只有死路一条。

乔治·安森向广州地方官员提出的申请遭到了拒绝。于是，海盗出身的乔治·安森推出震天响的火炮，威胁要击毁驻扎在港内的中国船只，这种虚张声势的恐吓竟然奏效了。百年后的1838年，约翰·巴罗在其撰写的《安森传记》中写道："由于英国战船的新奇，由于其船长的坚定，由于明智地展示了自己的力量，偶然夹杂着一些可能更有必要使用的威胁，此外还由于早就洞察了这个民族的真正特性，安森成功了。"

在炮口下，广州的官员屈服了。他们并不知道，这种屈从或许暂时拯救了这座城市，却玷污了中国人的声誉，使得中国陷入了一种易被威吓的胆小印象，最终大清王朝高高在上的地位，在欧洲人心目中丧失殆尽。

乔治·安森被允许登岸，他将海上劫得的财宝卖掉，获得了40万英镑。他用这些钱采购了大量中国货物，据说装满了32辆马车之多。1744年6月15日，凯旋回到英国的乔治·安森，将战利品放到伦敦的大街展示，他受到了英雄般的欢迎，被英国皇室封为爵士，并出任海军大臣，成为英国近代海军改革者。

长时期"不许舢板下海"的国策,几乎让中国人丧失了挑战海洋的能力和勇气。与之形成鲜明对比的是,远在中国北方的俄国,比康熙小12岁的年轻沙皇彼得一世,力排众议将首都从莫斯科迁到波罗的海边的一块沼泽地上。日后证明这是一个伟大的决定,这座被命名为圣彼得堡的新城市,让俄国由一个内陆国家变成了面向大海的新帝国,而彼得也以"大帝"名垂历史。

1689年(康熙二十八年)9月,中俄在尼布楚举行边界谈判,尽管当时清朝占理占势,却"战略性"地放弃了对西伯利亚的控制权,双方签订《尼布楚议界条约》,这是清政府和西方国家签订的近代的第一个"平等条约"。为表示庆贺,双方还互赠礼品,举行了盛大的宴会。清朝的这次露怯,对后世的影响深远,并且结局相近的故事被一再重演,这是最让后人倍感沮丧的地方。

从西班牙人、葡萄牙人、荷兰人再到英国人、俄国人,他们对华的姿态和贸易情况,竟成为了西方列国验证实力的晴雨表。在许多困难之下,英国东印度公司的对华贸易仍然在不断发展。这其中的原因是,虽然它向中国贩卖毛纺织品一直亏本,但在茶叶贸易上赚到了不少钱,它每年进口茶叶的利润近50%,在抵消了毛纺织品亏损之后还有26%以上的盈余率。

垄断好办事,这句话一点儿都没错。1773年,英国东印度公司又游说英国政府,使其成为英国在北美地区的利益总代理。它垄断了北美地区的茶叶运销,其输入的茶叶价格低廉,使其他贩卖"私茶"的商人无法生存。这件事引发了北美地区民众的愤怒,因此爆发的"波士顿倾茶事件"成为美国独立战争的导火索。1789年4月30日,美国宣布成立联邦政府,产自中国的茶叶竟然促发了美国的独立。随即英国取消了美国在英国所有殖民地范围内享有的一切贸易优惠。

为了打破英国的经济封锁,扩大海外贸易,美国人决定到远东碰碰运气。1784年2月,一艘名为"中国皇后"号的商船从纽约港鸣锣出发。"中国皇后"号,这是一个多么直白的向中国致敬的名字。商船横渡大西洋,绕道好望角,再经印度洋,远涉1.13万海里历经半年抵达广州。船上满载了40余吨的棉花、皮货、胡椒等商货,返程时装走了数百吨的茶叶、瓷器、丝织品以及漆器等中国物品。

与欧洲人相比,美国人到中国做生意则晚了将近一百年。但他们的收益是丰盛的,返航回到美国后,船上货物马上被抢购一空,据称连开国总统华盛顿也忍不住购买了一只绘有龙纹的茶壶。纽约的报纸也详尽报道了这次神奇的航行,据估算,此次远航船主赚了 3 万美元,获利高达 15 倍。那些日子里,所有美国人都在谈与中国贸易的话题,广州的英文名称——Canton,几乎成了财富的代名词。

在美国并无东印度公司一类的特权机构,贸易是在平等条件下向所有人敞开的。所有人都希望能去广州捡钱,"只要有能容纳 5 个人的帆船,就在计划到广州去"。这并不是说笑,不久之后,一艘名叫"实验"号的货船出现在了广州港。对于一艘吨位只有 84 吨就敢漂大西洋的货船来说,美国人追求财富的冒险精神可见一斑。据统计,从"中国皇后"号开始至鸦片战争前夕,共计 1004 艘美国商船来华经商,数量仅次于"海上霸王"英国。

发生在近代历史的中国东南沿海的商贸故事,生动地呈现出一个不可否认的事实,全球化的新时代即将来袭,而它的桅杆已经在地平线的远端露出端倪。黎明时刻来临了,拥有巨大消费者市场;巨量的茶叶、瓷器和丝绸商品;勤恳并具有强大竞争力的商人集团;至少表面上还获得尊重的政府……无论哪一点,都预示着东方的中国将成为这次全球化时代的最大受益者。

但悲剧的是,中国人在欧亚大陆的最东端建造起了一个独特的、封闭的自治社会,这一社会以农业而不是商业为基础,由地主和官僚统治,自满自足的社会拒绝在完全平等的基础上建立外贸关系。事实上,他们对外部世界毫无兴趣,笼统地将欧美国家称为"蛮夷"。即使当以千计的帆船载满白花花的银子叩击紧锁的国门时,"广有四海"的皇帝仍然无动于衷,拒绝一切的变化。这个国家只剩下了故步自封的高傲。

显然,美国人的"插足"以及中国政府苛刻的贸易限制,让英国东印度公司既头疼又愤怒。为了扩大利润额,避开"十三行"的价格围墙,英国东印度公司派出一个精通汉语且能说闽南话的英国人洪仁辉(James Flint)到福建泉州和浙江宁波从事茶叶和丝绸生意,这两个地方一个位于武夷山产茶区范围,一个地处中国纺织业最繁华的江南且是龙井绿茶的主产地。英国东印度公司在广州之外的贸易日增,影响到了广东海关的税收,在两广总督的强烈反对下,清政府把浙江海关的关税提高了一倍,却依然没有有效遏制英商北上的冲动。

1843

　　1757 年,乾隆下诏关闭福建、浙江、江南省(辖江苏、上海、安徽地区)三地海关,距离紫禁城最遥远的广州成为唯一的通商口岸。不甘心的洪仁辉给清廷写了一份请愿书,提出多埠贸易。乾隆皇帝对蛮夷的鲁莽行为十分震怒,认为这是对大清"一口通商"政策的蔑视。他下诏将洪仁辉"在澳门囚禁三年,期满逐回本国,不许逗留生事"。洪仁辉吃牢饭,而替他代写请愿书的中文老师则更加倒霉,被按了个"为夷商谋唆"罪名而处死了。

　　这种将贸易限于广州一地、行商垄断贸易、中外交往由行商居中转达等对外贸易管理体制被称为广州体制。广州能成为唯一通商口岸,并不是两广总督写给皇帝的"内参"威力大,而是因为"偏远"的广州离京城远而离南洋近,天高皇帝远,即使出点乱子也不会影响到政府稳定。另外,皇帝心里也有本小九九账目,广东海关隶属于清朝的内务府,所谓内务府就是管理皇家大小事务的总机构,是皇帝的生活秘书。换而言之,海关收入的银子全都进了皇室的私家腰包,广州成了"天子银库"。当然,十三行的行商也从广州"一口通商"及垄断贸易的"公行制度"中爆赚,一首当年流传下来的《岭南乐府·十三行》中描述道:"粤东十三家洋行,家家金珠论斗量。楼阑粉白旗竿长,楼窗悬镜望重洋。"由此可见行商的富裕。

　　在广州十三行中,以同文行、广利行、怡和行、义成行最为著名。其中的怡和行,更因其主人伍秉鉴而扬名天下。通过贸易特权,伍秉鉴同欧美各国的重要客户都建立了紧密的联系,不仅在国内拥有房地产和茶园、店铺、钱庄,还越洋到美国投资铁路、股票和保险等业务,怡和行成了一个名副其实的跨国财团。此外,伍秉鉴还是英国东印度公司最大的债权人,有时东印度公司资金周转不灵,经常向伍家借贷。全盛时期,伍秉鉴名下资产多达白银 1872 万两,俨然已是世界超级富豪。2001 年,伍秉鉴与比尔·盖茨以及成吉思汗、和珅等人一起,被美国《亚洲华尔街日报》评为一千年来世界上最富有的 50 个人。在入选的 6 名中国人中,伍秉鉴是唯一一个靠经商发财致富的"平民"商人。

　　面对如此巨大的一块肥肉,政府官员的"红眼病"又犯了,各种苛捐杂税名目繁多,种种中央与地方、洋行与外商之间就海关税费、官吏腐败、贸易垄断之间的纷争与博弈,几乎伴随了整个十三行一百多年的外贸兴衰史。

　　1792 年 9 月,英王乔治三世派他的表兄马嘎尔尼勋爵组成官方访华使团,访华的目的是为了说服清政府放弃或改变广州贸易体制,"取得以往各国未能获得的商贸利益与外交权利"。皇亲国戚的马嘎尔尼并非是泛泛之辈,他曾先后任驻俄国公使、加勒比岛屿总督和印度马德拉斯省督,是个出色的外交官。

为了访华成功,英国政府用了一年的时间,耗巨资采购600箱他们认为最好的礼物准备送给乾隆皇帝。在英国东印度公司的商船驶进广州港的103年之后,马嘎尔尼乘坐着英国当时最先进的配备64门巨型火炮的军舰"狮子"号,炫耀着武力驶向中国。随行的使团共计800多人,其中包括外交官员、地理学家、天文学家、哲学家、化学家、物理学家、军事学家、医师、工程师、画师、技师以及一支卫队的军官和士兵。

浩浩荡荡的使团舰队绕道好望角,经过10个月的航行终于抵达舟山海域。看到一船的礼品,地方官员就认为西洋鬼子是给皇帝祝寿进贡来了。乾隆听说人家这么远赶来为他祝寿,也很高兴,就同意马嘎尔尼去北京见他。

严格意义上说,马嘎尔尼使团的到访是中英两国在官方层面的第一次"非亲密接触"。尽管英国已经和中国做了一百多年的生意,可是没有一个英国人能在这片广袤的国土上自由行走。他们依然沉浸在《马可·波罗游记》所描述的"世上最美、人口最多、最昌盛的王国"而让人产生的遐想之中。然而,马嘎尔尼使团在赴京路上的所见所闻无情地打破了他们的幻想。

当时马嘎尔尼的助手、使团副使斯当东在日记里,详尽记录了他眼中的乾隆盛世境况。清政府官员强迫大批百姓来拉纤,英国人注意到这些人"都如此消瘦",他们明显缺衣少食,瘦弱不堪。"拉一天约有六便士的工资",稍有怠工就会被官兵随意鞭打,"仿佛他们就是一队马匹",除了逃跑没人反抗。在多次目睹到体罚平民的迫害后,英国人在《英使谒见乾隆纪实》中写道:"中国人的天性在法律和规矩的影响下所受的扭曲几乎是彻头彻尾的……虽然他们生性和平、顺从和胆小,但社会状况以及法律的滥用让他们变得冷漠、麻木甚至残酷。"清代统治者追求的是国民的顺从、软弱,甚至愚昧,其治国方式依然停留在简单而粗暴的各种压制手段上,而对国民的尊严与现代国家的开放毫无兴趣。

1793年9月,在经历一整年的旅行后,马嘎尔尼使团从天津入境抵达承德避暑山庄。在准备拜见乾隆皇帝时,分歧产生了。清朝礼部官员要求马嘎尔尼见中国皇帝时行三跪九叩大礼。马嘎尔尼断然拒绝叩拜,最后和珅出面相劝也没有解决矛盾。多番交涉后,乾隆"大方"地没有要求他们双腿下跪,同意单膝下跪,唱个大诺了事,权当外夷族人没教养不懂礼仪。

　　乾隆看到了英国送给他的礼物,其中包括标有世界各国位置的地球仪以及精致的钟表、望远镜、气压计、蒸汽机、棉纺机、织布机等各种精密机械和科学仪器……此外,使团还奉送了带有减震装置的马车、用特种钢制作的刀剑和30多支当时技术领先的毛瑟枪、榴弹炮、装备110门大炮的军舰模型。马嘎尔尼希望这些蕴含着即将引发世界沧桑巨变的科学技术、发现成就能"讨好"乾隆皇帝和各级官员。谁知,乾隆对这些礼物几乎是不屑一顾,更没有人意识到这些枪炮的潜在威胁,这让马嘎尔尼像一个街头遭冷落的艺人般尴尬。

　　最后,这些精心挑选的礼物都被当作好看的摆设陈列到圆明园里,有些甚至放了一百多年都没有拆封,直到1900年八国联军攻进北京城,又原封不动地被抢回欧洲。

　　除了礼没送好,双方在贸易通商方面也没有达成任何实质性的共识。英方提出开放宁波、舟山群岛、天津为新的贸易港口;申请在舟山附近拥有一个小岛或一小块空地用于存放商品;允许可长年住在广州以及活动自由;希望中国有规定的、公开的海关税则;允许英国商人在北京设一洋行,买卖货物;让英国人在华自由传教;等等。这些要求,最终都被乾隆皇帝以"与天朝体制不合"为由回绝了,连贸易要求也以"天朝物产丰盈,无所不有"让他们卷铺盖回家。

　　英国希望直接通过与清王朝最高领导人谈判,打开中国大门,开拓东方贸易市场的想法破灭了。1793年10月7日,和珅向使团交呈了乾隆的回信和回礼,马嘎尔尼只得无奈离开北京。使团没有从天津港上船走海路回去,而是选择了经京杭大运河南下。他们几乎游历了中国沿海东部。过江苏、渡长江、抵杭州,富庶的杭嘉湖给了马嘎尔尼深刻印象:"上帝慷慨地将气候、土壤和产量这些优势毫不吝惜地赐予这个地方。在我们眼里,这个国家的长江两岸像一个连绵不断的大村庄,十分美丽富饶。"

　　旅途中,在紧靠长江,居苏州府和杭州府两个城市之间的位置,他们得知了一个地名:松江府上海县。一个处于长江入海口的城镇,那里离海不远,盛产棉花与布匹,不但供应国内,而且远销国外,周边的扬州、苏州、杭州等城市,在商业方面都很有规模,尤其在上海县城,来自福建的船源源不断地驶入,另一些帆

京杭大运河在西方被称为"帝国运河"，1793 年秋天马嘎尔尼使团沿运河南返之时，他们留下了大量关于运河及其沿岸社会情形的文字和图像记录。这些记录一直成为鸦片战争前，欧洲特别是英国人了解大清帝国腹地的重要来源。

船则从那里出发到日本去做生意。这是英国官方人士第一次如此近距离地接触上海。此时的马嘎尔尼已经敏锐地注意到江浙沿海地区的通商价值，以及上海地区在中国的重要地位。

1793 年 11 月 9 日，使团来到了《马可·波罗游记》中誉为"天堂之城"的杭州，在这个"世界最美丽华贵之城"，马嘎尔尼记录到："城市周围非常美丽，镶嵌着一个巨大的湖泊，依傍着一条大运河，还有大大小小的河道，并不陡峭的山丘一直耕种到山顶。桑葚园、低矮的果树点缀其间，橡树、水榆、樟脑树华盖遮天。"

一个月后，马嘎尔尼使团回到广州，又在澳门停留了 3 个月。1794 年 3 月 17 日，带着乾隆回赠英王的礼物，马嘎尔尼心情抑郁地返回伦敦。耗资巨大的外交彻底失败，让英国当局非常尴尬，碰了一鼻子灰的马嘎尔尼，作为使者更是颜面尽失。他在《英使谒见乾隆纪实》中愤愤评论道："中国自满洲鞑靼占领以来，至少在过去一百五十年里没有进步，或者更确切地说反而倒退了。"

马嘎尔尼使团的中国之行成为了中外交往史上的分水岭，此后批评中国成为欧洲中国观的主旋律且延续至今。其实英国使团并非毫无收获，他们在华逗留期间，收集了大量政治、经济、军事情报：中国并不富足，穷人很多；国家既没有严格的法律制度，也没有合理的审判制度；官员贪赃枉法、徇私舞弊；清兵的装备虽然有火枪和大炮,但海防的炮台与士兵简直是摆设,大炮不但射程近而且还不能瞄准、不能升降……这些见闻、笔记和图画资料被整理出版广泛传播。

在详细而深入了解中国之后,马嘎尔尼留下了一番经典的论述:"中国只是一艘破烂不堪的旧船,它之所以在一百五十年间没有沉没,只是幸运地有了几位谨慎的船长。它使周围领船害怕的地方,不过是那巨大的躯壳,一旦来了个无能之辈掌舵,那船上的纪律和安全就都完了……船将不会立即沉没,它将像一个残骸那样到处漂流,然后在海岸上撞得粉碎,它将永远不能修复。"这种当时看来颇为荒诞的预言,在经历了百年风云变幻后,才不被视作无稽之谈。

这是"两个文明的冲突",美国著名国际政治理论家塞缪尔·亨廷顿说过,每一个文明都把自己视为世界的中心,并把自己的历史当做人类历史主要的戏剧性场面来撰写。历史总是充满了戏剧性,英格兰人与满洲人,这两个地处世界两端的民族,一个击败了西欧强国主宰着海洋,一个统一了东亚广袤的腹地,自诩为天朝上国主宰大陆。他们在千年大变局时代相遇了,他们都盛气凌人,都认为自己是世界的霸主,都试图处于领导地位,将自己的观念准则强加给对方,于是,这种接触的失败是必然的。

又过了二十三年,1816 年英国做了最后一次努力,再次派遣由阿美士德伯爵率领的使团出使中国。这次出使的目的,与当年马嘎尔尼的要求如出一辙,要求清政府放松对商贸活动的管制。此时,嘉庆皇帝已经接替了乾隆的皇位,喜怒无常的嘉庆比他父亲做得更绝,不仅礼物全部退还,甚至连面也不见就把英使团"劝"回老家了。其中,有两个很小的细节值得一提,一个是尽管访华失败,但这位阿美士德后来当上了印度总督,光荣隐退,日后,"阿美士德"这个名字将成为造成上海滩"堤坝决口"的第一只蚂蚁;另外一个是访华团的副使,是当年记录游记的斯当东的儿子。前后两辈人的际遇,恍若一个故事的两个翻版。

又过了二十多年,当英国议会以投票决定是否与中国开战的时候,两鬓斑白的小斯当东毫不犹豫投下了赞成票,他认为:中国人听不懂自由贸易的语言,只听得懂炮舰的语言。1840 年,鸦片战争爆发。

上海,这座新矗立而起的海边城市,被鸦片侵蚀出一个血腥的缺口,那些从海上呼啸而来的舰船,犹如蚂蟥一样从这个撕开的口子,贪婪地吮吸中国的"鲜血"。

二

炮响埠开
【肮脏的鸦片贸易】

随着中国茶叶的流入,18世纪初欧洲人兴起了喝下午茶的风气,此前欧洲人的无酒精饮料除了咖啡只有白开水,茶渐成全民饮品。其中,英国是欧洲饮茶习惯最广泛的国家。据可考资料显示,伦敦工人大约花费家庭总收入的5%用以购买茶叶,茶成为像烟叶一样无以替代的消费商品。为此,英国政府也向进口的茶叶征收100%的货税,成为英国政府主要的税收来源之一。

在过去的一百多年里,英国东印度公司在政府领导下,几乎垄断了对华贸易并赚得钵满盆满。随着英国人对茶叶需求量的增加,英国东印度公司出发去中国的船舱体积不断扩大。为了尽可能垄断中国茶叶进口业务,英国东印度公司与国内市场的介入者和走私者展开竞争,每年预付数以万计的银两给广州十三行的商人,确保预订到福建、浙江、安徽等地茶叶批发商的茶叶,由此形成市场垄断。

但这种垄断说破天也仅仅是二道贩子,只有绕开十三行到新的通商口岸直接与产茶商交易,才能获取更多的利润。对于哪里可开辟为新的通商口岸,早在 1755 年前后，英国东印度公司便曾派出几批人员，在闽、浙沿海试探性寻觅了。他们注意到了长江口的上海。当年，马嘎尔尼来华驻扎舟山以及顺京杭大运河南下时，就发现上海是个极好的做生意的地方。

这时候，一个叫郭士立（Karl Friedrich August Gutzlaff）的普鲁士籍传教士，为英国东印度公司决心"开发"上海起到了至关重要的作用。他不仅能说一口流利的中国话，甚至还精通闽、粤方言，这让他能够毫无障碍地在中国"深入基层、体察民情"般搜集情报。1831 年 6 月，郭士立曾乘坐贩运鸦片的"顺利"号货船，途经福建、浙江、山东，沿中国海岸北上直达天津、辽东半岛附近。

同年 8 月中旬，帆船路过上海外滩时，郭士立称上海是"南京和整个江南省的贸易中心，是中国国内贸易的主要商业城市"。郭士立的这篇航行报告被东印度公司发现了，加上此前东印度公司聘请专家做的《关于在中国开辟新口岸计划的评论》中认为，上海口岸特别重要，它"紧靠长江，位置优越，集中了许多商贸港口的优点"。于是，东印度公司高度重视上海，决定邀请郭士立参与，对上海再进行一次更详细的"考察"。

1832 年（道光十二年）2 月 26 日，东印度公司租用"阿美士德"号商船，从澳门出发自南而北，对中国沿海的地形、港口深浅、国防设施进行情报收集，为掩人耳目，船上载着棉布和棉纱等货物做幌子。6 月 20 日，船驶抵上海吴淞口，郭士立等人换乘小艇，驶入黄浦江，登岸进入上海县城，充分考察了上海的地理位置和经济情况。这场大摇大摆的间谍活动的结果是，上海最终被定为《南京条约》中五个通商口岸之一。

英国东印度公司发现了"大池塘"，却还没待"撒网捕鱼"就发现自己的网要被收走了。闻见腥味却吃不到鱼的其他英国自由商人对东印度公司的垄断十分不满，他们向政府提出了废除东印度公司特权的要求。1833 年 12 月，广州《中国丛报》（Chinese Repository）刊登了一篇英国人的文章，文章写道："百年来东印度公司在对抗清政府的禁令上胆小怕事、只懂得卑躬屈膝。"作者要求英国政府派出代表，采取强硬态度与中国官方交涉。随着抗议呼声高涨，东印度公司垄断局面被打破是早晚的事情。商人的努力在 1834 年获得了成功，同年 4 月英国东印度公司在华享受的垄断特权正式宣告结束。

一位在广州做贸易的英国商人在一封私人信函中称："1834 年 4 月本国贸

易的开放,将形成广州史上的一个大时代。"不过,就广州商贸本身而言,1834年并没有发生立竿见影的变化。尽管破除了东印度公司的市场垄断,但英国商人仍需面对中国十三行行商的货源垄断,另外还有勒索成性的贪婪官员。还有,当新的自由商人加入,势必使大量的英国货涌入中国市场,从而在广州造成无限制的竞争。

英国政府决定在广州设立"驻华商务监督",作为代表英国的官方机构。这是个不小的改变,意味着英国由东印度公司以商业利益为前提的对华关系,转变成了政府间外交贸易的对华关系。上院议员、前海军军官律劳卑(William John Lord Napier)男爵被提名担任首席商务监督。

有趣的是,此时赋闲在家的律劳卑主业就是养羊,这次他要牧的不是普通的羊羔,而是一群流着口水的"恶狼"。1834年7月,这个海军军官出身、性格暴躁、无外交经验、对中国缺乏了解的养羊业主带着妻子和女儿抵达澳门。但中国方面却并不认可洋鬼子的商务监督,因为外国的政府官员来中国只能是上贡,剩下的都是商人,于是广州的总督拒绝会见,要求不得进入广州,只能停留在澳门。

律劳卑极端蔑视清政府和"天朝的野蛮人",他强硬地对中西交涉往来和广州体制发起正面挑战。双方剑拔弩张的僵持逐渐升级,火药味十足。尤其是1834年9月7日,英国的两艘战舰闯入珠江强行通过虎门炮台,与清军发生了相互炮击,史称"虎门之战"。英国商人也决定采取一致的抗议行动支持英国政府,中国方面便中断了英国商馆的日常物资供应,此外还勒令为商馆服务的中国人离开,否则就抓进大狱吃牢饭。

清政府的霸道行为,让英国商人的种种不利环境没有得到丝毫的改善。可怜的商务监督历经磨难,终究一事无成。长期过于紧张的情绪,加之广州炎热而潮湿的天气,让律劳卑难以适应,回到澳门后就一病不起,最后因疟疾而客死在澳门。一些英国商人集资500英镑为律劳卑在澳门刻了块纪念碑,也算是对这位首任驻华官员的纪念。

对于"油盐不进"的清政府,随着了解的增加,英国商人的态度开始发生质的转变。1833年12月,英商哥达德(J. Goddard)在《中国丛报》上发表一篇题为《对华自由贸易》的文章,集中阐述了来华商人对中西关系的看法。文中提

1843

出，清朝已经漂浮在表面平静无波、实则暗潮汹涌的海上。要想打破广州贸易体制，建立在华"自由贸易"的新体制，就需要在中国沿海地区建立一个不受中国管辖的商业和军事基地，派军舰驻扎，对实际上"虚弱"、"面临崩溃"的中国形成威慑。这个基地应设在"中国海岸的中间地带，或是靠近北京"，英国舰队可以由此轻易地封锁黄河和对北京至关重要的大运河，以"产生非常有力的后果"，这对于"消失了军事性格"的中国人来说，是很有用的。

可以说，哥达德的观点代表了当时英国商人中主张对华强硬者的声音。当公开的正常商贸遭受阻碍时，非法的黑色交易就会四处横流。在中国恶劣的贸易壁垒环境下，英国人找到了一种可以快速盈利，并且获得交易主动权的商品，那就是导致大清朝"天地色变"、国运陡转的鸦片。

其实，早在公元7世纪，阿拉伯人就从丝绸之路将提炼鸦片的罂粟传进中国，它含有的吗啡被制成治疗疼痛的药物。17世纪60年代，闽南一带的富商把鸦片混在烟草里吸食，并由此发展出各种吸食的烟具和讲究，它还有个好听的名称叫"芙蓉膏"，显得很有文化。早期，鸦片属于奢侈品，既有文化品位还属于"白领"消费，奢靡官员、沉迷享受的贵妇人都来吸食，逐渐成为了一种时尚流行。

现在的人都知道鸦片不是好东西，只要一吸食就能让人上瘾，人也会变得面黄肌瘦、萎靡不振。1729年，雍正皇帝曾下令禁止销售和吸食鸦片。根据英国东印度公司的相关记载，这年输入中国市场的鸦片还只有200箱（一箱约65公斤）。谁知，禁令一下吸的人更多，1796年雍正的孙子嘉庆皇帝再次重申取缔进口和种植鸦片，此时鸦片的年销售量已经4000多箱了，而吸食者多达10万余人之众。皇帝的一纸禁令成为空文。

有消费就有市场，有市场自然就有提供商。1818年，英国科学家研制出了更为廉价、药效更强的混合鸦片，它一出现便迅猛地在中国泛滥。向来以绅士标榜的英国人当然知道鸦片就是毒品，但在诱人的利益面前，商业道德成了遮羞布，而鸦片烟成了英国向中国输出的"拳头商品"。

慑于清政府的鸦片禁令，英国东印度公司公开表示"为免牵连公司业务"，禁止辖属船只贩运鸦片，可是实际情况是，东印度公司将鸦片的销售权转让给了持有该公司经营航运执照的走私快船去做，最后的销售则由中国的代理商完

1843

成。鸦片利益链的最后一环,竟然是中国商人,他们的懦弱和赚钱本能无意中让他们扮演了"国家掘墓人"的角色,这正是这场罪恶交易最为悲剧的一点。

做鸦片生意的"窑口"通常拿钱到外国商馆付清货款,然后驾驶一艘小船到停泊在伶仃洋的商船上提货。清道光年间,在广州珠江入海口,人们经常可以看到这样的情景:海面上游弋着上百只走私艇,其繁忙景象令人吃惊。其中,一些黑帮也在这里扮演了不光彩的角色。无论是商业还是政治,从来就不缺这种人的鬼魅身影,日后的上海滩也同样将上演黑帮大亨江湖恶斗。

当然,皇帝的话不能当做屁给放了。清朝水师还是出动了缉查鸦片走私的巡逻艇,艇上也有背着火枪的官兵,他们当中很多人也是"大烟鬼"。于是,一幕幕类似的情景就出现了:巡逻艇开到商船边,船上的外商熟练地向巡逻艇上的领导扔去一个沉甸甸的红布小包。官员娴熟地伸手接住,掂掂分量,装进口袋,然后挥手吆喝一声"上船检查"。几个小兵装模作样地上船"仔细"检查了一番,然后回来报告:"没有鸦片。"

清朝的统治机器运行了两百年后,开始生锈了,"千里做官只为吃穿",上自总督、巡抚,下至差役、兵丁,各种级别的稽查最后都被买通了。有时开向广州港的鸦片走私船直接插着"粤海关"的旗号,水师巡逻艇上的官兵知道,这艘船是受他们上司"保护"的,又岂敢过问。

鸦片从广州登陆后,向东运往福建、浙江,向西运往广西、贵州,向北运往河南、山西并直达京城,沿着中国的河流,非法的鸦片交易像毒蛇一样蔓延到大清的每个城镇。在这张庞大的鸦片销售路线图的顶端,则被英国东印度公司控制着。它在殖民地印度大面积种植罂粟,然后制成鸦片贩运到中国。

1834 年,英国东印度公司失去中国贸易垄断权,于是私人投资鸦片生意暴涨。此后的四年时间,英资洋行从 66 家增加到了 156 家。鸦片,成为了当时世界上最有利可图的商品。毒贩如蝇群而来,除了从英国、美国也从土耳其向中国输入鸦片,俄国从中亚向中国北方输入鸦片。到 1838 年,输入中国的鸦片达到了可怕的 4 万多箱,比 1834 年翻了一倍,其数量已经足以供 1000 万个瘾君子吸食。

鸦片泛滥逐渐让另一个可怕的真相显露狰狞,那就是白银外流。19 世纪的最初十年,中国贸易还是顺差,每年有 2600 万两白银流入,但是从 1826 年开始，鸦片消费让中英贸易平衡发生了惊天逆转，到了19世纪30年代，仅广州一地，每年流出的白银就高达3000万两。清朝每年出口的大量茶叶、丝绸等土特产已经不够抵偿进口鸦片所需的银两了。

清朝的货币是复本位制，铜钱用于日常小额交易，金银支付大笔款项，当时大约一千枚铜钱可兑换一两白银，政府不参与调控，银价按需变动。货币复本位制的最大问题是，这种制度要求银铜有一个确定的兑换比价，如果兑换价按需变动，受供求的影响比如发现一座巨量的银矿，就足以改变银铜的市场比价，从而给整个货币市场造成混乱。

此时的清政府就遇到了这样的事情，大量白银外流，致使银铜汇价变动，1500枚甚至1600枚铜钱才能兑换到一两白银。这就意味着，农民从地里辛苦刨来的几个铜钱还没用就贬值了。鸦片不仅在损害瘾君子的身体，更在蚕食农业社会的国体。一向稳如泰山的中央财政遭到巨大威胁。

如何纠正白银外流，解决贸易平衡？除了扩大其他商品的贸易规模，代替金银的输出之外，另一办法是改变用现银支付的方式，发展如银行汇票一类的金融服务，将白银留在中国。可惜，当时的天朝官员只知垄断和限制，对于这种现代金融观念是不可想象的。

英国人一边倾销鸦片，另一边又试图摆脱对中国茶叶的进口依赖。因为中国人出口的茶叶越来越劣质，一些茶商甚至往茶叶里掺泥土和沙子，搞得英国人苦不堪言。于是，他们再次想到了盛植罂粟的印度，在印度东北部的阿萨姆地区，他们成立茶叶公司，颁布开垦法案，驱逐原住民，砍伐山林，种植茶树，同时还投巨资建造通往港口的铁路和公路。事情的结果是，从此至今，印度取代了中国成为欧美市场的茶叶主要供货基地。

贸易的天平已经倾斜，而问题又陷入僵局，怎么办？此时，被称为中国近代"睁眼看世界的第一人"的林则徐登场了。他写"内参"给道光皇帝，提出了鸦片可以亡国的警告："如果再不禁烟，中国将没有可抵抗侵略的兵勇，也没有充作军饷的银子了。"看到国库的银子见底，道光皇帝也慌了，他决定派湖广总督林则徐南下禁烟。

1839年农历正月，带着皇帝的圣旨，这位"正部级"钦差大臣没和地方官员打招呼就进了广州城。雷厉风行、志筹满满的林则徐，所能想到的就是展开一场急风暴雨式的禁烟运动。他准备从三个方面斩除鸦片毒瘤：一是强制让瘾君子戒烟，否则就严刑关押；二是粉碎鸦片贸易网络，严惩烟贩；三是没收国外供货商的鸦片，迫使他们承诺永不再贩运鸦片。

林则徐的到来，受到了当地百姓的积极拥护，他们对鸦片毒害早已怨声载道，于是自发协助钦差大臣与鸦片贩子斗争，感动涕零的林则徐说："若鸦片一日不绝，本大臣一日不回，誓与此事相始终。"

初始，林则徐查封烟馆，逮捕烟贩，强制吸食者戒烟的措施落实有效。他知道斩草不除根，"春风吹又生"，便派兵封锁了黄埔一带江面，并包围了洋馆，并且断绝粮水供应。他向英国驻华商务监督查理·义律（Charles Elliot）发出通牒：所有外商必须在3天内交出全部鸦片，并保证"嗣后来船永不敢夹带鸦片，如有带来，一经查出，货尽没官，人即正法，情甘服罪"。

被困的义律除了交出鸦片已经别无选择，他只好要求大家将鸦片交出，并承诺商人的损失将得到补偿。义律的安排可谓"用心良苦"，既让烟贩们感激又满足了钦差大臣的要求。最终，21306箱鸦片被缴获。但义律的做法却埋下了巨大的隐患，原本只是清政府惩治不法烟贩的公务，义律却打包票商人的损失由英国政府承担，而对英国政府来说，怎么可能让本国纳税人为走私鸦片商偿付损失呢？这最终使商业冲突变相成中英两大帝国的冲突。

1839年6月3日，林则徐在虎门海滩主持了震惊中外的"虎门销烟"，237万斤鸦片用了整整23天才全部销毁干净。"虎门销烟"的一幕被中国视为打击毒品、唤醒国人爱国意识的运动，民国时6月3日被定为不放假的禁烟节，百余年后更与武昌起义、五四运动等一起，刻在位于天安门广场的人民英雄纪念碑基身上。此事件还成为世界禁烟运动的一个范例，销烟结束的6月26日被定为国际禁毒日。

但是，禁烟功臣林则徐的做法还是值得商榷的。调动武装力量在管辖范围内查抄鸦片，是清政府主权范围内的正当权利，英国人也接受罚没货物，但是签署"永久禁止一切来人夹带鸦片"的集体保证，以及用武力包围商馆，将外商一律扣押，在没有提供相应的司法程序及申诉渠道的情况下，这无疑是"绑架"了。销烟成功后，林则徐又乘势追穷寇，下令驱逐义律乘坐的停靠在香港尖沙咀海面的"窝拉伊"（Volage）号军舰。焚烧鸦片、驱逐洋人，关门"打狗"，简单、粗暴、缺乏技巧的禁烟手法是颇为典型的中国特色。于是,"窝拉伊"号向驻扎在九龙的清军开火,未宣而战的鸦片战争,轰响了第一炮。1839 年 11 月,道光皇帝下旨永久性停止中英贸易。

直接遭到禁烟打击的英国商人,他们向英国政府发出请愿书,要求政府"做主","利用这次机会,采取适当手段,一劳永逸地把我们对中国政府的商务关系置于前所未有的更安全、更稳固、更合乎大不列颠荣誉的基础之上"。尤其是产销鸦片的英商,他们组成游说团奔走呼号,希望英国政府尽快武力干涉。

英国外交大臣帕麦斯顿决定派遣一支"东方远征军"去中国"讨回面子"。尽管反对派保守党对维护鸦片走私而发动战争提出质疑,但是在最后的国会投票中,彭马斯顿和他的支持者以几票的优势达成了目的,战舰向中国开过来了。对此,远在广州的林则徐和坐在金銮殿中的道光皇帝,都还一无所知。

1840 年 6 月 28 日,英国军舰封锁珠江口,第一次鸦片战争正式爆发。广东、福建戒备森严,英军没讨到太多便宜,便准备扬帆北上。1841 年 8 月底,英军攻破厦门,占据鼓浪屿,旋北进浙江占领舟山。10 月 1 日攻陷定海,10 日、13 日镇海和宁波也相继失陷。英军在疯狂洗劫后,停留休整。1842 年 5 月,英军集中兵力继续向北进犯,攻陷了浙江平湖乍浦镇。

1842 年 6 月 16 日,英军炮舰气势汹汹地杀向吴淞口,中英吴淞之战爆发。这是在上海滩发生的第一次抗击侵略的卫国战争。然而,声称"均已预备齐全"的上海防区和号称"布置精密,可打胜仗"的抗击自信,竟然被英国十余艘战船打得稀里哗啦,战斗仅仅持续了两个半小时,清军就全线溃败。一支兵力数倍于敌、以逸待劳的军队,竟被另一支长途奔袭、沿路作战不止的疲惫之师轻松地打垮了。战斗中,英军被击毙 2 人,伤 25 人,而清军却阵亡 88 人,其中最为壮烈的是 66 岁老将陈化成,是上海近代史上第一位民族英雄。

第一次鸦片战争中,英军进攻乍浦。

其后，英军相继占领了吴淞、宝山、上海。在上海城内吃喝了五天，并勒索了 50 万元"赎城费"后，拔营而去。他们沿着长江进攻到镇江，7 月 27 日，英国舰队兵临南京城下。这让道光皇帝大为惊恐，一拍龙案，以"措置失当"之名摘掉了林则徐的官帽。在民族内忧外患的多发之秋，所谓英雄者多为历史的悲剧主角。令其满腔热忱化为碧血，徒留"苟利国家生死以，岂因祸福避趋之"的慨叹！

英国人的军舰已经开到长江三角洲了，那里是稻米、丝绸的盛产地，京杭漕运的起点，而漕运关系到京城粮食的供给。对于中央集权制的国家而言，越接近权力中心的打击其效果就会越明显。道光惊慌失措地从各地调集部队与英军交战，但清军屡战屡败。

战争的铁律是，军队只有经历南征北战的长期恶战，才能锤炼成雄师锐旅。八旗子弟兵度过"康乾盛世"的和平岁月后，不仅军队的骁勇之气消失殆尽，各个都以"发展私体经济"为中心，而且这些人平时都疏于训练。在 1835 年，中国炮兵每年平均仅训练射击两次左右，基本上是能够装弹点燃发射就行了，至于测距瞄准都扯淡了。但"海盗"出身的英国人，他们之前已经在与法国人、西班牙人的战争中磨炼出了有效的作战方阵和射击战术，再加上武器的优越，孰优孰劣不言而喻。

看到期待已久的战争在眼前发生，英国商人们不仅出谋划策、提供情报，还把从事鸦片贸易的船只借给舰队使用，让船长做领航员，其他职员做翻译，而且将贩卖鸦片得来的白银作为舰队的军费，自始至终提供物质的殷切招待。

成王败寇，吴淞之战结束刚刚两个月，清政府被迫与英国签订城下之约，锚泊在南京江面上的英舰"康华丽"号的坚硬甲板，变成了中国近代史上第一个不平等条约——《中英南京条约》的接生产床。条约内容早已众所周知：割让香港；开放广州、厦门、福州、宁波和上海为通商口岸；废除公行垄断；赔偿 2100 万银元；协定关税；承认治外法权；给予西方国家最惠国待遇……当年英国特使马嘎尔尼来华提出的所有要求，在半个世纪后清政府都兑现了。

清朝的"闭关锁国"政策没有起到抵制贸易侵略的作用，反而作茧自缚限制了自己，丧失了貌似唾手可得却注定失之交臂的历史机遇。在这几十年中，中国人先是自欺欺人，继而迷惑不解，最终一败涂地。可叹的是，最后不但放弃了虚妄的自大地位,连欲求平等也不可得了。直到 1997 年香港回归,中英两国的历史纠葛才算了结。

中国的外交必须按照西方人的游戏规则玩了。1853 年 6 月 14 日的《纽约每日论坛报》刊登卡尔·马克思的评论说:"在英国的武力面前,满清王朝的权威倒下成为碎片;天朝永恒的迷信破碎了;与文明世界隔绝的野蛮和密封被侵犯了,而开放则达成了。"鸦片战争结束后,中国出现了一个过去从来没有过的机构——总理各国事务衙门。用今天的话讲,就是外交部。

这场因管制鸦片而起的战争,很多人认为鸦片是祸首,然而胜利的英国并没有让鸦片贸易合法化,其实更深层的原因应该是寻求贸易自由。美国学者费正清也认同说:"战争如果没有因为鸦片而爆发,可能也会因为棉花或者蜜糖儿同样发生。"此时,远在英国的棉纺织业中心曼彻斯特商人,已经热切地盘算着,中国的 4 亿顾客将要购买多少纺织品了,这会使曼彻斯特的纺织机不停地转上几十年。

按照最惠国条款,一国从中国获得某种利益,自动惠及其他各国,如英国有权在上海设立领事馆,则法国、美国、俄国都同获此权利。自己打了仗,让其他国家也来沾光?英国人可没有这种"雷锋精神"。作为一个商业化国家,在制定对外政策时都会进行周密的成本核算,英国人明白,对于中国这么庞大的国家,独吞下去的结果只会是"消化不良"。如果允许所有西方国家共享中国,那么既能防止任何一国独霸又便于经济利益均沾。

被阉的清政府成了一个性格不完整的半殖民地半封建的"太监",还"不知羞耻"地视英国为"战略合作伙伴"。于是乎,咄咄怪事接二连三,花银子从英国购买军舰,让英国人担任舰队司令帮助训练士兵;由英国人越俎代庖掌管,"协助"中国征集关税,直到 1943 年,中国海关总税务司一职还是英国人……然而,一个让人倍感吊诡的事情是,被租借的香港和被霸占的上海,从默默无闻的渔村、县城,在百多年后都成了东方明珠,一个是亚洲金融贸易中心,一个是中国第一大国际都市。

1862 年,一批日本人乘坐"千岁丸"到上海,目睹了当时上海的怪状,他们在《清国海上见闻录》中记载:"清方连把守上海城门的兵力也不足,现在交给英法两国来守城门。""其情可悲,令人不胜叹息。"

　　鸦片战争的影响是深远的。曾经与英国鸦片商人有着千丝万缕的联系,遭到林则徐多次训斥和惩戒,还不得不一次次向清政府献出巨额财富,以求短暂安宁的广州十三行行商,没能善始善终,全身而退。《南京条约》签订后,清政府下令行商偿还 300 万银元的外商债务,而"世界首富"伍秉鉴一人就承担了 100 万银元。这一年 9 月,伍秉鉴在焦虑中病逝于广州,终年 74 岁。

　　据传,晚年的伍秉鉴,甚至愿意把 80％的财产捐给政府,只求政府允许他安度晚年。鸦片战争临近,"花钱消灾"的伍秉鉴积极募捐,出资修建堡垒、建造战船、制造大炮。依托腐朽朝廷,本身就是将命系在"裤腰带"上,没有优哉的时候。随着清政府全线溃败,五口通商的实行,十三行独揽对外贸易制度遂告废除,而伍秉鉴的溘然长逝,伍家后人四处散落,也为十三行画上了一个无言的句号。第二次鸦片战争爆发后,一场突如其来的大火降临到十三行街,终于使这些具有一百多年历史的商馆彻底化为灰烬。这些商行子弟们只得投靠洋行混饭吃,他们逐渐形成一个新的、同样充满争议的买办商人阶层。

　　由于将上海开放为通商口岸,广州的出口贸易逐渐转向北方。《南京条约》签订后的第二年(清道光二十四年),上海的出口贸易仅为广州的七分之一,到咸丰二年已和广州相当了,到咸丰五年变成是广州的两倍。上海取代了广州的中国对外贸易中心地位,而这一地位就此没有动摇过。

　　外贸港口变化,成千上万的曾经从江西和福建山区装运货物到广州的苦力,如今都失业了,其中重要的一支就是从北方移居到南方的客家人,他们受西洋宗教影响创立了拜上帝会,多年后以客家人为核心力量的农民组织发动金田起义,建立了太平天国,领袖洪秀全即是客家人。当年清朝因农民运动而兴,最后又因农民运动而亡,和闯王李自成一样,一群泥腿子埋葬了一个朝代。历史在这里宿命般地轮回了。

　　在鸦片贩子和西方传教士的推波助澜下,英国舰队的猛烈炮火拉开了中国近代史的序幕。这场世界史上最肮脏、罪恶的战争,最后以清政府割地、赔款、求和、签订不平等条约而结束。鸦片战争时,一衣带水的日本还处于德川幕府统治的江户时代,中国这场"来自西方的冲击"在日本朝野引起了巨大震动,他们眼中的"天朝上国"竟然被欺负至此。这好比是沉睡的狮子被蚊虫叮咬了一口,起了红包却没有惊醒,一旁瘦弱的犭守狗却像被咬了一般叫了起来。

　　千百年来，日本一直以中国为榜样，无论是生活方式还是贸易制度。清政府实行闭关锁国政策，日本的幕府政权也照葫芦画瓢，禁止外国人来日本和日本人出海贸易，只允许中国与荷兰的商船到长崎港进行有限制的贸易；清朝在广州开了个"小灶"，日本也只留长崎一地做"窗口"，清朝的贸易特区是十三行，日本更是将外贸交易限定在仅两个足球场大小的出岛上。

　　出岛是个扇形人工岛，由幕府将军德川家光在 1634 年下令修筑，通过一座桥连接长崎市内，它是从事贸易业务的外国人唯一可以在日本停留的地方，他们不准随便外出，日本人除了公事以外都不能进出岛。每年 8、9 月份，荷兰人的商船利用季风来到长崎，入港检查后，船上的帆就被没收，等到 11 月至翌年 2 月份返航离开时归还。船上的宗教书籍及武器也会被没收及封存。据说荷兰人把长崎的这个出岛称作"远东的监狱"，可见日本幕府实施锁国政策的严酷。

　　不同的是，在骨子里擅长学习的日本人思想并不禁锢，当时幕府规定到日本经商的中国及荷兰的商船必须向管理外贸事务的长崎奉行报告海外消息，而外商也以此来换取幕府的信任与通商权。这种汇集国外信息动态的报告被统称为"风说书"（即传闻、传说之意），来自中国商人的报告称作"唐风说书"，荷兰商人的报告称作"和兰风说书"，中国鸦片战争的消息最初就是通过这种"风说书"第一时间传到了日本，并迅速在东瀛列岛流传，引起反响。

　　随之，出现了各种描写和评述这场战争的作品。其中岭田枫江的《海外新话》最为典型，书中较为详细地讲述了林则徐禁烟的经过，以及广东、定海、镇海、乍浦、吴淞、镇江等地战争的场面，还介绍了英国的地理、历史和现状。在书的序言中，作者如是说："天赐前鉴非无意，婆心记事亦微衷。呜呼！海国要务在知彼，预备严整恃有待。"

　　这个被日本视为"天赐前鉴"的教训，清政府领导却羞于启齿，希望尽快把这场战争以及负面影响消解掉，从上到下竞相装鸵鸟。以前是开放一个口子，现在不过就多了四个口子，也不多嘛。除了鸦片，整个内地还看不到什么洋货，也没有多少洋人进来。赔点钱、割块地、道个歉、签个约，好像事情就过去了，没人去改进国家制度，改善军备，哪怕只是引进西方的建船造炮的技术。即便是晚清的"洋务运动"依然还抱持着中学为体的神牌不放，只在技艺层面上学习西方。

　　反观日本,鸦片战争给日本敲响了警钟,使日本面对"西方冲击"时有了心理准备,在一定程度上又促进了日本了解西方列强。日本开始学习西方,加强军备。十三年后,美国东印度舰队的4艘黑色铁甲军舰开到江户湾口,以武力威胁德川幕府开国。日本人称此事件为"黑船来航"。

　　打通太平洋,开辟横跨太平洋的海上航线,与英国抗争,是美国由来已久的梦想。在美国旧金山至中国上海的航线上,将日本作为美国太平洋航线中的停泊港是再合适不过了。美国远征日本,目的是强迫日本开放港口,最终还是为了贸易利益。

　　1853年,美国以炮舰威逼日本打开国门的"黑船事件",成为了日本的"鸦片战争",双方在横滨签订了《日美亲善条约》,其他西方列强跟随着美国,纷纷向日本"亲善"。和中国一样,开港后日本迅速成为西方商品的倾销市场和廉价原料的供应地,开港仅半年,日本黄金就外流了100万两,民怨四起。

　　其实,"黑船事件"中根本就没有发生战争,因为美国几乎一炮未放,日本就半推半就从了。联邦制的美国让日本人急速转弯了。民众弃幕府而信任天皇,明治维新也随之发生,开始彻底地"脱亚入欧",全盘西化。1871年,日本派使

佩里舰队的旗舰"萨斯喀那号"(Susquehanna),蒸汽明轮护卫舰,1850年建造,排水量2450吨,搭载9门炮,船员300人。

1843

团前往欧美 12 国,学习西方制度、科学、文化、技术,写下了长达百卷的考察实录,一个可以说明的商业事件是,当时只有三艘小船的三菱公司,在政府扶持下快速壮大,不到 1876 年就将美国逐出了日本到上海的航线,成为垄断者。

日本找到了一条国家主导工业发展的道路。此后,1895 年在甲午战争中打败中国,1900 年参加八国联军侵略中国,1905 年日俄战争中在中国东北打败俄国,一跃成为世界一流强国。仅仅几艘炮舰,便改变了日本历史的发展航向。

同样地处亚洲的国家,都曾处于封闭的统治,一样被西方利炮砸开国门,在"千年未有之大变局"来临之时,一个知耻后勇,并最终成为崛起的大国,一个却为挽救摇摇欲坠的政权忙得焦头烂额,等大清王爷们都明白过来的时候,已经是"癌症晚期"了。

三

发现上海

【“阿美士德”号来了】

1832年（道光十二年）2月26日，天色微亮，一艘停泊在澳门的西洋帆船悄悄起锚北行，与多数中国船只不同的是，这艘船的船头呈尖形，行驶非常迅速，这就是英国东印度公司雇用的“阿美士德”号，它的目的地是上海。

沿着中国海岸线，这艘以“失败”结束访华旅程的阿美士德伯爵名字命名的商船，此行目的是想在“不友好”的广州之外寻找中国新的通商口岸。此前英国多次要求清朝政府增辟通商口岸未果，除了清政府的强硬态度之外，苦于不了解中国的沿海地形、港口深浅、国防设施，所以英国东印度公司广州办事处派出了这艘间谍船“北上考察”。

在那个海盗横行的年代，商船都是武装起来的，506吨位的“阿美士德”号上也装有几十门炮，船上有水手70余名，船长叫礼士（Caption Rees）。为了掩人耳目，这艘船上主要载着毛呢、棉纱和西洋布等货物，然后佯装成从印度开出去日本贸易“乘风漂至”的迷航商船。虽然船上没有装载鸦片，但装载了两个重要人物：一个是英国东印度公司高级职员、化名“胡夏米”的林德赛（Hugh

Hamilton Lindsay），他冒充船主；另一个是充当翻译兼医生的传教士、化名"甲利"的郭士立。这两个才是"阿美士德"号上的灵魂人物，而后者更是当时西方屈指可数的中国通。

郭士立，1803 年出生于德国的普鲁士，在新教复兴运动的影响下，在荷兰鹿特丹神学院接受培训，1826 年被派到南洋爪哇传教。由于清政府严禁传教，使他赴中国的活动受到了限制。然而，这个时年 24 岁、具有执著宗教狂热的普鲁士青年并不气馁，为了有朝一日实现在中国传教的愿望，颇具语言天赋的他拜华人为师，先后学习了汉语和闽、粤方言。他甚至以名字中的译音"郭"为姓氏，在南洋加入了福建同安郭氏宗亲会，以取得中国人的认可。为此，他还为自己取了一个笔名，叫"爱汉者"。

穿汉服、说汉语的郭士立，是德国基督教路德会牧师、汉学家，曾七次航行中国沿海口岸。

这种极致做法很快就见到了效果，郭士立的传教活动得到了郭氏一宗的大力协助。道光十一年（1831 年）初，他大摇大摆地"像一个中国人"一样随郭氏乡亲来到广州，并在英国东印度公司任华语翻译。工作之余，他仍不忘自己的本行，翻译《圣经》并经常穿着当地人的服装深入农村传教布道。

闻其名，视其装，凭着娴熟的广东话，许多人都误以为郭士立是装扮成洋人的中国人。据《清实录》记载，从未与之谋面的道光皇帝，起初也错认郭士立是大清子民，斥之为"汉奸"。待他出名后，清朝官方对其判断依然困惑：是否系广东人，抑系红毛人，亦不能知其的确。

可以说，郭士立是一位鸦片战争前后，在中国沿海极其活跃的西方汉化人物。美籍作家张馨保在《林钦差与鸦片战争》一书中评价"（他）在中国沿海几乎每一个重大事件中都占有一席之地"。在《中英南京条约》谈判中，郭士立是英方三个翻译之一，南京条约的中文草稿即出自他的手笔。

1833 年 8 月，他又在广州创刊《东西洋每月统纪传》，其封面缀以格言"人无远虑，必有近忧"，左下角印着"爱汉者纂"。《中国报学史》称此刊物是中国境内出版的第一份中文近代报刊。1834 年夏天,他还与英国妻子在澳门设立一所女子学校,中国首位提倡官僚留学的容闳便是这所学校附设的男生班最早招收的学生之一。

如此一个精通中国的人,此时坐在"阿美士德"号上,无疑预示着这趟航行将意义非凡。就在前一年(1831 年),郭士立乘坐贩运鸦片的"顺利"号货船沿中国海岸北上,到达过天津、辽东半岛附近,一路上深入刺探了中国社会的各方面的情报。他的成功"考察",也是促进英国东印度公司决心开发"上海之旅"的原因之一。

"阿美士德"号从澳门出发后,中途遇到了风暴,经过三十一天的航行,才到达粤闽边境的南澳岛。林德赛、郭士立、礼士三人的分工是这样的:林德赛主持调查侦察活动,郭士立负责与中国人交往接触,礼士专门观察水纹、测量水深、绘制航海图。在南澳岛,林德赛写下了第一份"调查"档案:"南澳是广东第二个海军根据地,共有军队 5237 人,有七八只战船,海湾入口处有炮台两座,较高的一处有炮八尊,较低的一处有炮六尊。"对南澳驻军、战船及炮台的数量、情形调查做得十分仔细。这些军事情报,成为了鸦片战争中英军制订作战计划的决策依据。

1832 年 4 月 2 日,"阿美士德"号到达厦门,向地方官员表达了贸易的要求。得到的官方回复是:船必须尽快离开,绝不允许上岸与百姓接触,否则严拿百姓绝不宽容。外商侵入,不是严拿林德赛一行,而是严拿自己的百姓,这是何等逻辑!

这种恐吓是虚弱的,他们不顾地方官吏的阻止,强行登岸到厦门城内做"贸易",厦门给郭士立等人的印象是:地理位置特殊,虽然本地没有任何物产,但当地人善于航海经商,是一个商贸繁盛的城市。特别引起他们注意的是,厦门港不仅商船能直接靠岸起卸货物,就是最大的军舰,也能进港停泊。

在厦门停留了六天后,阿美士德号又沿闽江行驶到福州。在出发前,英国东印度公司就命令他们调查福州这个中国著名产茶区域的茶产业情况。他们在报告中写道:闽江可通航运,福建产茶多运往广州出卖,如能直接到福州采购,仅运费一项,每年以购茶十五万担计算,运费便能少花六十万两。他们还认真调查了闽江的防务,发现闽江两岸山上的炮台,或炮管锈迹斑斑,或没有安置大炮,也没人守卫,"不过是当地优美风景的点缀品"。郭士立摇头感叹:"即使这些炮台很完整,清军既无技能,也没有勇气来保卫它们。"

不仅是军队萎靡，地方鼠辈也不少。现代作家、学者许地山，在牛津大学留学期间，从校中的波德里安图书馆所藏发现了当年东印度公司在广州分公司存档的旧信和函件，由此校录出版了《达衷集》。该书披露了一些林德赛等人与沿岸私枭奸民往来事件，其中一个自称"三山举人"的家伙，一再写信给林德赛称要送"内河水图"给他，还说去福州帮他们探视官兵和火力情况，表示愿为"大英贵国大船主"效犬马之劳。天下没有免费的汉奸，写了几封讨好信后"三山举人"图穷匕见，原来是向林德赛要钱上北京求功名。林德赛还真大方地"赞助"了银子，这大概是来自国际友人的第一例"希望工程"捐款了。这让"三山举人"感激涕零，写信说："蒙天庇佑，相逢贵老爷相送书财，我有日求得一官，做犬马报你大恩。若不能得官，后世转世，做犬马去你贵国船主家中报恩……"其败类的嘴脸，令人作呕。

　　4月26日，"阿美士德"号再次北上到达甬江口外，此时中国领导人终于注意到了这艘"洋船"，宁波的官吏也接到了驱逐英船的上谕。浙江的提督、定海的总兵调集了一些船艇，试图阻挡英船进甬江。最后投鼠忌器还是让"阿美士德"号毫发无损开入甬江，这次连郭士立都看不下去了，他诧异地说："本地全体海军船只，竟不能阻止一只商船进犯，真是怪事。""如果我们这次是作为敌人去的，这里的全部军队不能抵抗半小时。"

　　通过采取狡辩利诱和硬顶拖延等手段，林德赛一伙横冲直撞、肆无忌惮地完成了对厦门、福州、宁波三地的"考察"。

　　6月19日，"阿美士德"号航行到了长江口，由于找不到任何渔民引航，并且"当时黄浦江久未疏浚，并非现代意义上的商业河流"，所以外国船只第一次进黄浦江的航行完全是在摸索中前进的。第二天清晨，水面雾气蒙蒙。林德赛举起望远镜辨别方向，在航行的前方，他看到一片广袤的海岸。林德赛急忙叫礼士过来，取出地图查看，他们的眼光聚焦在北纬31度14分，东经121度29分的坐标点上。

　　船渐行渐近，靠近海岸边的淤泥荒滩时，一阵阵飞鸟被惊起滑过芦苇梢。这片出现在林德赛望远镜中的荒滩，就是日后东方世界的一个经济中心——上海。彼时的上海，还只是一个松江府治下的普通小县城，城内生活着近30万人。

进入到吴淞口附近,林德赛和郭士立换乘小艇,犹如一条幽灵,沿着黄浦江水域上游行驶,最后从上海县城东门外的天后宫靠了岸,进入县城时已是黄昏。接着他们继续强行闯入上海"政府机关",向上海知县和上海道台递交了事先准备好的所谓"紧急公文",要求与上海"通商贸易"。

如此涉外大事,两个"九品芝麻官"岂敢做主?此前,他们已经接到了浙江官员的告急咨文,声称此船可疑。因此,他们拒绝了英方要求,并勒令其"即速开船,遵照旧例回粤贸易"。郭士立提笔回信辩驳,在重申"贸易"要求之外,还对中国官方用"夷"字称呼英国提出抗议。上海道吴其泰回函解释,南蛮北狄东夷西戎,"夷"之一称"自古至今,皆照此称呼"。郭士立再次回函辩驳,称此是"凌辱本国体面,触犯民人,激怒结仇"。吴其泰只好让步,复信中改称"英国商人",随后双方又为会见礼节相持不下,吴其泰坚持在中国官员面前"外人"无座,郭士立坚持英国人应享平等待遇。最后妥协的结果是,双方都站着谈话。但不管如何妥协,上海官方对通商事项则是一步也不让。

其实,郭士立等人来来回回和上海道台玩文字游戏,诸多纠缠理由都是为间谍活动拖延时间。在此期间,"阿美士德"号趁机驶进了吴淞口,对黄浦江水道和吴淞炮台等处进行了观察和测绘。他们还躲在吴淞口附近的芦苇丛中计算着黄浦江中往来的船只,"一周之内就有 400 只船进入上海县城",其中包括台湾、广东等地,以及越南、泰国和琉球的船只。这是最值得通商的证据。

当时上海流行的是"沙船",所谓"沙船"并非运沙石的船只,而是一种特殊的在上海及周边地区行驶的船只,船头为方形,吃水浅,速度不快,却是当时上海最流行的船只——作为南北贸易的中转站,当时上海拥有 4000 艘大小不等的沙船。

"阿美士德"号的到来,也在上海引起了轰动,当时上海县和宝山县居民对"大西洋"货很是喜欢,以往钟表、洋布只能从广州转运进上海,且数量很少,此次"阿美士德"号运来了大量洋货,以及船上金发碧眼的老外,极大地满足了众多围观市民的好奇心。当地政府无奈,只好"睁一只眼闭一只眼"默许民夷交往,希望他们满意后赶紧离开。

上海官府被麻痹了,他们对林德赛一行刺探军事、海港等情报的活动毫无防备。6 月 24 日,林德赛等人甚至还在江南提督陪同下参观了吴淞口驻军的一场检阅。他们发现清军的武器管理混乱,大部分军人只有一把刀与一面藤牌。"刀是最坏的一种,实际上不过是一片铁片;大炮也是很脏的,而且上面几乎全生锈了。"郭士立在笔记中如是评价,"炮台是一座极为巨大的结构……可是最蹩脚的军队也能攻破它。兵营的兵器制造工艺十分粗糙,弹药火药质量低劣不说,炮的保养和使用也都极坏,我确信有些炮对炮手们要比对他们所瞄准的敌方更加危及性命。"

7月1日,郭士立又带人游历了崇明岛,对见闻作下记录,同时散发传教小册子和通商揭贴。在两个星期中,他们费力劳神地在上海县城、宝山、崇明等地,活动于市井小巷之间,观察百姓生活、习俗,了解市场商贸和各种货物行情。

通过这次侦察,林德赛对上海产生了比此前所有西方人都更为透彻的认识,他意识到,南北商船在长江口交汇,上海具有中国贸易中转站的地位,其地位足以使它可以垄断国内贸易。林德赛不止一次对随行人员感叹:"简直不可思议,像上海这样重要的地方,以前怎么就没被注意呢?"

7月4日,上海官方再次敦促林德赛等人离开,次日,"阿美士德"号驶离吴淞口。可笑的是,中国当局派出了几艘战船在6英里之外尾随着,还像模像样地鸣炮逐夷,恍如送别的礼炮。

此后,"阿美士德"号继续北上至山东,他们在威海卫停了一天就折往最后两站:朝鲜与琉球。他们还是冠冕堂皇地提出贸易要求,朝鲜回复说:"朝鲜国服事大清国,只遵大清国的旨。"琉球方面回复说:"敝国蕞尔蕞疆,土瘠地薄,产物无几。"总之,作为清朝老大的附属国,它们秉承了大哥的德性,就不开门贸易。

对此,林德赛们都一笑了之回航了,他们已经顺利完成了此行的目的。

9月4日,"阿美士德"号回到澳门。

长达6个多月的航行侦察,这次行动可谓收获颇丰,这伙人不但完成了厦门、福州、宁波、上海等地的港口、海湾、河道的探测工作,而且对清朝政治的腐败,军备的废弛和落后,以及各地的经济状况,都有了十分深刻的认识。这是鸦片战争前,英国对中国沿海最详细的一次战略侦察,无疑也是一次最成功的间谍活动。

拜这次航行所赐,郭士立成为海上进入上海和山东的第一个西方传教士。这次任务使郭士立摸清了海防重地驻防清军的武器装备情况,他惊喜地发现,清政府防务松懈,军队管理、军事技术都很落后,就连福州、上海这样的重要港口城市也是如此;清军中装备最好的广东水师的战舰仍旧都是旧式木帆船,最大的全长30多米,载炮30门,而且全部是旧式土炮。

看穿清政府的海上防务"底裤"的郭士立得出这样的结论:"不恐吓那个衰弱和可鄙的政府,而采取商议的办法通商,将会得不到任何结果。"他洞若观火地说:"由大小不同的一千艘船组成的整个中国舰队,都抵御不了一艘英国战舰。"1835年,东印度公司就曾写信给英国外交大臣帕麦斯顿,建议政府:"只需74尊炮的1艘主力舰以及2艘大巡洋舰、6艘三等军舰、武装轮船若干艘,再配上2940名陆战官兵,就会在很短的时间内将中国沿海海军的威信一扫而光,并把数千只土著商船置于我们的掌握之下。"

"阿美士德"号离开上海十年后,在英军的炮火中,不平等的《南京条约》打开了上海滩的大门。英国之所以敢于从那么远的距离跑到中国打仗,正是摸到了中国海上力量薄弱的"命穴"。鸦片战争时英军进攻和登陆的地点,都是此次航行所经历的地方,战后《南京条约》中所规定增辟的厦门、福州、宁波、上海等四个口岸,又是郭士立他们当时着重调查的港口。这些事实足以说明"阿美士德"号北航的真正意义,及所引起的严重后果。

对于印象深刻的上海,郭士立在他的《中国沿海三次航行日志》中,根据进出港400艘帆船推断,"上海是中国最大的商业中心","尤其是中国中部诸省的大门","这一地区在对外贸易方面所拥有的特殊优越性,过去竟然未曾引起相当的注意,是十分令人奇怪的"。林德赛也在撰写给英国方面的《"阿美士德"号货船来华航行报告》中,指出上海的地理位置的重要性,称:"上海事实上已成为长江的入海口和东亚主要的商业中心,它的国内贸易远在广州之上。"

这种预见相当有前瞻性,相对于还是不毛之地的上海滩,当时的广州才是清朝的外交、外贸中心。即使到上海开埠后的第二年,广州海关的关税收入为225万两白银,上海仅17万两白银,还不及广州的十分之一。但后来的事实证明,郭士立和林德赛是颇具慧眼的:第二次鸦片战争爆发的时候,即1856年,广州海关的关税收入降为108万两白银,而上海则上升到182万两白银,一举超过广州,成为当时中国的外贸活动中心。

自此,黄浦江中汽笛声不断,跑马路旁灯火长明。

四

荒滩"特区"
【租界的物种起源】

来了，船来了。

站在黄浦江口，眺望水天相接处，出现了一艘船影。船有三根桅杆，从船身看是地道英国造的东印度型洋帆船。海湾风平浪静，夕阳的余晖洒在水面，闪闪发光。

轮船逐渐清晰起来，一位身着炮兵上尉衣服的年轻人走到船头甲板，用望远镜瞭望海岸线，他凝视着，并极力地抑制着兴奋，喃喃自语："新的时代就要到来了！"他就是英国派驻上海的首任领事乔治·巴富尔（George Balfour）。

巴富尔老家在苏格兰，出身于国企东印度公司的世代军人家庭。子承父业，他14岁就到部队当兵，二十年戎马生涯后，巴富尔成为一名驻扎在印度孟加拉湾畔的马德拉斯炮兵队的上尉参谋。那时，这个"老丘八"还不曾做过当外交官的梦，其命运轨迹的突转是因为他被调派到中国参加中英鸦片战争。在这场肮脏的战争中，巴富尔被老上级、英国公使璞鼎查（Henry Pottinger）慧眼相中，做随行跟班。

1842 年 8 月 29 日，鸦片战争胜负已分，璞鼎查全权代表英国和清政府签订了《南京条约》。根据条约规定："自今以后，大皇帝恩准英国人民带同所属家眷寄居大清沿海之广州、福州、厦门、宁波、上海等五处港口，贸易通商无碍。且大英君主派设领事、管事等官住该五处城邑，专理商贾事宜。"英国人在中国地图上画了一个圈，清政府官员还说是得到皇上"恩准"，实在是意淫而已，因为"客人"已经不请自来了。

在谈判时，中方代表耆英也曾与英方对港口开放的数量问题力争，但也只是围绕是否将福州纳入其中，因为那里是处于内港的福建省城，希望将福州改为泉州，但对被列入名单之一的上海，耆英却没有提出任何异议。在这个爱新觉罗氏的子孙眼中，上海只是个泥沙堆积的荒滩，一个尚未开化的小县城而已。

但在英国人眼中，上海是一块未雕琢过的玉璞。从地图上看，上海以一种前突的姿态镶嵌在中国漫长海岸线的居中位置。它面向烟波浩渺的太平洋，背靠中国最为富庶的杭嘉湖平原和整个长江流域，它还是黄金水道长江的出海口，与境内的黄浦江、吴淞江水系组成了优质的河口型海港，航运业优势得天独厚。而且这一带的农民商贸概念强烈，自唐代以来这里就是中国市场经济最发达的区域，他们的生产主要是为了交换，具有根深蒂固的市场网络和商业传统。

10 月初，璞鼎查带着巴富尔等众人从南京沿长江赶到上海，"会同当时上海的中国当局"踏看了"上海县城以北及以东一块地皮"。此时，璞鼎查已经在考虑上海开埠后英国人的居留区了。经过几天考察，璞鼎查看中了黄浦江与苏州河交汇处的一块荒滩，尽管当时还是芦苇丛生，但璞鼎查认定此地是外埠商船从长江口进入黄浦江的必经之地，发展前景不可限量。还有一个重要原因是，黄浦江上有英国军舰停泊，这里是炮火射程之内，把居留地置于军舰的看护之下可以更安全。而此时，璞鼎查心中已经有了替"女王"管理上海的人选了。

12 月 1 日，巴富尔上尉收到了被任命为首任驻沪领事的委任状，"日不落"帝国急剧扩张的全球霸业，需要巴富尔这样忠诚的军官来支撑。璞鼎查交代巴富尔做好定居上海的准备，而他的第一件官差是——在开埠的上海，为英国人寻找到长期定居地。

1843 年 4 月 5 日，璞鼎查来到香港岛，这座"细小、荒芜、不卫生、没有价值"的小岛，却拥有东亚地区少见的港阔水深的天然良港。6 月 26 日，璞鼎查

1843

在港督府宣誓就任香港第一任总督，人称"开埠港督"。他随即宣布"香港为英国殖民地"，受英国伦敦政府殖民地部管辖。

在香港，过了兴奋高潮的璞鼎查细细研读战利品《南京条约》，这时他才吃惊地意识到，这份由他草拟且认真推敲签订的条约，"实际上只是个草约而不是条约"，许多事项还待具体落实。例如，条约里笼统地提到"开放五口，贸易通商无碍"，可是英商具体在哪儿落脚，自由、安全如何保障等，却都没有约定。于是，他催促道光皇帝派"万事好商量"的耆英到香港议订通商章程细约及进出口货物税则协定，以便付诸实施。

7月22日，作为《南京条约》附件的《中英五口通商章程》在香港公布实施，规定英国人可以在通商口岸居住及拥有租地权。这项特权促使了租界形式的出现，此后逐渐发展为完全脱离中国政府管辖的"特别区域"。其主要内容还有：中英双方协定关税；承认英国享有领事裁判权……由此，清政府实际上丧失了单独改变税率的权力，同时独立自主的司法主权也遭到破坏，开创了外国人在中国不受中国法律管束的先例。5天后，广州开埠。

10月8日，耆英和璞鼎查又各自派代表在广东虎门签订《五口通商附粘善后条款》（又称《虎门条约》），对通商规定进行了具体解释，并将海关税则具体化，双方协定"凡未列入本税则的进出口货物，一律'值百抽五'"。这个税率比鸦片战争前进出口货物的税率普降了50％，有的甚至降低了90％。如此低税率的结果是，中国海关失去了保护本国工农业生产的作用，没了"防护套"的壁垒，中国赤裸裸地成为英国倾销商品和掠夺原料的市场。

对英国和整个西方国家而言，《南京条约》的签订是开展广泛外交经贸关系的开始，商人不用再与指定的限制部门打交道，在居住的口岸"贸易通商无碍"；而对清朝皇帝和他的政府来说，这不过是割让一个小海岛和租让零星土地来平息冲突，安抚"外夷"的贸易愿望。只不过损失点银子，以牺牲局部保全大局。在中国的政治术语中，这叫怀柔政策。正是在这种双重解读下，中国当局自身权力一再丧失。

天朝的"华夷观念"根深蒂固，从始至终西方各国都没有禁止中国派遣使节到西方增进了解，促进感情。然而，派驻大使一直都是西方国家单方面在行动，清廷始终没有动静，即使是被打了一巴掌，还是打落牙齿和血吞，然后用"中国国情"的陈词滥调搪塞。

无论如何,皇恩浩荡。广州的开埠、《五口通商章程及海关税则》的签订,使得巴富尔赴职上海的行程变得紧迫起来。10月底,巴富尔带着一名医生、一名秘书,以及作为翻译的传教士麦华陀(Walter Henry Medhurst)从广州搭载"威克森"号舰船匆忙北上,到舟山岛又换乘"麦都萨"号奔赴上海。于是,我们见到了本节开始的一幕。

1843年11月8日晚,轮船在黄浦江边靠岸,岸上没有人迎接这位驻上海的英国领事,四周一片萧瑟。既没有欢迎仪仗队,也没有星级宾馆的房间招待,巴富尔领事的赴任之行显得颇为冷寂。无处可去的巴富尔一行只得在"麦都萨"号过夜。为了庆祝抵达上海,他们在晚餐时喝了点酒,齐声为"上海口岸的繁盛和可预期的远大前程"干杯。深夜,望着墨黑的黄浦江上点点渔火,巴富尔既兴奋又茫然。

第二天清早,上海最高地方官、上任还不到半年的上海道宫慕久收到衙役报告英国人来了。尽管心情十分不爽,但他还是派了顶旧轿子前往迎接。英国首任驻上海领事和他的随从就这样"体面"地进入了上海。这次,他们不再是为了情报刺探也不是为了军事入侵,而是为了长久居住。

走进道台衙门还没坐下,这位野心勃勃的西方殖民者,带着胜利者的高傲和叩关者的狡猾开门见山地说:"道台大人,根据两国签署的条约,上海已被辟为通商口岸。我此次登门就是要和道台大人商讨具体开埠时间的。"

作为刚刚从云南边陲履任到上海的清朝官员,宫慕久当然不敢对朝廷签署的条约存有异议。按照中国人的习惯,宫慕久还煞有介事地在官衙设了宴席,为"洋老爷"一行接风。不管是虚情还是假意,酒水有时也是一盆好的糨糊。11月10日,宫慕久还登上"麦都萨"号,礼节性地回访巴富尔。

场面上的外交会晤"程序"走完,就进入到实质性的交往了。双方议定11月17日,上海正式开埠。另外,巴富尔提出要在上海县城中租借一幢房子以供居住和办公使用。这个要求让宫慕久腹背受凉:大清朝没有华洋杂居的先例,日后一旦闹出点乱子,重罪难逃。宫慕久沉吟再三说:"上海县城人口众多,城内已拥挤不堪,实在没有多余的地方可供建馆。如果领事不嫌,我倒愿意代劳在城外替领事寻觅。"

宫慕久的搪塞理由倒也不是信口开河，开埠前的上海并非像 19 世纪西方人所宣称的其貌不扬如"小渔村"那样简陋，自 15 世纪起，上海得益于长三角经济的繁荣，已有"小苏州"之称。当实行了两个世纪之久的海禁解除后，上海海港时来运转，尤其是当京杭大运河航行困难，漕运转由海路去往京津，上海因此成为新的运输网龙头。可以说，1843 年的上海，即使没有开埠和外资带动，借助独特的地理区位和水运交通优势，也正在自发而缓慢地发展成一个繁庶的港口城市，按清嘉庆《上海县志》的说法，上海不再是"区区草县"，而成"江海之通津，东南之都会"了。

上海行政当局的地位也随着城市经济的扩展得到提升，宫慕久的职位"道"是清朝行省辖治下的一级行政机构，官居四品，相当于今天的厅局级领导。"上海道"的正式名称是"江南分巡苏松太兵备道"，即掌管苏州、松江、太仓两府一州的军民政务长官。过去苏松太兵备道的官衙一向都设在经济发达的苏州或太仓。随着上海港口贸易迅速升温，1725 年省长级别的江苏巡抚提出委派苏松太兵备道负责征收上海的海关税。1730 年（雍正八年），道衙的办公地点从苏州整体搬迁至上海，上海也由原先的县府升格为道台所在地，"上海道"的别名因此得来。

上海当时的城区，街巷纵横，大小街道 60 多条，主要街道有三四米宽，在面积尚不足 2 平方公里的城内生活着近 30 万名百姓；在县城东门外，沿黄浦江，有多个码头；北门以外的外滩地块则还是一片荒芜地。商人不断涌入，而城市范围没有扩张，这种兴旺而处于野生状态的市场城市，各地移居来的人简直是在螺蛳壳里做道场。所以，宫慕久说城内拥挤，找不出像样的空房可供巴富尔租住，理由貌似也很充分。

正当巴富尔为租房的事大伤脑筋时，一位穿着绸袍的中国商人站出来，表示自己有足够的空房可以租给他。此人叫姚书平，是个广东商人。商人总是善于趋利，他的要求是：包揽英国在上海的对华贸易。巴富尔回绝了垄断贸易的要求，但最后，双方还是以每年 400 银元的租金订下了租房协议。

11 月 14 日，有了安身之地的巴富尔向所有在上海定居的英国商人及传教士发出告示，通告英国领事馆正式开馆及馆舍地址，并宣布上海将于 11 月 17 日（道光二十三年九月二十六日）正式开埠通商。届时，中英之间签署的所有条

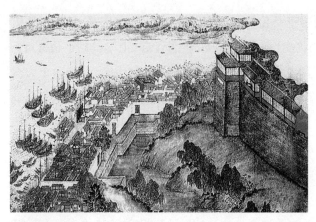

1843 年开埠前，上海全县约有 50 万人，县城外的黄浦江帆樯林立。

约的相关条款，均同时生效。与此同时，巴富尔还未经谈判就擅自规定从吴淞江（现苏州河）口到洋泾浜（今延安东路）的黄浦江面为洋船停泊区。事已至此，宫慕久奏报朝廷后都予以默认了，并贴出官府布告，向上海市民宣告上海开埠，此外还在洋泾浜口设立"西洋商船盘验所"，正式对外国商船的入关收纳税饷，处理对外交涉事件。

上海，正式成为中国对外开放的通商口岸。而此时，距离巴富尔登陆上海仅一个礼拜，可谓行动神速。设立领事馆，宣布上海开埠，是巴富尔的人生履历中为大英帝国完成的两件了不起的大事之一。而巴富尔要在上海办的第二件大事就是，圈一块地让外商居住做生意。

俗话说，商人无孔不入。姚书平跳出来主动投怀送抱，也许就是看到了商机。提出独家代理贸易不成，他另有一计。天性好奇的上海人看到高鼻梁、黄头发的洋人来了，自然不会放过白捡的西洋景。洋人吃饭、喝水、穿衣，都会有人围观。有些人经常跑到姚家甚至进卧室参观，一些胆大的人还伸出手摸巴富尔的膝盖。因为当时盛传：洋人看到大清皇帝不下跪，就是因为没有膝盖骨不能弯曲的缘故……这让巴富尔感到很不愉快。

更让巴富尔不愉快的事情在后面。一天，巴富尔跑到门口，居然看到姚家的伙计在卖门票——原来是精明的姚书平把他当做异邦来的"珍稀动物"卖门票供人参观了，这不是把他当西洋猴子耍吗！感觉被羞辱的巴富尔勃然大怒。

三个月之后，巴富尔在大东门西姚家弄觅得了一处更为理想的住所，一位顾姓商人的四幢两层楼房，名曰敦春堂。院落坐北朝南，有房间 52 间，更让巴富尔颇感满意的是，院内还有厕所和水井。于是，临时领事馆搬到了敦春堂，以避免华人骚扰。

开埠后,巴富尔的另一项重要工作"租地问题"就提到了日程。他根据《南京条约》和《虎门条约》的约定,"允许英人携带家眷赴广州、福州、厦门、宁波、上海五港口居住……准英国人租赁",向宫慕久提出,划定一块专供外国人占用造房子的居留地。

遵照璞鼎查蓄谋的意思,巴富尔选定的就是位于上海县城东北、黄浦江边的泥泞地块,即今天的外滩地区。那里处于英国舰队的火炮射程之内,而黄浦江岸又可供商船靠泊,这是最为打动英国人的地方。但是,条约中并没有将租地范围、租地方法、租地规范、租地内管理等问题具体写明,因此在黄浦江边租地建房的事情迟迟不能议定。

上海开埠一个多月后,英国伦敦布道会的传教士麦都思(Walter Henry Medhurst)从巴达维亚(今雅加达)坐船来到上海。他是西方最早高度评价中国古代科技航海罗盘、印刷术和火药之人(后英国传教士、汉学家艾约瑟[Joseph Edkins]加入造纸术,形成"四大发明"之说),认为"对欧洲文明的发展,提供异乎寻常的推动力"。

麦都思从巴达维亚搬来了印刷机器,印刷出版宗教书刊,取名为墨海书馆。这是西方在中国设立的第一家印刷所,也是上海最早的一个现代出版社。墨海书馆的活字版印刷机一天能印几千本书,为上海最早采用西式汉文铅印活字印刷术的印刷机构,在中国印刷史上也占有一席之地。

这个取名为墨海书馆的印刷所,意在消除中国人对西方的蔑视与误解,书馆培养了一批通晓西学的学者,如王韬、李善兰等,他们都是中国近代文化的开山级人物,对当时人了解西方影响很大。多年后,墨海书馆的光芒四射,使总长不过三里地的四马路及附近的望平街上,兴起了一百多家私营报馆、书馆、印刷所,成为西方文化产业化的生产加工基地,被认为是从上海开埠到《北京条约》签订这近二十年间西学东渐的重要据点、中国具有新思想的知识分子的摇篮和上海地区的文化中心之一。

近代以来,中国文化因上海开埠才有了京派、海派之分,而海派文化的发源地,就在四马路。上海四大报纸——《申报》、《新闻报》、《时报》、《神州日报》,都从这里印发;中国三大书局,中华书局、商务印书馆、世界书局,也在此地出书。四马路因此被誉为"远东第一文化街"!

谈海派文化,不可不谈麦都思和他的墨海书馆,然而一个令人生疑的现象是,百多年间中国一直避讳谈论教会,但事实上传教士几乎是早期唯一通晓中文的洋人。从意大利人利玛窦、德国人汤若望和比利时人南怀仁,到郭士立、麦都思,甚至到 1949 年,美国驻华大使司徒雷登(J. L. Stuart),他们都是传教士。这批耶稣的信徒在无意之中促进了中西文化交流,尽管有时候他们同时还扮演着另外的灰暗角色。

一个历史悠久且传播广泛的指控是,教会是帝国主义侵略中国的工具。1858 年,在英法联军攻陷天津后,清政府分别与英、法、美、俄四国签订的《天津条约》中,将基督传教士可以在中国自由传教写进了不平等条约之内,成为中国丧失给列强的利权的一部分,传教活动由此与帝国主义侵华联系在了一起。西方列强以武力欺凌中国的目的在贸易利益,绝非是为了开辟传教场所,"上帝"却也因此陷入了一个颇为尴尬的境地:文化侵略。

由于身份的尴尬,传教士进入中国大都在政商背景的英国东印度公司,或在驻华外交和商务官方代表身边,从事翻译、书记之类的工作。他们有时还要精通医术,利玛窦就开创了传教与医疗并重的传教路线。应该说,基督教的教义并不具攻击性,其信徒也不是凶穷极恶之徒,但传教士和中国信徒却往往因为信奉洋教而受到歧视和攻击,在参与不平等条约签订的起草和谈判中,作为翻译的传教士自然希望中国政府能改变这种状况,给予足够的保护。

一个典型的例子是,1860 年,《天津条约》之后法国又强迫中国签订《中法北京条约》,其实《北京条约》的内容与《天津条约》大致相同,但是负责传译的法籍传教士狄拉玛(De Lamarre)竟然擅自篡改中文内容,致使《中法北京条约》的中文版多了一项法文版所没有的条款:允许传教士在各省租买田地,建造自便。可以相信,这项条款并非出于法国政府的初衷,而仅仅是传教士为了能在华传教方便,故意"添足"上去的。由于当时的中国人不懂法文,遵照条约沿用了数十年后才发觉,再追究也为时已晚了。

原本自由、合法的基督信徒传教,在不平等条约之上变成了需要受政治力量保护的行为,它为基督教会在中国的日后生根成长,留下了一块极坏的土壤,始终无法如佛教一样嫁接入中国文化之中。更不幸的是,它还遗下了一个无穷的口实:帝国主义侵略中国的工具。

　　继传教士之后就是大批的洋商。随着上海开埠的汽笛拉响,曾在广州做生意,凭借走私鸦片发家的怡和洋行、宝顺洋行、仁记洋行、义记洋行等都紧跟着来到上海。他们发现,当时中国供出口的生丝主要是产于浙江省湖州南浔镇、嘉兴桐乡、海宁一带,极为便利的内河航运使得上海成为五个通商口岸中最靠近丝绸和茶叶产地的港口,他们十分看好上海的发展前景,并迫不及待地在上海开始了租地开店活动。

　　据历史档案记载,怡和洋行、融和洋行等都在黄浦江岸私下向中国的地主租了土地,然后搭起简易的茅棚开始做买卖。其中,宝顺洋行老板、鸦片战争当事人之一的兰斯禄·颠地(Lancelot Dent)最先吃螃蟹,他向地主奚尚德等租下了江边的 13 亩 8 分 9 厘 4 毫地。虽然已有《南京条约》作为依据,却还没有可供操作的具体规章。首先是租赁双方所立的契约格式不一,由时任"村支书"做中间人,在一份简陋的"租地议单"上签字画押,就算交易完成了,属于典型的手续非法的"小产权房";其次是租地价格混乱,宝顺洋行与和记洋行的租地都在外滩,两块地仅隔一条路距离,但前者用每亩 99000 文的高价押租,后者却只用每亩 7000 文。在最初一年多的时间里,洋商和地主之间逼租与抗租事件不断发生,租地活动出现一片混乱。

　　制定租地规章,改变混乱局面已势在必行。作为地方最高行政长官的宫慕久,早就对华洋混居、洋人滋事扰民的状况头疼不已,任何"夷务"出纰漏都是中央领导们所不愿听见的。为了请洋人离开县城,他对巴富尔提出的在黄浦江边辟出一块荒芜的地皮作为外国人的居留地,也很是认同。用一地两制的办法加以隔离,保持华洋分治的习惯。

　　但要命的是,巴富尔提出了永久买断土地产权的主张,这让宫慕久非常为难,"普天之下,莫非王土",他一个四品官岂能担负"卖国土"这么大的责任? 对于暂租还是买断的问题,孱弱的宫慕久竟能死死扼住底线:买断地皮决不可为。一是为大清律法所禁止;二是《南京条约》和《虎门条约》这两份条约中均无此项条款。

　　经过两年时间的拉锯式谈判,宫慕久和巴富尔断断续续达成了一些协议,基本确定在位于上海城北的郊区,允许英国人在南至洋泾浜、北至李家场、东至黄浦江、西至界路,面积约 830 亩的地区居住,每亩年租金 1500 文;土地归大清所有,外国人必须每年支付租金,可永久居住;租地内事宜皆由英国专管……最后,宫慕久将协商内容誊写在公文上呈送顶头上司。江苏巡抚孙善宝和两江总督璧昌十分默契地批下了两个大字:照准。

1845年(道光二十五年)11月29日上午,江南冬日的阳光透不过晨雾,惨淡、苍白笼罩着上海城。

宫慕久以道台名义将一张写有允准英国商人在上海县域内租地、建屋、筑路的告示贴到城门口,这就是他与巴富尔"依约商妥"的《上海土地章程》。这个在今天充其量相当于一份地级市制定颁发的公文,写得直白而裸露,只有光秃秃的23项条款,连个像样的标题都没有。

这份谈了两年时间、足以撼动后世的布告,却并没有在上海城中掀起足够大的波澜,人们对它的关注远不及杀头案的布告来得更强烈,所以没有太多的人知道这件事,也没有人能够充分预见到它将给后世社会带来多么巨大和深远的影响。尽管土地是租赁而不是割让,地皮主权还在,在《上海土地章程》条款中也没有标明"永租",但是事实上,自此以后中国业主从未被允许退租,"更不准再议加添租价"。一次性定价,不问行情。英方除了无权买卖土地之外,和买断几乎没什么两样。

或许在宫慕久看来,签《上海土地章程》划出一片荒烟蔓草之地供洋人居住,不管永租也好暂租也罢,把"野田旷地之余,累累者皆冢墓也"的荒滩变现成白花花的银子,这与战败后向洋人割地赔款相比,实在算不得什么"有伤国体",并且将洋人隔离到城外,也便于地方政府管理。作为当事人的宫慕久,能够坚守并"成功"实现每亩年收1500文租金这种"以租代卖"形式,可能是这个中国传统的儒家文人对大清朝唯一的贡献了。

这个日后被视为上海租界"根本大法"的章程出台,上海因此出现了中国近代史上第一块外国人的居留地,亦标志着中国近代史上第一个租界——英租界的出现。在中英签署的条约中,并没有租界这一说法,通览《上海土地章程》全文,只有"租赁",不见"租界"。但章程的公布却成为以后上海租界制度成型的奠基石,而它的出现竟然是一名英国领事和一名中国"正厅级"外事办主任"秉烛夜谈"后的交易结果。

四年后,宫慕久因处理对外事务得力,得到上司"忠诚可靠、有培养潜质"的褒奖,被举荐升任分管政法的副省长职务"江苏按察使"。可惜官运不佳,到任不久就因病"流芳千古"了。由他开创的"租界",成为中国近代史上可谓赫赫有名的词语,百年后常被用来作为近代中国沦为"半殖民地"社会的佐证。

在上海道台的鼎力协助下,巴富尔在上海外滩画的圈成了英国人的地盘,当年住在上海城内的英国商人、传教士等 90 名外侨陆续迁入租界。梦寐以求的事情实现了,志得意满、头脑发热的巴富尔终于忘形了。1846 年 4 月 28 日,巴富尔看中了黄浦江与苏州河交汇处的一块地皮,这里曾是淞沪清军第二炮台的所在地,在鸦片战争的上海围城之战中,英军曾在此遭受到清军的顽强抵抗,巴富尔准备在这里建造英国领事馆。未经请示批准,巴富尔就以 1.7 万银元的价格,擅自买下了 126 亩地。公款不够,他还"假私济公"自掏腰包,垫付了4000 银元的订金。

然而,按照英国法律规定,所有驻外领事机构只能租地办公,不允许购置地皮起屋造房。于是,触犯律法、越了红线的巴富尔被英国外交部大加斥责。此时,委巴富尔以重任的璞鼎查被召回英国,曾经担任英国东印度公司驻广州大班的约翰·德庇时(John Francis Davis),接替璞鼎查出任英国驻华公使和香港总督。8 月 24 日,德庇时任命阿礼国(Rutherford Alcock)为英国驻上海领事。没了后台支撑,失去了保护伞,巴富尔无奈弃官回家,但他的名字足以被刻在上海城的历史碑刻上。

此一时彼一时,阿礼国上任后,英国外交部竟然很快核准了此前巴富尔想要买下的那块地皮的交易,可见法规是死的而人是活的。1849 年 7 月 21 日,在巴富尔的滑铁卢之地上,英国领事馆乔迁新居,这块地皮就是今天北京东路以北的外滩中山东一路 33 号。

为了实现华洋分离而避免纠纷,《上海土地章程》中还规定了些事务性内容,例如租界内不准中国居民居住,华人只被允许白天进入租界做买卖,晚上必须回城不得留宿,包括为洋行服务的买办,甚至连给洋人做佣人的华人也是如此。因此,前两年的租界内常住人口不多,生活设施也不健全,建筑基本上是一片"棚户区"。

1843 年年底,英国植物学家罗伯特·福钧奉皇家园艺学会之命到中国调查中国的植物情况并收集标本。当时,他走访了华南许多城市以及沿海岛屿,特别是深入考察了中国茶叶的栽培和种植情况,给英国引入了近 200 种植物品种,其中 120 种对西方来说是完全新鲜的。回国后,他写下了一批有关中国的著作。其中在《华北诸省三年漫游记》中,他描述了 1843 年年底的第一次上海之行。书中除了介绍上海的城市、农村面貌以及农商业情况之外,特别具体生动地写出了外国人在上海的居住情况和社会活动。

"我们无论什么时候走出户外,总有数以百计的人聚在街头跟着我们,他们以一种愚蠢的、惊讶的目光注视着我们,似乎我们不是地球人而是来自月球。带着某种恐惧的心态,他们称我们为'鬼子'。"书中,福钧也不忘赞赏:"作为一个农业国,上海的平原是我在中国看到的最富庶的地方,或许世界上任何同样大小的地区都不能与之比拟。它就是一个美丽的大花园。从我们已经了解到的上海将作为英国棉织品的巨大市场来看,无疑未来它不仅是和广州竞争的问题,上海将成为一个远为伟大、重要的地方。"

对于开埠初期的生活,福钧如此描述当时住过的陋室:"我在一个银行或政府职员下榻的地方找到了住宿处,我们的伙食极其粗劣,卧室冷得可怕……早晨,我们常常发现自己在床上被雨水浸湿了;要是下雪天,雪花会从窗外吹进来。"

但这种艰苦生活并没有持续很长时间。1847 年 12 月 31 日,租界的第一号英册出租地契正式发出。契约一式三份,分别标明上、中、下,上契存领事馆,中契存上海道台,下契由租地人收执,契约名称英文一方定为 Shanghai Title-Deed,中国人因其为道台盖公章签发,因而称为"道契"。从现藏于上海市档案馆的资料显示,英册第一号道契的承租人就是宝顺洋行的兰斯禄·颠地。随后,各洋行在外滩建起了 25 所住宅、5 家店铺、1 家旅馆和俱乐部的砖木房子,"棚户区"逐渐被淘汰。

在中国历史上,房地产的概念从来是一回事,"房"只是"地"的附属物,直到民国时期产权人也都是只有土地证,而无房产证。但是在租界内,没有土地所有权的英国人,对土地分区规划后就"招挂拍"了,作为"地主"的大清政府向英国"租客"颁发"道契"。与传统的地契相比,让土地和房产分离的"道契"可谓大大地与时俱进了。在享有治外法权的租界,"道契"受到了英国法律的严密保护,隔绝了任何"官家"的觊觎。这种产权明晰的新式权证,最终触发了中国土地上的第一场炒房热。在 1852—1862 年的十年间,房价涨了 200 多倍。

上海原有的"慢热"进程被开埠的外力阻断了,同时两个分处于不同发展阶段的社会在这片土地上强行结合"速热"起来。继英租界后,美国、法国也来到了上海,先后建立领事馆。随着来沪的各国侨民不断增多,阿礼国提出了扩充英租界的要求。1848 年 11 月,中英双方再次订约将英租界面积向四周扩为 2820 亩。此后就一发不可收拾,列国纷纷涌上,在中国沿海、沿江到处画圈,使得租界遍地开花。据统计,近代中国共有 10 个城市曾设立过外国租界,到 1902 年奥匈帝国在天津开辟租界为止,列强已先后在中国建立了 27 个租界,英国人、美国人、德国人、日本人、葡萄牙人等纷纷入驻。其中,尤其以上海和天津的租界发展最快,对中国近代史的影响也最大。

1853 年 9 月 7 日,民间组织、天地会支派的小刀会发动武装起义占领上海县城,两万多百姓、商人逃进租界,英、美、法联合建立"万国义勇队",在租界四周筑垒设栅,深挖壕沟,实行武装割据。从此,中国政府失去对租界的控制。此后,英、美、法自行公布《上海英法美租地章程》,组建独立的市政机构"上海工部局",成立巡捕房,欲创建一个贸易商的"自治政府",居留地正式形成真正意义上"国中之国"的租界。在长达百年的时间里,这种"国中之国"成为了西方列强侵略中国的桥头堡。

直到第二次世界大战爆发,形成新的利益团体,蛋糕需要重新分配了。1943 年 1 月,美、英两国审时度势,废除了历史上与清政府签订的不平等条约,与战时陪都重庆的国民政府改订了新的条约,放弃了治外法权和在华的一切租界,至此存在了百年的上海公共租界从法理上宣告结束。

西风东渐；洋人的改造；基督的圣徒

站在外滩眺望，那些关于金钱、权利的寓言，
都能在西方人眼中找到线索。

一

法美虎狼
【领事馆的开场戏】

　　1817 年,不受嘉庆皇帝待见的阿美士德乘船回国。出使大清失败,作为英国访华使团团长,窝了一肚子火气的阿美士德准备向议会和英王上书,用武力敲开中国对外通商的大门。在回国途中的大西洋,阿美士德路过一个叫做圣赫勒拿的小岛,这个岛归英国东印度公司所有。当时的小岛上,囚禁着曾不可一世的法国皇帝拿破仑。1815 年,拿破仑在滑铁卢被英国的威灵顿公爵打败,从此再也没有翻身。

　　虽然"雄狮"已经被关进笼子,但这并不妨碍阿美士德对这个曾在整个欧洲所向披靡的英雄的敬意和好奇。他很想见见并聆听这位传奇人物对中国问题的看法。巧合的是,拿破仑竟然在小岛上看了马嘎尔尼使华记录的《英使谒见乾隆纪实》,他们两人的见面因此留下了一段有趣的对话。

　　在岛上,阿美士德发现拿破仑竟然可以跑马 12 英里,而没有狱警监督时,他不由得感叹:"如果广州的英国商人能享受同样的自由,他们就会把旅居地视为天堂! 我们也就毫无必要派使团费力去争取这些条件了。"在阿美士德看来,他们在中国所受的委屈比拿破仑这个囚徒还要严重。

对于阿美士德使团的中国经历以及对用战争敲开中国大门的观点,拿破仑评论说:"要同这个幅员广大、物产丰富的帝国作战是世上最大的蠢事。"他对英国的做法充满了蔑视,"开始你们可能会成功,你们会夺取他们的船只,破坏他们的军事和商业设施,但你们也会让他们明白他们自己的力量……"

阿美士德反驳说:"中国在表面强大的背后是泥足巨人,很软弱。"拿破仑随之说了一句令中国人至今无比亢奋的话:"当狮子睡着了连苍蝇都敢落到它的脸上嗡叫,中国就是东方沉睡的雄狮,它一旦醒来时世界会为之震动。"中国,一只睡着的狮子。出自拿破仑之口的这句话产生了极强的轰动效应,传遍了欧洲,传遍了世界。

可惜大清朝辜负了拿破仑的预言,把自己围在紫禁城里昏睡不醒,连眼皮都懒得抬。清朝已不是睡狮而是躺在榻上的病入膏肓的病狮。以至于,鸦片战争政策的制定者、英国外交大臣帕麦斯顿说出"对付中国唯一的办法,就是先揍他一顿,然后再作解释"这样今天听来依然那般刺耳的话。帕麦斯顿这么说也这么做了,只是在每次狠揍·顿后都没给出什么解释,在他看来或许拳头就是最好的解释。

鸦片战争后,处处以天下为己任的中国知识分子反思为什么被洋夷打了耳光,得出战败的原因是中西器物层次上差距,于是兴起洋务运动,却依然未脱天朝上国思维定式,顽固于"中学为体、西学为用"。同期,日本明治天皇维新改革,效仿英国君主立宪,引进现代学校教育、军队、银行、工厂等组织体系,推动了一场浩大的社会制度变革和政治制度变革,东瀛岛国就此崛起。

看见英国人捷足先登,从东方搬回了一箱一箱的银币,法国人也怀疑起他们心目中英雄的话,要求政府尽快与中国接触,驾炮船到中国圈地以此建立起通商关系。其实,此时已经有法国耶稣会的传教士抵达了上海。

1841年4月底,南格禄(Fr. Claude Gotteland S. J.)、艾方济(Francois Esteve S. J.)和李秀芳(Benjamin Bruyere S. J.)三名传教士从法国布勒斯特港乘坐"埃里戈纳"号出发去中国,在海上漂了一年两个多月后,他们顺利抵达长江口。就在这10多天前,英国的舰队已打进上海城。随后攻打镇江,进逼南京。为避战乱,法国神父在上海浦东的金家巷住下。1843年11月17日,巴富尔宣告上海开埠通商。神父们将所见所闻用信件传回了国内，在法国掀起了一股强大的舆论。

很快，法国与清政府签订《中法五口通商章程》（《黄埔条约》），在赴华谈判的使团成员中，有一个人名叫敏体尼（M. Montigny），他并不是一个职业外交家，1843 年年初还是一名海军中尉军官，由于年轻时参加"希腊独立运动支持者"部队而结交法国驻希腊公使剌萼尼（Marie Melchior Joseph Delagrené），成为了他人生转折的机会。他因此从海军部调到了外交部，并应剌萼尼之召成为赴华使团的"主事"。

1844 年 10 月 24 日，中法《黄埔条约》签订，取得了在上海等五口通商、居住贸易、租地建屋、建造教堂和派设领事的权利。1847 年 1 月 20 日，备受剌萼尼器重的敏体尼被任命为法国首任驻沪领事，代表法国去上海执行"公务"。一直感觉被埋没的敏体尼忽然"天降大任"，他拿到委任状后立马收拾家当，拿着锅碗瓢盆，带着老妈、老婆和两个女儿乘船到中国赴任了。显然他不是到中国镀金的，而是打算打持久战，立志扎根于中华的辽阔大地。

1848 年 1 月 25 日，敏体尼第二次到上海。当时，在上海的法国侨民除了敏体尼一家子之外，基本上都是传教士，且聚居在当时西郊的一个叫徐家汇的村落。3 天后，他和艾方济主教商议一番后，在洋泾浜和县城之间的地界上，租用了法籍神父罗类思的房屋，成立领事馆。尽管条件简陋，但敏体尼在写给领导的述职信中表达了"住在这里，就像与法国一样"的认同感。

敏体尼的到来受到了"邻居"英国领事阿礼国的欢迎，他主动陪敏体尼去拜访上海道台，并介绍上海的社会情况，热情程度好似他乡遇故知。然而，敏体尼的心情却被两件事情影响了：一件是美国人不买英国人的账，在英国租界内的租房顶上升起了美国国旗，招致英国人的抗议和争执；另一件是他不甘心和英国、美国挤在一块地盘上，受英国人管辖，他要自己下一盘很大很大的棋。

再说早法国人半步进中国的美国人在干什么。《望厦条约》签订一个多月后，1844 年 8 月，驻华公使顾盛（Caleb Cushing）委派广州麦克威克洋行的老板费信登（Henry Fessenden）担任美国驻上海领事，但费氏千里经商只为财，忙于赚钱的他把委任状垫在屁股下，并未去上海赴任。美国人一时间也找不出合适的人去上海，不得已驻沪领事的头衔有名无实地空了两年。

1843

1846 年夏天,以鸦片发家的美国在华最大的生丝出口商——"旗昌洋行"的上海大班吴利国(Henry G. Wolcott)给顾盛写信,请求他担任驻沪领事,顾盛直言不讳地称,这是为了"自己生意上的便利和保卫美国的利益"。很快,吴利国收到了美国驻上海代理领事的任命。

在上海经营洋行生意的吴利国,已经在英租界假借英国人的名义,向上海人姚恒源租了 10.87 亩地,成为第一个在上海租地的美国商人。收到委任状后,得偿所望的吴利国随即在自己的洋行设立领事馆,升起美国国旗。这是黄浦江畔的泥滩上所扯起的第一面美国国旗。上海人第一次看到美国国旗,给人感觉花花的,于是称其为"花旗"。

英国人开的地,怎么能栽美国人的树?吴利国的升旗事件让阿礼国十分恼火,他依据《上海土地章程》所规定的专管之权,立即抗议要求把美国国旗降下来,表示英租界内除英国国旗外,不得悬挂任何其他国家的国旗,并向上海道进行交涉。中国官方的站队选择了英国,为此于翌年特地在《上海土地章程》中加了一条关于悬挂国旗的规定。吴利国却依然我行我素,一副死猪不怕开水烫的架势,在英租界的住宅上悬挂美国国旗。事情最后不了了之。

这时,另一个重要人物上场了,他叫 William Jones Boone,中文名为文惠廉,是美国圣公会派到上海传教的第一位主教。早在 1837 年,文惠廉就在印尼向华人传教,学会了汉语和粤语;1842 年他从澳门出发,经香港登上厦门和鼓浪屿,在熟悉了当地风土人情后的第二年就返回美国,然后大肆宣传中国迫切需要大批传教士,刺激人们踏临中国的兴趣。1845 年 6 月,文惠廉夫妇带着另外几个传教士及其家眷来到上海,在苏州河北岸的虹口租地盖房,建起了一个教堂,甚至还创办了一所名为怀恩小学的男童学校,这是上海地区最早开设的"海派教育"的教会学校。

此后,上海发展成为了中国的教育重镇。据调查,至民国时期,上海的初等教育水平远高于全国平均水平,其中适龄儿童的入学率是全国平均水平的两倍。国立院校、私营院校、教会学校的数量和学科设置,是全国最多、最齐全的,这几乎奠定了上海在中国近代教育领域中领头羊的地位。

经常出入于教堂、洋行与衙门之间的文惠廉,成为了侨民中有影响的人物,连吴利国都经常来求教于他。树大招风,但也利于乘凉。文惠廉的教堂所在的虹口一带，逐渐吸引其他美国人置地造屋，形成道路、市场。1848 年，文惠廉向上海道台吴健彰提出将虹口开辟为美租界的要求，见木已成舟，吴健彰口头应允了。由于没有美国官方出面，双方没有划定租界区域范围，所以也没有文字协议，但虹口一带已经成为事实上的美租界。待到 1863 年正式划定界址时，美国人已经"暂居"了 7856 亩土地，比英国的"居留地"还大得多，文惠廉因此被推认为是美租界开发的先驱。20 世纪 30 年代开始及第二次世界大战期间，日军占领上海，虹口一带成了日本势力盘踞的地方，市民都望而却步。

1848 年 4 月，心痒不已的敏体尼也在租房上升起了法国的三色旗。不是职业外交家的敏体尼，在最初几个月的大部分时间都是处理传教士事务，并没有急着找中国要"居留地"，直到一个叫多米尼克·雷米（Dominique Remi）的法国商人出现，情况开始改变了。雷米原本在广州经营钟表和酒类生意，在广州待了六年时间，他的买卖一直处于小铺子级别。中国有句古话"三十而立"，当时已经 32 岁的雷米颇为沮丧。1848 年 7 月，雷米决定到上海试试运气。树挪死，人挪活，雷米见到敏体尼后，他的好运果然来了。

有了英国的先例，敏体尼依据中法签订的条约以及以法商雷米申请租地建洋行为借口，向上海道台提出在洋泾浜南岸的狭长地带辟作法国居留区，这块地皮东临黄浦江，处于英租界和上海县城之间，地理位置绝好。

时任上海道台的吴健彰原本是广州的一个行商，他甚至还是美国旗昌洋行的股东，1842 年花钱"捐"了一个候补道台身份来到上海，1848 年有英美关系背景的吴健彰正式就任上海自开埠以来的第三任道台。对敏体尼的要求，吴健彰回复：同意在英租界内划出一块土地供法人租借，但是"贵领事应先征得英国领事的同意"。混迹于商场和官场的吴健彰深得晚清政治中让洋人互掐、"以夷制夷"的手腕，但这个答复显然是愚蠢的、不能让人满意的搪塞。果然，敏体尼毫不客气地说："我将要求法国政府向北京朝廷控告你，你这种做法太不符合礼仪了，对于法兰西国家的代表，竟然提议租用属于英国租界的地皮，我强大的法国是向中国政府租地，而不是英国。"

需要特别注意的是，来往信函中，敏体尼没有像英国人那样，对租地使用"居留地"（settlement）一词，而是最先使用了"租界"（concession）的概念。风行中国百年历史的"租界"自此滥觞。

1843

没能替皇上解忧的吴健彰在上海道台的位置上屁股都没有捂热就被撤调，他的下一任是原任浙江宁绍台道、镶白旗出身的满族贵族麟桂。1849 年 4 月 6 日，麟桂以《上海土地章程》为蓝本发布告示：南至护城河（今人民路），北至洋泾浜，西至关帝庙、褚家桥（今西藏南路附近），东至广东潮州会馆沿河至洋泾浜东南角，986 亩土地为法国人的居留地。此外，告示上还加了一条："倘若地方不够，日后再议别地，随至随议。"这实在是一个极其"添足"的条文，为日后租界的扩张埋下了伏笔。

敏体尼为法国在上海黄浦江边"拿到"了近千亩地，功不可没的敏体尼的名字，最后成为了今天上海西藏南路的最早路名。法商雷米也紧锣密鼓地开始租地建房，他看中了与领事馆毗邻的 12 亩地。谁知这块地竟然分属于 12 户人家，而且上面还有 46 间房子以及若干的坟墓和树木，这 12 户人家连成一气提出每亩地 300 两、每间房 100 两、每副棺材 50 两的高价搬迁要求，甚至连茅坑都要了几十两银子，这也许是上海史上最早的"钉子户"了。

这样的"狮子大开口"让雷米难以接受，他找到了敏体尼，敏体尼又找上海道麟桂，请他出面"协调"黄浦江边的这些"钉子户"。土地是农民的命根，在官府的威逼利诱下，"钉子户"们保住了房子，但以低价租让了洋泾浜南畔的 2.385 亩地给雷米。1849 年 1 月 9 日，支付了 457 银元后，雷米得到了土地的道契。纵观历史现场，每当民众与不法商人发生纠纷时，唯利是图的权势往往总是站在"钱"的一边，对外妥协、外内镇压实在愧为百姓"父母官"之名。

尽管出了段"不和谐"的小插曲，但雷米的商途却变得平坦起来。1854 年，他调整经营项目，和侄儿爱德华·施米特（Edward Schmitt）合伙开办了雷米·施米特公司，专营丝绸进出口贸易，这是除鸦片之外 19 世纪中叶洋商最赚钱的买卖。当时上海出口欧洲的丝绸，最主要的流向就是法国。三年后，雷米成为了法租界的首富。

一个十分有趣而鲜为人知的小故事是，1861 年，敏体尼将大女儿嫁给了赚得盆满钵满的雷米，不久之后又将小女儿许配给了雷米的侄儿施米特。叔侄成连襟，姐妹变侄嫂，敏体尼一家的中国之行可谓"鱼与熊掌"兼得。

功成名就的敏体尼回法国安享晚年了，雷米的洋行伙计爱棠（Edan）从一名领事馆一等主事一跃成为继任的法国领事。从 1853—1863 年就任期间，他做了不少事情。尤其是 1853 年 9 月小刀会起义占领上海县城，爱棠与英、美国领事拉起了一支民兵级别的义勇队，这是租界间第一次开展军事合作，而租界也由此开始拥有装备武器的"警察"组织，也为日后公共租界的形成奠定了基础。

租界当局在宣布武装中立后，同时联合通告改组海关，"代"逃跑的清政府征收关税，这一"代"就是近百年。但小刀会与清政府的"内讧"造成了租界混乱、商业萎缩，依仗停靠在黄浦江上的几艘战船，爱棠对这股城市游民和乡村农民汇集的小刀会有了怨言："你们妨碍了我们，断送了我们的商机，让侨民每天处于危险境地。9 个月来，我们耐心地观察着你们的造反，在我们看来，它并没有任何足以使我们尊重的政治性质，你们走开吧。"租界当局的立场开始转变。

1854 年 12 月 9 日，小刀会和清军在法租界东北附近交战，法军出来拉偏架。黄浦江上的"高尔拜"号军舰两个小时内向小刀会阵营发射了 140 多发炮弹。5 天后，法军正式向小刀会宣战。1855 年 1 月 6 日，法军用大炮轰开城墙，联合清军进攻小刀会占领的县城，史称"北门之战"，小刀会起义失败。

这场战事是 20 世纪以前发生在上海规模最大、对上海城市破坏最严重的一次。此前，无论是吴越还是三国两晋，虽然烽烟四起但都未及上海；上海建县后即使有元末农民起义或倭寇骚扰也主要是波及松江府和乡间小镇，明亡清军南下造成"嘉定三屠"，上海也安全度过，最近一次的鸦片战争中，英军据城抢掠也不过数日。而这次，前后一年半时间，炮轰火烧、城破人亡，县城内最为繁盛的商业区变成废墟砖堆。由此，上海的繁华区开始逐渐转移到城外的租界，改变了城市的商业结构。

一个"小刀会"倒下去，千万个"太平军"站起来。1856 年，趁太平天国运动如火如荼之际，英国与法国趁火打劫联手发动了"第二次鸦片战争"。虽然获得了几个通商口岸以及居住权等，但是通商口岸并没有带来所期望的贸易扩张，"华夷分居"的隔离，让中国人不愿与他们接触，结果是《南京条约》签署后第十年，作为通商口岸的福州和宁波常住外侨数量仍只有 12 人；即使在寄以重望的上海租界内，此时也仅有 300 多名外国居民。作为鸦片战争的胜利者，这样的结果是英国人颇为失望的。

军事上的失利虽然让清政府意识到"器不如人"，但阿 Q 式的"精神胜利法"使"天朝上国"的自信丝毫没有动摇。因此,两次鸦片战争间关键性的十几年中,清王朝几乎什么都没有做,饭照吃、朝照上,既不派人出国考察,也没有任何革新,连美国主动提供制船造炮技术,也被婉言谢绝了。最后,第二次鸦片战争的结果是,自认为"骑射无双"的冷兵器军队成了枪炮下的孤魂,惊吓过度的咸丰皇帝也在逃亡中病死。1860 年,英法联军占领北京紫禁城,抢劫"万园之园"的圆明园,最后还放了一把火。圆明园内的精华文物很大一部分被搬到了法国,拿破仑三世在行宫枫丹白露宫中专门辟出房间存放中国文物。中国皇家之园毁了,却在西方国王家里得到了再现。

房子被烧,东西被抢,总是"无辜并被迫"的清政府与英、法、美、俄先后签订了《天津条约》、《北京条约》、《瑷珲条约》等条约,开放潮州、天津、镇江、汉口等新一批港口城市为通商口岸。其中以"调停有功"自居的沙俄,胁迫清政府割让了 150 多万平方公里的领土,成为最大的赢家。于是,位于俄、中和朝三国交界之处,历史上一直属于中国领土的海参崴成为了俄国的符拉迪沃斯托克城,城名意为"征服东方"。1860 年 7 月 2 日,符拉迪沃斯托克建城。这座三面临海,拥有优良的天然港湾的城市,日后成为了俄罗斯在太平洋沿岸最重要的港门、太平洋舰队司令部所在地。

原本就已没了遮羞布的"天朝上国"之脸面再一次被撕得粉碎。

小刀会起义平息之后,法租界召开第一次租地人大会,筹划共同出资在洋泾浜上建造桥梁等公共设施。不久,爱棠发布领事令,模仿英租界的"道路码头委员会"在法租界设立"大法国筹防公局"(后改名为"上海法租界公董局"),由他们处理并掌管租界内征收捐税及市政建设事宜,敏体尼的小女婿施米特等 5 人为首任董事,当然最终的权力都掌控在领事手里。

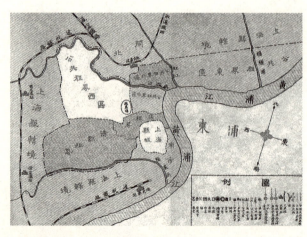

旧上海主体:租界与华界划分图

法租界内广告牌的

设立、路灯加装、人行道设立、邮筒和自来水笼头的安置、公厕的建造以及绿化树木的栽种等，都需要经过公董局的批准。与英美的公共租界相比，法租界似乎很注重规划，1900 年公董局甚至宣布新扩展的区域内，新建房屋都必须按照欧洲的习惯用砖头和石块，其他任何情况，都不准用木材和土墙建房。

1862 年，上海的法国人达到了 100 人左右，他们中有半数以上是第二次鸦片战争时期英法联军北上后留驻上海的士兵，这些士兵退伍后，留在了上海谋生，他们一般充当洋行职员，或从事巡捕、钟表匠、厨师、车辆出租人等职业。从此，法国人在上海有了独立的地盘，并以自己的风格开发、经营着这片"国中之国"。在第二次鸦片战争后，上海法租界也乘机扩张，分别经过 1861 年、1900年、1914 年三次扩展界址，最终使法租界总面积达到 1.51 万多亩。

英法国家在利用租界扩大对华侵略的同时，也"按照自己的面貌"改造着上海，把西方资本主义文明移植到租界里来。19 世纪中叶开始，上海这座设有华夷分界线的城市，既处清朝统治边缘，又远离欧洲，因此洋人可以不受束缚地做出些随机性举措。无论是卖鸦片的还是卖白面的，所有的冒险家都可以在这里随意泼墨挥毫。正是他们注定了这座城市的未来……

二

大清木马
【清政府与流水官】

　　自鸦片战争开始,曾不可一世的清王朝,丧失了对政治局势的驾控能力,除了逆来顺受,几乎找不到可以化解危机的办法。1843 年,上海吴淞口被砸开,英租界(1845 年)、美租界(1848 年)、法租界(1849 年)相继在黄浦江畔开辟。此时的上海,存在着两个城市:一个是破旧的老县城;另一个是洋人兴造的租界。当地人与洋人过着各自的生活,但这种人为隔离阻止不了两者间的商贸利益联系,也阻挡不了时局的动荡和不断的骚扰。

　　开埠之初的上海,无论是中国官员还是外国领事,就像是游乐场中旋转的木马,被频繁更换。尤其中国官员,从两江总督到上海道台,每过一两年或丢官或易职,没有人具备"钉子精神"可以钉在任上坚守更长时间。

　　上海的最高行政长官是道台,从上海的开埠、租界的划定,到处理解决中外纠纷,都需要由上海道出面与洋人打交道。俗话说外交无小事,处理洋务皇帝都失去了阵脚,一个四品官员又怎么会有深浅可以拿捏,只能揣摩着上司的心思,如盲人般摸着石头深一脚、浅一脚过河。摸对了口头表扬,摸错了轻则罢官、重则杀

1843

头。家天下的官场风险在于，皇帝的喜怒决定了文武百官的政治生命和荣华衰败。

上海第一任江南分巡苏松太兵备道是杭州人翁藻，就任时间是 1736 年（乾隆元年），到《上海土地章程》始作俑者之一的宫慕久就任，已经过了 107 年。宫慕久祖籍山东东平，嘉庆二十四年（1819 年）举人，1843 年 5 月被保举出任上海道。在领导眼中，宫慕久还是很有培养潜质的，他出身书香门第，在云南做知县时，从政廉洁，政绩卓著。据说有一年他晋京述职时顺道探家，离家 7 里地就下轿步行，沿途遇到长辈便嘘寒问暖，让老人走在前面，以示尊亲重祖。到家时，老婆正在厨房摊煎饼，剩半盆面糊没摊完，为了节省烧柴，竟然没有出来迎接七八年没见的丈夫。对此，道光皇帝给予了"其资质本乎天性，廉洁出于自然"的高度评价。

这样一个清廉的传统老学究，碰到了国家民族千年未遇的大变局，在没有一点儿外交经验的情况下，1843 年出任上海道兼外事办主任的职务。升官的宫慕久与英国驻沪首任领事巴富尔，经过两年拉锯式的谈判，商定了一份关于允许英国在上海租地、建房、筑路的"地市级公文"。前有丧权辱国的条约，现有划地割让的租约，宫慕久就像被绑着与人相亲一样郁闷。民众对"大人"与洋人"依约商妥"的 23 条《上海土地章程》十分不满。据巴富尔的翻译麦华陀等人回忆，当时农民们对租地的抵制非常强烈。一位老年妇女知道自己的土地被官府圈定划给洋人时，她当面责骂道台，吐着口水说："决不将地皮卖给洋鬼子！"1848 年，积郁成疾的宫慕久病逝在官衙办公室。

1847 年 3 月，接替宫慕久的是皇帝的老乡，满洲人咸龄。他曾经是与英国签订《南京条约》的钦差大臣耆英的侍卫，所以在处理涉外事务中，他秉承了老上级委屈退让的温和精神，在当年 12 月 31 日签发了上海最早的一批"道契"。

在咸龄的仕途中，遇到洋人绝对是个灾难。就任上海道台刚满一年就发生了史上著名的"青浦教案"，当时英国基督教传教士麦都思、雒魏林、慕维廉三人，违反清政府关于外人游览应在一天内往返的规定，到青浦传教时与漕运的帮工发生斗殴冲突，传教士被打回了上海。领事阿礼国听到自己人被打，要求咸龄"惩办凶手"。见识过大场面的咸龄辩解说："传教士深入上海乡间达 90 里，违制在先，造成斗殴，因此双方都不应深究。"

咸龄的话于情于理都没有错，但他低估了阿礼国的胃口。阿礼国让英国军舰封锁上海港，禁止所有运粮漕船离港，并要求停泊在上海港的英国船只停止向清政府交税，随后又乘军舰到南京示威，向两江总督李星沅递交抗议信。

阿礼国敢于如此横蛮，其实对于清廷的服软心理早有预期，他忠实执行了英国领导人的训令："对待中国政府……先打一个耳光，然后再讲道理。"果然，清政府有理却短三分，咸龄放弃了原来的立场，给洋教士写了一封慰问信，并命令青浦知县金镕迅速"捉拿凶犯"。

事情闹大，收场也就不容易了。最后，清政府把参与争殴的十名漕船工人"枷号示众"，其中两名主犯一人判徒刑，一人流放边疆；咸龄被撤职调任浙江宁绍台道；英国租界再次圈地扩张至2820亩。如此结局，阿礼国方才满意罢手。

"青浦教案"事件，使清政府首开因教案而随意处罚百姓以及惩办地方官员的先例，这一前车之鉴，使得清朝官场由此形成惧怕洋人的惯性，对19世纪的中国外交史产生恶劣影响。这种惧怕外国人的心理，《官场现形记》中如是揭露说："有些不晓得他的姓，都尊之为'洋大人'。"曾经被鄙视的蛮夷变成了"洋大人"，大清王朝最后一条遮羞内裤也被扒掉了。

英国领事阿礼国，其利用"青浦教案"，将上海租界面积扩大到2820亩。

吴健彰是自上海开埠后的第三任道台，不同于前面两任的是，吴健彰来自广州赫赫有名的十三行，是中国近代最早且有影响的少数买办之一。吴健彰的故事也最富传奇，他出生于广东香山，由于家境贫寒，早年曾到澳门、广州等地做贩鸡的个体户，因小名叫阿爽，人称"卖鸡爽"。

少年吴健彰大概考虑到卖鸡不是一份有前途的职业，于是操着有限的"广式英语"，毛遂自荐到洋行任洋行司事或买办之职，因为手脚勤快，并逐渐学会了一口流利的英语，其流利的程度，甚至超过了当时上海人俗称的"洋泾浜"式英语，因此颇讨洋商们的喜欢。当积累了人生中的"第一桶金"后，善于揣摩洋人心意的吴健彰自立门户，跻身为"同顺行"的董事长，家财日渐暴涨。1843年7月广州开埠，十三行行商外贸垄断的地位衰落，不少行商由于拖欠外商货款和官府税捐纷纷破产，甚至遭抄家、下狱、充军的厄运。

鏖战商场近二十年的吴健彰敏锐地察觉到，《南京条约》签订后，中国对外贸易的重心正由广州逐渐转移到上海。1845 年，吴健彰果断结束了广州的生意，带着殷实的资产来到上海，算是最早搞活上海经济的潮州籍"拓荒牛"之一。到上海之后，吴健彰以美国人聚集的虹口为经营据点，开始了他一生中商业投机与政治投机事业的巅峰时期。

在上海滩，吴健彰主要做了两件事。一是 1847 年，他参股美商的旗昌洋行，成为该行七大股东之一，也是该行首个中国股东，或许可以说，吴健彰是中国兴办中外合资企业最早的弄潮儿之一。旗昌洋行除了经营茶叶贸易，还是美国走私鸦片时间最久、规模最大、获利最巨的一家公司。吴健彰能参股，可见他家底的厚度及与美国人关系的亲密度。而他了解洋情、会讲英语、充当买办，也为外商收购原料、推销鸦片和商品提供了巨大便利。

二是 1848 年，吴健彰利用清朝官吏商品化的捐纳制度，花 50 万两白银，捐了个五品衔的江南候补道。能在官场走动或者说戴上"红顶子"的商人，才是安全并有"钱途"的，吴健彰深谙中国国情。所谓学而优则仕，商人何尝又不是富而趋政当官。机缘凑巧，"青浦教案"发生，纳捐方式买来的江南候补道虚衔立马补了实缺，吴健彰被委任上海道兼江海关监督。由一个单纯的买办商人到掌握上海政权和财权的政界要员，吴健彰实现了华丽转身，成为中国近代最早涉足政治舞台的买办。

有深厚的资本背景，又有足够的洋人人脉资源，吴健彰的官途应该是光明的，却因为一场突如其来的小刀会起义，断送了他的"钱"程似锦的事业。最让吴健彰痛心疾首的是，他与上海小刀会首领刘丽川既是同乡又是朋友，早年间他们一起来到上海，吴健彰还帮忙失业的刘丽川在洋行谋了份工作。

1853 年春天，太平天国军队占领南京，东南各地纷纷响应，造反声此起彼伏。动乱之际，上海道台吴健彰决定扩充兵勇求自保。打虎亲兄弟，上阵父子兵。吴健彰并不信任上海当地人，认为本地人懦弱狡诈，薄情善变，所以他想到了刘丽川，请他帮忙筹建保卫上海的义勇军。可惜吴健彰忘了，太平天国运动的起源地就是在广东，而刘丽川恰恰是民间秘密组织天地会的领导人，他与闽南小刀会合成一股，被推为大首领。而这些，吴健彰都浑然不觉。

1853 年 9 月 7 日，刘丽川带领小刀会攻占上海，杀了上海知县袁祖德并活捉了吴健彰。念及同乡之情，刘丽川没有一刀砍了吴健彰而是将他软禁在道衙内,好吃好喝供着。大清的官员被辱,被太平军弄得焦头烂额的皇帝只想着怎么保江山,又怎会顾及一个小小四品官的事情。令人诧异的是,吴健彰的一帮国际友人此时却"雪中送炭":先是美国驻华公使汉弗莱·马沙利(Humphrey Marshall)写信给刘丽川,表示吴健彰乃美商旗昌洋行的股东,作为美国公使,他有保护之责,希望马上释放吴健彰;紧随其后的是英国驻沪副领事威妥玛(Thomas Francis Wade),他甚至亲自上门探望吴健彰;还有美国的传教士也找刘丽川,要求上帝的信徒给吴健彰自由。

这实在是一个十分有趣的事情,中国内部的阶级矛盾引起的内讧,以"中立"姿态标榜的洋人竟然争先恐后地救援一个上海道台,吴健彰的洋朋友真的很够哥们儿义气。然而,事情就这么简单吗? 利益,是政治背后的最终目标,阿礼国向时任英国驻华公使文翰(Sir Samuel George Bonham)建议,由英国出面帮助清廷镇压太平天国,并借此向清廷索取更多的特权。而在小刀会占领上海之前,马沙利也曾针对中国阶级冲突的局势,提出了美国应该支持清朝政府,干涉太平天国的政策主张,他认为:"不能坐视中国变成为无政府状态蔓延的场所,美国要获得最高利益,就应该卷入并支持清政府,维持中国正常的秩序,并将我们的思想逐渐灌输到这个陈腐的肌体,使这个政府得到新的生命。"

外国公使的话显然代表了西方国家对如何从中国获取利益最大化的核心意见。美国人需要吴健彰,作为美国公司的股东之一,他的存在对维护美商在上海的利益至关重要。其中,吴健彰所在旗昌洋行的总经理,也是美国驻沪副领事爱德华·金能亨(Edward Cunningham),甚至主张从停泊在黄浦江的军舰中调动水兵,军事干预小刀会释放吴健彰。

9月9日深夜,由两个旗昌洋行的职员偷偷潜入上海城中,将吴健彰救了出来,藏进租界。脱逃后,吴健彰给朝廷打了个报告,自称县城失陷时,自己恰好外出,途中闻报,急返而归,英勇抗争云云。这谎言连篇的"内参",竟然让吴健彰蒙混过关,免于处罚了。动恻隐之心的刘丽川,最终也将为自己的纵虎归山付出代价,吴健彰亲自率领部队,同时借用英美军队合力围剿小刀会。

11月10日,为了切断城外百姓与"占城为王"小刀会的物资往来,攻城不下的吴健彰竟然纵火焚烧县城东门一带的店铺民房,大火烧了四天四夜,殃及大批无辜百姓。12月7日,吴健彰又命清军在南门纵火,两千多间民居和商铺被焚毁。从 1853 年 10 月到 1855 年 2 月，小刀会以一支孤军，占领上海城长达17 个月之久，直到弹尽粮绝。而清军攻入县城后，再次把这座"江海要津"之城变成火海，英国传教士雒魏林在他的《在华医药传道记事》中如是记录："站在屋顶上，可以望见整个城圈点燃着一个由火焰构成的光环……四面八方发生猛烈的火灾……最繁华的街道都已化为灰烬……"

百年奢华在一夕间被人祸抹去，这种涂炭无辜的做法，连英国人创办的《北华捷报》也忍不住指斥吴健彰道："祸首却是一个理应保障而不应破坏同胞财产的人。"其认为吴健彰是一个"完全失掉民心的道台"。

1854 年，吴健彰遭到政治对手弹劾，认为他是"通夷养贼之巨奸"。而那些人脉广泛、倚重乡友、广东公行经历、通晓洋语、参股洋行、与洋人交友过密等，曾经让吴健彰如鱼得水的优势，顷刻间变成了指控他的凭据和佐证。关键时刻，吴健彰拿出破财消灾的勇气，大肆行贿。最终，查案官员被银子砸晕了，很"仗义"地为其掩饰，并以革职了事。

此时，太平军已是清政府的心头大患，腐朽的清军打不过太平军，就想借用外国军队。1858 年，与洋人保持良好关系的人才吴健彰，在清政府用人之际被起用，留在江南大营协助处理涉外事务，官职也恢复到候补道。在大起大落之后，已近古稀之年的吴健彰似乎有些顿悟，第二年他向咸丰皇帝提出告老还乡。回到广东后，吴健彰修筑街道、重修族谱、发展教育、体恤孤寡大行善事，被乡民推为"大善人"，最后终老祖籍也算结局完美。

铁打的衙门流水的官，中国政府走马灯似地更换官员，外国驻华公使、驻沪大使也是频频换人。每换一次，那些时中时西、不中不西的洋人名字，都让接待的中国官员头昏一阵子。

1854 年 1 月 27 日，马沙利从广州出发回美国，完成了他驻华公使的使命，接替他的是罗伯特·麦莲（Robert M. Mclane）。此时，洪秀全的太平天国政权已经占领了南半个中国，因此，麦莲在临行前收到议会的训令，内容是：鉴于目前中国情况不明，你有广泛的自由决定权；与中国建立无限制的商业关系是首要任务；如果中国的叛乱成功，那么我们就承认实际的政府；如果中国分裂为几个地区几个政府，那么我们就与每一个地区的每个政府建立关系。

3 月 13 日，新任驻华美公使麦莲到达香港；一个月后，英国新任驻华公使、香港第四任总督约翰·包令（John Bowring）也抵达香港，他顾不得整理行李，第三天就跑去会晤麦莲，建议共同行动，向清朝提出重新修订条约的要求。1854 年是中英《南京条约》签订满 12 周年的年份，原本条约中并没有任何相关条文规定事后可以修约，但后来中美《望厦条约》中有"至各口情形不一，所有贸易及海面各款恐不无稍有变通之处，应俟十二年后，两国派员公平酌办"的规定为词，英国认定按最惠国待遇，自己也具有修约权，于是向清廷提出了包括：中国全境开放通商，鸦片贸易合法化，外国公使驻京等内容的"修约"要求。

由于对中国当前动荡的政局把握不准，麦莲模棱两可地表示，总统对英国的建议深表赞许，但是美国政府希望尊重条约规定，并对中国内战遵守不干涉政策。为了弄清太平天国的情况，麦莲在香港住了两周后又马不停蹄地去上海，他做的第一件要事就是跑去南京考察，表示希望能与太平天国的首相杨秀清阁下亲切会晤，时间是 1854 年 5 月底。不久，他们得到太平天国的回复：第一，擅用照会，太不懂礼貌了，应该跪拜呈送；第二，太平天国是天朝上国，天王乃太下共主，万国来朝，四海向化；第三，念你们忠顺，故特许年年进贡，岁岁来朝。

看到这种语气怪异、内容喷血的回复，麦莲傻了。比清政府都高傲的太平天国政权，断送了一次结交邦友的机会，如果当时能结下同盟之约，或许也就没有了后面清政府向外国军队"借师助剿"镇压太平天国的结果，最差也是划江而治，那么中国的历史或将完全改变。

第二天，被气昏的麦莲从南京坐船折回上海。半个月后，他写了一篇《访问太平天国的报告》提交给美国领导人。麦莲认为太平军"既不懂信仰也不了解基督教"，是由"无知的和不文明的土著人组成"，不会与美国有"令人满意的交往"。在文中，麦莲建议美国"利用现在危机"扩大与清政府的商业交往。

在英国的带头下，包令给中国外交官员发了英法美三国要求修约并准备进京上访的函，但中国的官员却像对待木马病毒一样，抱着"接触愈少，麻烦愈小"的宗旨，要么拒不接见，要么避不回答。如此既无办法解决，又不敢面对问题的"磨洋工"，把洋人所有的耐心都磨掉时，西方只得用大炮来与天朝的体制对话了。拿着工资却无作为的政府官员们，本身就是寄生在国家机关中的木马病毒，终将误己误国误民。1856 年 10 月，英国人以"亚罗号事件"为借口炮轰广州，第二次鸦片战争爆发。

三

海关被窃
【一块砧板上的咸鱼】

1842 年（道光二十二年），中英《南京条约》签订时，上海在清政府眼中是不能与广州相比的，其商业地位甚至还不如福州。

1843 年 11 月 17 日，上海开埠。奉命筹办各省通商善后事宜的钦差大臣耆英，忽然隐约感觉到上海未来的重要性。他在写给皇帝的奏折中说："通商事宜业已告竣，奴才在粤已无应办事件，而统计五口，应以广州为首，上海为尾，将来贸易，似亦惟该二口为最旺。"

这句话并没有引起皇帝的重视，在他看来广州毕竟是"首"，上海终究是"尾"，五口中最重要的还是那座与西方人已有上百年通商史的广州。因此，他任命两广总督为钦差五口通商大臣，规定一切"夷务"均由常驻广州的五口通商大臣总理，五口对各国税银的征收也由广州统一办理，希望延续以广州为中心的外交、外贸体制。

在鸦片战争前，外国商船到达广州，都必须到十三行认保，所有进出口货税均由行商代缴。战后，行商制度被废除，货船的缴税变成由领事担保的报关制度。在《中英五口通商章程》中规定,英国商船进港口后,装、卸货前都要将船牌、舱口单、报单各件呈送给英国领事,然后领事把这些文件转报海关,以便查验征税。商船缴税后,海关签发税单,最后商人凭税单找领事领回船牌,才能交易离港。如果外商不遵守领事报关制,或未缴税先开舱交易,一律按照走私处理,交由中国政府处罚。

1844 年,中美《望厦条约》和中法《黄埔条约》均对领事报关制及领事插手缉私问题作了类似规定。领事报关制貌似合理,其实剥夺了中国政府对外国船舶进出中国港口的批准权,同时海关缉私之权也被控制,结果鸦片贸易"像雨后的草坪般,欣欣向荣起来"。

此时中国的大门形同虚设,"开放"着怀抱。为了突出广州的"首",同时保证粤海关的原定税额不受其他四口开放的影响而减少,道光还命令其他四口把征收的税银都交给粤海关,只有关税达到总额数要求时,剩余税款才归各口自己。但五口通商以后,事实与皇帝的期望开了个玩笑,当清政府全力培植广州这个给内务府开工资的"首"时,上海那条"尾"却渐渐翘了起来。

1843 年,上海开埠之日,清政府履行《南京条约》在县城洋泾浜北面设立盘验所,进行外商的出入境申报及缴纳关税的业务。两年后,应英国人要求,江海关对外业务办公窗口搬迁到英租界,俗称"新关"。1846 年,在上海外滩(现外滩汉口路)出现了一个用铸铁栅栏围起来的大院子,门口盖了一个中国式的牌楼,上写"江海北关",专门办理外国商人的进出口税务。

小刀会起义的爆发,使上海第一个海外贸易管理机构——江海关的工作因此陷入停顿。英国领事阿礼国与美国副领事金能亨进行了紧急磋商,在瞅准上海地方政权出现权力真空的机会,乘机占据了海关,表示海关虽不存在,但条约义务仍旧保留。并随即宣布:中国海关行政已经陷入瘫痪,从 1853 年 9 月 9 日起,实行《海关行政停顿期间船舶结关临时规则》,要求英美商人"勿需向中国海关结关税",改向本国领事交纳税款,即所谓"领事代征制"。而法国领事爱棠更是直接宣布,法国商人可以不缴纳关税。一时,上海成了一个不收进出口税的"自由港"。

逃进租界避难的上海道台吴健彰,编了个谎逃避了失城责任,而他的另一个重要职责,作为上海江海关的"关长",征收关税是他能够戴罪立功的最好表现。然而，现在洋人的脚插进来了，事情就变得棘手了。更头疼的是，县城失陷时，用来盖章的海关监督官印丢失了，吴健彰不敢向朝廷申请补发一枚新的。无奈之下，他只能发通告称，以"常州漕运使"官印代替江海关监督官印，征收关税事宜仍按旧制办理。

由于鹊巢被鸠占，吴健彰写了封信向阿礼国提了三个要求：一、租界方面停止霸占"新关"的行为；二、在小刀会攻城时，英国商船所欠的 4.5 万两税银请交付；三、恢复大清行使职权。阿礼国也用三条回应拒绝：一、海关是被中国人自己捣毁的，与第三者无关；二、清政府没有保护到纳税的外国侨民，就没有征税的权利；三、中国发生内乱，租界是中立者，所以不能接受清政府在中立区设海关机构。

此时，清廷正为政府财政收支和镇压太平天国运动的军费筹措。吴健彰也很清楚上海的海关收入对清王朝意味着什么，朝廷需要银子，为了保住江山；他也需要银子，为了保住官帽。于是，吴健彰又一次想到了他"最亲密的"生意伙伴金能亨，美国人态度似乎比阿礼国仗义，金能亨显示了他的慷慨和同情心："一国政府由于其所承受的不幸而无力行使权利，远不是其他国家忽视该国权利的理由，更不是其他国家因此而获利的理由。事实上，这正是其他国家显示他们诚信的时刻。"他毫不掩饰地说，纳税义务是"没有任何保留或附带条件的"，而且"在任何情况下，只要条约存在，它就有效"。金能亨答应吴健彰，只要海关能重新开张，他将通知美国商人向中国海关办理纳税，"领事代征制"失效。

但是海关的门面建哪儿呢？县城被小刀会占领，不能进，租界洋人不允许清政府设机构，无法进。怎么办？被逼翻墙的吴健彰把办公室搬到了黄浦江上，在停泊于外国商船之间的"羚羊"号上，建立大清国的海关。或许，这是中国史上最为滑稽，也最为特殊的衙门办公场所了。两天后，这艘海上浮动的"关船"忽然发生爆炸，死伤 13 人，被周围商船当成危险因素驱赶。

智穷力竭的上海道台，只得再次回头恳求英国人能够"高抬贵手，拉兄弟一把"，但得到的回复就一句话：除非清廷收复上海县城，重建海关，否则免谈关税。法国人也同样表态：除非清政府在上海建立一个规范的、令人信服的正式海关，否则法国船只可以自由出入港口，无需交纳任何关税。

英国人和法国人都按他们的方式对待软弱的清政府，对纳税的事情置若罔闻,美国成为唯一的被收税国家,这种孤立的支持让金能亨感觉自己被吴健彰当傻帽耍了。1854 年 1 月 20 日,他以美国驻沪领事馆的名义,向在华美国商人发出公告:根据最惠国待遇条款,清政府既然允许其他国家的船只不付关税,则也适用悬挂美国国旗的船只今后无需向清国海关纳税。

据美国《纽约时报》当时的报道,公告颁布的次日,一艘装满茶叶准备运往纽约的"奥奈达"(Oneida)号船只,在收到领事馆出具的规费已付讫的简单证明后,悄然离港,"宛然像是没有海关这样的机构存在一般"。时报在文章中评论道:"清国政府必须承担因其无能而导致的后果。当一国政府缺乏实施权力的核心要素、无法履行其义务时,那些行政'权力'也就有必要消失在稀薄的空气中了。"

对于复关,吴健彰真的是做到了殚精竭虑,直到 1854 年 2 月 9 日,才勉强在苏州河北岸远离贸易中心的一处房屋中落脚,设立海关临时办公处,受理业务。三国领事表面"承认"这一临时海关,但英商带头以"要付税就得大家付,如果不付的话,大家也不必付"为借口,仍然拒交关税。

吴健彰知道,"犯上作乱"的小刀会一日不除,复关收税的事情只能一黄到底,于是他奏请朝廷派兵围剿。3 月底,清朝从攻打南京城的部队中,抽调了 1 万多清军,由江苏按察使吉尔杭阿率领,星夜兼程赶往上海。最后,这支万人大军在租界的"护城隔离带"泥城浜(今西藏路)遇阻,无法继续前进。几经交涉,标榜中立的租界,不允许清军从租界借道进攻县城。

4 月 3 日傍晚,无所事事的兵勇聚集在界河边,看见对岸一对牵着卷毛狗的外国佬,这些来自乡间的"丘八"都是第一次见到洋人,大呼小叫起来并扔石块挑衅。所有的官兵都没有料想到这件事后果的严重性。

第二天清晨,停泊在黄浦江上的英国"恩康脱"号战舰,突然向清军运兵船开炮,没有防备的清兵被打蒙了。小刀会也从中杀出来。背腹受敌,万人的部队仅个把小时,就被打得抱头鼠窜,不战而退。据统计,这一战租界军队仅伤亡 4 人,而清军竟阵亡超过 300 人。

事发后,江苏巡抚许乃钊立即派人向英、美领事求和,吴健彰也出面"赔罪",作出了"租界不可侵犯"的保证。在所有努力都付诸东流后,4 月底,吴健彰将海关内移,分别在黄浦江上游的闵行镇和苏州河上的白鹤渚设立税卡,但这个措施又遭到了英法美的联合抵制。几乎到手的海关控制权,岂能轻易拱手相送。

1854 年 6 月 15 日,阿礼国给港督包令写了份工作情况汇报,建议由英、美、法三国领事与上海道台会同指派一个外籍税务官,驻在海关官署办公。为达到目的,阿礼国主动提出解决过去 9 个月欠税的问题,同时要求改组海关,聘英美法人员帮办税务,如果"不接受建议就意味着贸易和航运管理的绝对无政府状态和税收的全部损失"。美国公使麦莲也找到吴健彰的上司、两江总督怡良,表示"裁撤两个内地税关,否则上海港征税问题将难以解决"。

在外籍税务官管理海关可以收到税,以及归还欠税的双重诱惑下,怡良授权吴健彰与租界领事对"海关行政问题商量一个办法"。有了领导的首肯,有关海关行政引进外国人的谈判,一下子变得简单起来。

6 月 29 日,吴健彰就"组织中国海关最妥善之方式"与英、法、美领事进行商谈,同意设置一个外国税务管理委员会,税务司由三国领事推荐,由上海道台任命,并达成了"海关所发文书,如无外籍税务官签署就不能生效"等八项原则。根据这些原则,英国人威妥玛(Tomas Francis Wade)、法国人史密司(A. Smith)、美国人卡尔(L. Carr)三人组成了关税管理委员会,他们的另一个身份是,其国驻上海的副领事,江海关的行政权被出卖,海关沦为领事馆的一个附属机关,而所谓"归还欠税"的承诺最终也并未兑现。

1854 年 7 月 12 日,三位关税管委会成员大摇大摆地走进上海海关,成为大清的"公务员"来上班了。上海海关事件是近代中外关系史上的一个重要事件,一个由外国人掌握的海关税务司,在中国第一次出现了,这成为外国控制中国关税机构之滥觞。在此后十年中,上海的这种税务司制在中国 13 个通商口岸被推行。1856 年 10 月,第二次鸦片战争爆发,"外人帮办税务"的制度便被写进了《天津条约》,成为一种永久性的形态。

1858 年,《天津条约》签订后,清政府与列强在上海协商进出口关税,上海第一次成为中国与西方召开正式会议的地方。清政府对上海的倚重也加重了上海在中国政局中的分量,大大提高了两江督抚在政治上的发言权。1859 年 1 月,通商钦差大臣一职改由两江总督兼任,而不是此前的两广总督。自此,上海终于取代广州,成为中国外交活动的新中心。上海在全国政治地位的提高,对

19世纪五六十年代乃至以后的中国政局都产生了重要影响。

1859年，兼任钦差通商大臣的两江总督何桂清，将威妥玛的继任者李泰国（Horatio Nelson Lay），内定为总管各口海关总税务司。关于李泰国，这里有必要多说几句。他的父亲李太郭（George Tradescant Lay）是英国圣公会的传教士，在第一次鸦片战争后，老李被英国全权代表璞鼎查作为翻译和顾问，从此投身政界，出任英国驻广州的首任领事，后又转任驻厦门领事。1845年，老李丢下6个未成年的子女和贫困的家庭死在厦门任上。

同为璞鼎查顾问的郭士立，收留了13岁的李泰国，培养其成为能够熟练说中文的"中国通"。为了尽快出人头地，他摒弃了以前所受的维多利亚时代的正规教育，一心钻营职务升迁。16岁时，李泰国终于爬上了英国驻上海领事馆译员的位置，成为一名"外交童工"；22岁出任英国驻上海副领事。

1855年6月1日，年仅23岁的李泰国接替威妥玛，担任江海关关税管理委员会的英方代表。他接任后，广为联络清政府官员并极力讨好其他驻华大使。据称，李泰国在任上"始终勤慎，秉公办理"，不赞成在中国建立由外国领事直接控制的完全殖民性质的海关，主张创立一种形式上由中国保留独立、而实际由有中国雇员身份的洋人来"帮办"管理的海关。他还制定了《各国商船进出起卸货物完纳钞税条款》等规章制度，使海关的面貌焕然一新。与此同时，美国领事法制定了新的政策，明确美国公使和领事们不得推荐任何公民充任任何外国政府的职务，李泰国当然不会放弃捡来的便宜，乘机独揽了上海海关的行政大权，为英国在中国海关机构的主导地位奠定了基础。

当时，太平天国起义席卷千里，清政府急需大量的财政收入来支持内战的军费开支。据史料记载，太平军定都南京以后，清军在城东孝陵卫扎起了江南大营。"江苏军饷每月须40万，所恃者上海夷税10余万，借以敷衍。"李泰国的有效治理，为清朝的战时财政雪中送炭。1859年5月，上海道吴煦在给皇帝的奏折中说，"自李泰国经理夷税征收之后，税钞大有起色，按年比较，银数倍增，已为口岸开放之初的三四倍"。因此，李泰国博得了清政府的信任和赞赏。

1860年1月20日（咸丰十年），总理各国事务衙门成立，对全国海关实行体制改革统一管理，正式委任李泰国为中国海关史上第一任总税务司，成为清政府中官阶最高、权力最大的外籍雇员之一。但是，这个官位李泰国并没留恋太久,由于天平军攻陷宁绍杭地区,兵锋直指上海,认为清朝很快覆亡的他,"不愿与可能会覆灭的王朝保持紧密的联系"。第二年,李泰国就告病去英国进行"休养式治疗"了。

于是,一个26岁的英国小伙子罗伯特·赫德代理了总税务司的职务。1861年7月9日,赫德在自己的日记中提到,从这一天起,清朝政府给他涨了一倍的薪水,月俸800两白银。自制、沉着、圆通的赫德,读过《论语》《孟子》,还有《中庸》,后来还看了小说《红楼梦》。因为熟通汉语并且了解中国官场礼节和官员习气,赫德获得了清政府上层人物的交口称赞,很快由"代"转正,成为中国正式的海关CEO,且在这个职位上他一口气干了四十五年。

在赫德上任的时候,总税务司署所辖的海关,雇用洋员400人,华员约千人,遍及所有的通商城市,俨然是一个很庞大的行政部门了。赫德作为"一把手",从海关的人事到运作管理都大权在握。海关的主权管理竟然全部依靠"洋外援",这是一个主权国家的耻辱记录,然而极具讽刺意味的是,以"中国政府外籍雇员"自居的赫德,整套引进了英国行政管理经验,无论行政组织、人事管理还是征税章程都置于一个严格、统一的体系之内,由英国财政部官员制定的财务制度和轮岗回避制度等,使海关部门鲜有舞弊行为,在衰朽的封建制度中,竟然创造出了唯一廉洁不贪腐的高效衙门。

从纯技术角度分析,赫德控制下的旧中国海关是个颇有秩序和效率的机构,创建了税收、统计、浚港、检疫等一整套严格的海关管理制度。随着对外贸易的扩大以及征税制度逐步完善,原本不起眼的海关居然在不到二十年的时间里,成为清朝最重要的经济机构和最稳定、可靠的财政来源。据统计,海关税收在1861年已有503.6万两,到1910年达到3451.9万两,五十年时间增长了6.8倍。在建关的前五年,海关就为清政府偿还了《北京条约》规定的1600万两英法赔款,因此清朝向国外购武器舰船、筹措借款,甚至"被打了还要摸钱道歉"的时候都会以关税做抵押。

撰写《百年中国经济史笔记》的经济学家杨小凯,在书中评论说:"过去的很多史书都指称清朝卖国的证据是将海关权力让与外人,其实这种指责是一种不准确的政治宣传。清末海关虽由英国人赫德管理,但他是作为清政府的雇员,行使他的职权。他的管理不但使中国海关迅速现代化,而且使海关成为最有效率、最少贪污的清朝官僚机构。他保证了条约制度对关税率的限制,因而促进了自由贸易及公平税收,他也保证了用有效率的管理和制度为清朝政府提供了大量税收。"由于制度健全,组织严密,这套机构和制度经受住了多次政局的剧烈动荡,被历届民国政府全盘继承,一直运行到 1949 年。

1865 年,总税务署从上海迁到北京(1929 年又迁回上海)。对清政府,赫德采取扶植和改造的政策,因此他向他的雇主提了许多改制强国的建议,他在日记中写道:"如果政策改变了,中国可以成为各国的领袖;如果政策不改变,它将变成各国的奴仆。"然而,他的建议要到三十年以后才能引起一些中国改良派的共鸣。

赫德的人生在中国点燃了最绚烂的烟花,他不仅在海关发挥了举足轻重的作用,1862 年他用海关税收的经费,在北京创办了中国第一个新式学校——京师同文馆,这是清代开办的采用班级授课制的第一所洋务学堂;1866 年,赫德回英国结婚时,劝说清政府派官员出国考察,促成了中国第一个欧洲观光使团的出访;1878 年,赫德获得李鸿章的支持,依照欧洲模式试办邮政,并从英国购进印刷邮票机器,在上海造册处印制发行中国第一套邮票——大龙邮票,中国近代邮政由此发端。

赫德在中国的确做了一些好事,传统教科书往往把他妖魔化,但赫德毕竟不是白求恩,赫德"同志"到中国来不是为中国事业献身的。典型的例子是,他逐步将海关进行西化,中国人在海关中只能任译员、中文秘书或巡役、听差、司门、司夜、排印工等最低下的工作,被完全排斥在海关高级职员群体之外,到1907 年时,海关税务司中几乎没有一个中国人。另外,海关职员洋人,因享有治外法权,故不受中国法律的管辖。

在赫德辖治下,中国海关进口税率一直保持在 5% 的水平,而关税是保护民族产业的壁垒,同时期的新兴工业化国家无不实行关税壁垒,防止外国货品冲击。以美国为例,19 世纪上半叶其进口关税曾高达 50%。在 5% 的低进口税率下,西方国家的工业品充斥中国市场,挤压了中国民族工业的发展空间,同时完全破坏了中国自给自足的小农经济,使中国和印度一样沦为原料产地和英国工业品的销售市场。

赫德还曾建议清政府,征收"洋药"印花税,用以购置英国的炮船镇压太平军，这里所谓的"洋药"其实就是鸦片。朝廷批准了这个建议，并请赫德代理采购军舰。赫德将消息告诉了在英国休假的李泰国，李泰国表现出了极大的热情。古往今来，政府采购从来是个肥差。

清同治二年（1863 年 5 月 9 日），李泰国回到上海销假，在与新任江苏巡抚李鸿章的会谈中，他故作不经意地透露说，自己在伦敦用 80 万两订购了 7 艘军舰，还为大清帝国招募了一支由 600 名各国水手和退役士兵组成的雇佣军。目前，这 7 艘军舰正在由他委任的舰队司令、英国皇家海军阿思本上校率领前来途中。如果不出意外，几个星期后就能到达中国。

代购军舰，怎么给拉来了一支军队？此时，李鸿章正在组建自己嫡系部队淮军，听闻李泰国竟然擅自做主建了一支洋军，不禁大吃一惊。更不可思议的是，李泰国坚称中国地方官员过于腐败，因此舰队不能听其调度，他已经与阿思本签订"李阿合同"，规定舰队司令阿思本，只执行由李泰国传达的命令，而新舰队的军需费用将由他负责从关税收入中分配。

李鸿章彻底被雷倒了，这不是政府出钱，给李泰国拉了一支私人武装，然后还要帮他养着？李鸿章急忙将情况汇报给曾国藩和恭亲王奕䜣。李泰国骄纵跋扈的做法，激起了曾国藩、李鸿章等前线大员们的强烈不满。花钱买军舰，最后变成裤裆里掉进黄泥巴——不是屎也是屎了。10 月 5 日，阿思本也凑热闹，向总理衙门发出最后通牒，限 48 小时内批准"李阿合同"，否则解散舰队。

始作俑者之一的赫德，虽然也觉得有些离谱，但他并不认为李泰国在主观上想侵夺军权，而是其过于"英国化"，忽视了中国国情。最终，清政府被迫解散舰队，变卖舰艇，遣散雇佣军，这成为清朝洋务运动的第一次重大挫折。直到1875 年，赫德再次协助清朝在英国订造 4 艘炮船，成为中国第一支近代化海军舰队北洋水师的起源。然而，这支耗巨资打造的当时堪称世界第六、亚洲第一的海军舰队，第一次出征就在甲午战争中沉入黄海，中国海军精华尽失。

"赫老总"一生，在中国住了五十四年，经历了中国近代史上从太平天国运动、洋务运动直至世纪之交的义和团运动这几个重要历史事件。1908 年，病中的赫德写下了一首诗，"你嬉戏已足，你吃饱喝足，该是你离去的时候了"。赫德知道，他应该叶落归根了。登车离开那天，据《泰晤士报》报道，当时，赫德神情落寞，短大衣没扣纽扣，有些皱巴，步履疲惫蹒跚，他低着秃顶的头，与送行的人们一一道别，灰色的目光中满是失意。随着列车驶离北京，送行的人回到赫德办公室，发现他的办公桌上钉着一张便条，上面是赫德留下的最后字迹："1908年4月13日上午7时，罗伯特·赫德走了。"笔迹潦草而伤感。

三年后，也就是1911年9月20日，赫德在英国白金汉郡病逝，享年76岁。死后的第三天，清政府将"太子太保"头衔追授给了这位外国人。这是清朝最高的荣誉称号，要知道，晚清得授太子太保头衔的只有三个人，另外两个分别是中兴名臣曾国藩和洋务派领袖李鸿章。17天后，中国爆发辛亥革命；两个月后，他为之服务半个世纪的大清王朝也灯枯油尽，停止了"呼吸"。又过了三年，上海外滩海关大楼前矗立起了一座赫德塑像，铜像由英国人设计并在英国铸造，它把赫德离开中国、在月台上转身离开的瞬间，永久地定格了下来。20世纪40年代，上海沦陷期间，赫德铜像被拆毁。一切都被悄无声息地埋进了历史的尘埃里。

赫德离去了，但江海关的故事还在继续。武昌起义爆发后，海关在清政府和革命党人之间竟以"中立"自居，以英国为首的债权国借口中国发生内战，决定扣留中国的关税，由汇丰、德华、道胜三家银行收存。一个主权国家竟然对自己的海关没有独立、自主的权利，这种现象简直是不可思议。

海关的"中立"，对当时的局势产生了重要影响。因为海关"中立"致使清政府财源枯竭、军火匮乏，既然没有钱就没有军饷，仗也就打不起来了。于是，清政府同意革命党人坐到谈判桌前，最后爱新觉罗氏家族能屈能伸，赢得了中国历史上唯一一个安全而体面的集体"下岗专制"。

1923年，江海关决定拆除旧房，投资430万两白银，请英国公和洋行设计，在原址重建新关署。1925年12月15日大楼奠基，两年后一座高79.2米的钢筋混凝土框架结构建筑，矗立在黄浦江

当年上海外滩正在建造中的海关大楼

畔。大楼的外墙全部用花岗石垒砌,尤其是门廊的 4 根多立克式柱子,做得极为地道。整栋建筑共有 10 台电梯、6 个楼梯,大楼内合计有 392 个房间。大厦建成时,时任江海关税务司的英国人梅乐和(F. W. Maze)用戒指上的钻石,在办公室的玻璃窗上,刻下了自己的名字。据称,这个"到此一游"的印记,至今尚在。

1928 年元旦,上海海关楼顶上的大钟敲响了它的第一声,曾闻名沪上的《申报》记载:"其鸣声亦殊宏亮,若在静夜,几可闻于全埠。"从此,悠扬的钟声每天在黄浦江上空回荡。

最后一段插曲是,海关的大钟每隔一刻钟就会报时一次,而且钟锤就像弹钢琴般起起落落,敲在不同的钟铃上,奏响 4 个节拍的英国古典名曲《威斯敏斯特》。此后的事情变得颇为传奇:"文化大革命"中,这首洋曲被《东方红》所代替;1987 年英国女皇访问上海,钟楼报刻的钟声被恢复原状;1997 年 7 月 1 日香港回归祖国,从当年 6 月 30 日零时起,海关大钟报时乐曲停奏。

四

洋教之徒
【最中国的神父们】

1843年，上海没有基督教堂，但是传播上帝福音的教徒，早已经在上海滩留下了脚印。

据史书记载，第一个到达广东沿海试图进入中国境内的西方传教士，是西班牙的方济各·沙勿略（St. Francois Xavier），他是耶稣会六个创始人之一。1549年8月，沙勿略在马六甲认识了一个日本商人，于是结伴到了日本鹿儿岛。在日本逗留了27个月后，沙勿略认识到日本的文化深受中国影响，中国才是传播基督教义的大有作为之地，因此沙勿略萌生了到中国传播福音的想法。

1552年8月，沙勿略乘"圣十字"号抵达距广州城仅30海里的上川岛，这个岛是葡萄牙商人在珠海区域进行走私贸易的据点。当时，除了官方使节之外，中国禁止一切外国人入境。为了踏上中国大陆，沙勿略做了种种努力。12月，沙勿略不幸染上疟疾，死在了上川岛，未能实现他进入中国传教的梦想。

仿佛是命中注定，三十年后，在沙勿略去世当年出生的利玛窦，成功地将天主教传入古老的中国。三百年后，耶稣会在上海董家渡建造中国第一座主教座堂时,就被命名为圣方济各·沙勿略堂。

　　利玛窦是第一个成功进入中国内地传教的耶稣会士,到他辞世时,基督教在中国已经有了数千名信徒。更为难得的是,利玛窦是第一个被中国皇帝赐地埋葬的欧洲人,这意味着基督教徒获得了中国公民身份的认可。

　　自从 1578 年 3 月离开欧洲,意大利的耶稣会传教士利玛窦终生未能回到故乡。就像是自愿流放,来到一个十几二十年见不到一个欧洲人的地方——中国。到 1610 年辞世,利玛窦在中国度过了二十八年,这几乎是他的半生。

　　20 世纪以前,中国与西方文化有过三次大规模的交流,第一次是魏晋时期丝绸之路开辟,印度佛教的传入,最终被改造成为中国本土最大的宗教精神信仰;第二次发生在明代,郑和下西洋以及耶稣会传教士开始到中国传播“天学”;第三次则是鸦片战争后的“西学东渐”。除了经贸交往,宗教是促动中西方交流的最大推手。宗教的不断渗透是最为可怕的,它会形成制约人们行为的道德规范和评判其他文化的一种标准。

　　利玛窦在中国传教,根据中国情况,“入乡随俗”开创了新的传教方式:第一,走上层路线,结识公卿及大儒学者,与上海的徐光启等人相交,并且争取皇帝的支持,从而得以在中国立足;第二,随从中国风尚,说汉语、穿儒服,甚至不惜修改教规,允许教徒祭天、祭祖、拜孔等;第三,介绍西方先进的科学技术知识,给基督教的教义包裹上重重的西方科学的糖衣。这种方式称为“利玛窦规矩”,被之后来到中国的耶稣会士所遵从。

　　这位传教士一生都没有去过上海,但和上海人徐光启一起翻译了《几何原本》。今天,我们数学中的名称,如点、线、面、体、三角形、四边形等,都来自徐光启在传教士利玛窦的帮助下翻译的这本《几何原本》。他编绘的世界地图——《坤舆万国全图》,最终到达皇帝手中,让明朝国人第一次知道了世界

穿着汉服的传教士利玛窦(左)与徐光启

的"模样",引领了晚明士大夫学习西学的风气,对当时的皇室以至整个国家产生了有益的影响。

可以说,利玛窦是欧亚大陆遥远的东西两端隔绝千年之后的一次握手的代表,也是东西方文明独自成熟后,走到交叉路口前充满艰难与尴尬的一场相会。因此,利玛窦在中国取得的最大成就,不是传教而是让中国人看到了文艺复兴后的西方文化和科学。

然而,日趋内省与保守的中国知识界和公众,学到的只是零散的近代科学知识,尚不及日本人从利玛窦制作的《坤舆万国全图》中得到的启发大。与此对应的是,利玛窦这些传教士们不断反馈信息,让西方世界对于中国有了一个逐渐清晰化的图景。此前,《马可·波罗游记》《鄂多立克东游录》等著名游记出版后,对中国王朝集财富、权力、荣耀于一体的描述,简直超出了欧洲人的想象力,他们一直在考证这些游记描述的真伪。于是,《利玛窦中国札记》取代了被欧洲人视为童话的《马可·波罗游记》,成为他们了解中国的基本读物。

就在地理大发现时代到来的时刻,一个北方的游牧民族统治了中国。爱新觉罗氏喜欢土地,因为陆地上才能放牧牛羊,于是中国轰然关上了国门,将大海遗弃在国门之外。传教士与中国朝廷之间的蜜月关系结束了。1717 年,康熙皇帝颁令,中国全面禁止洋教。这道圣旨被他的子孙——雍正、乾隆、嘉庆、道光继承和严格执行,成为清王朝的一项基本国策。从 18 世纪初到鸦片战争爆发的近一个半世纪时间,中国的基督教基本绝迹,仅局限在南洋地区的民间。

从沙勿略客死中国南海,到其他传教士屡屡吃闭门羹。除了汤若望、南怀仁等极少受到当朝政府礼遇的例子之外,耶稣会的神父们不知道如何才能登陆这个连通商都小心翼翼的国家。一个人如果敲门进不去,站在门口徘徊、忍耐之后,就会想到翻墙爬窗,甚至是撬门。在登陆中国失败后,一些传教士竟慨叹:"没有士兵介入而希望进入中国,就等于尝试着去接近月球。"宣教弃恶扬善的基督徒竟然想到了武力,美国传教士伯驾(Peter Parker)直白地鼓吹:"只有战争能开放中国给基督。"

一个多世纪后,锈迹斑驳的中国大门被鸦片加大炮砸开了,而这些"上帝的仆人"总是像一个依附而没有声音的影子,出现在历史现场。

为了获得存在权,传教士采用"利玛窦规矩",尽量向中国式"进化"。他们不再以传教徒的面目直接出现,而是充任贸易公司的翻译,或者以医生、教师的身份抛头露面。1835 年,美国来华传教士伯驾在广州创办眼科医局,这所教会医院就是著名的博济医院前身。广州眼科医局不但诊愈病人无数,还培养了一批华人西医,被誉为中国"西医院之鼻祖",由此拉开了西医在中国诊疗的历史帷幕。

尽管传教士来中国的动机确有出于传教热忱,但是热情被冷水浇灌时,他们又在客观上充当了西方列强侵略中国的先锋和军师。很多传教士都是免费乘坐贩运鸦片的商船,并接受其资助到中国的,还有一些是乘军舰直接闯进中国。

1832 年秋天,普鲁士籍传教士郭士立带领"阿美士德"号,顺利完成中国沿海试探性的贸易航行后回到广州。来自苏格兰,早年曾在一艘鸦片贸易船上做外科医生的威廉·渣甸(Dr. William Jardine)找到了郭士立,告诉他:他和朋友在广州创办了一家渣甸·马地臣行(这就是日后闻名东方的"怡和洋行"源头),希望郭士立能协助前往陌生的华北地区推销鸦片。

为了让一个基督教传教士参与鸦片走私,渣甸抛出了一份十分诱人的薪酬。面对邀请,以宣传基督福音为宗旨、以"拯救中国人心灵为志业"的郭士立显得有些犹豫。渣甸又添了把火,答应为郭士立正要编辑的刊物提供 6 个月的出版经费。这份刊物即 1833 年创办的"中国境内最早用中文出版的近代期刊"——《东西洋考每月统纪传》。

背叛内心道德的筹码已经足够。1832 年 10 月 20 日,郭士立捧着《圣经》走上了渣甸的鸦片船。在英国剑桥大学图书馆里,保存着两封 1833 年鸦片公司老板夸奖"郭实腊"的信,信中提到:"郭实腊博士给我很大的帮助。现在生意越开展,他的帮助越需要了。他的热情是无限的,但未免大胆,太敢干了。"

信中的描述,可以约略窥见郭士立是如何协助逃避中国"缉私警察"的检查:"郭实腊穿上最讲究的衣服,带领两只小船,装出神气十足的样子,迎上前去。说是由于夜间看不清才误停在这里的,并对中国官吏大声威吓,喝令从速离去,若敢再来,就将他们击沉。此后,我们再也没见到过这些水师船。"

半年后,郭士立拿到了那份属于他的丰厚报酬,他在航行日志中写道:"我们希望沿海贸易有助于传播耶稣基督的福音,届时需要数以百万计的《圣经》和教义手册,以满足人们的需求……怀抱对主的信心,我们期盼万民归主的光辉之日。"在日志中,郭士立只字未提"鸦片"二字。

1840年鸦片战争爆发后,郭士立随军北上,做了英国侵略军陆军总司令的翻译、参谋兼向导。1841年10月,英军占领宁波,郭士立被指定为宁波的"县令"。在他们身上,传教士、商人、侦探、翻译、殖民者等多种身份,既可以集于一身,也可以相互转换。

鸦片战争期间,随着中国军队在战场上的失利,不只郭士立,很多传教士狂热地、直接地参与了战争,他们以征服者的姿态"闯进城门"。1842年,一个传教士在给澳门活动的传教士的信中写道:"大炮在天朝呼啸,城市在征服者面前一座接一座地陷落。一次我信步走到一个城门口,城墙上似乎永恒地写着'洋人莫入'。……我是一个洋人,又是一个传教士……我们已沉默到今天,现在是可以到中国城市的大街上,提高我们的嗓门大喊大叫的日子了。"

郭士立们一边进行着鸦片走私,甚至挥舞着军旗,为英国殖民当局服务,用大炮轰击中国的城墙,一边却又向中国人传教,宣扬主的仁慈。这实在是一个巨大而令人彷徨的悖论。

郭士立也并非罄竹难书,1833年郭士立在澳门创办《东西洋考每月统纪传》,刊物中不仅有介绍天文学和航海探险的事件,也有蒸汽机工作原理的描写。虽然这份杂志并非是中文杂志的鼻祖,但却也占了个第一,那就是第一个在中国境内出版的杂志。《东西洋考每月统纪传》对西方地理、科技、文化的介绍,对于晚清社会起了一定的启蒙影响,最典型的是鸦片战争后中国人出版的两部重要地理著作,魏源的《海国图志》与徐继畲的《瀛环志略》,从中引述了不少信息。

1835年,郭士立和他的夫人在澳门开办了一所中国最早的女子学校,这是件石破天惊的事,因为此前按照中国的传统,女人是不准进入学堂的。这个学校成为了中国第一个取得留美大学学位的容闳,接受西方知识启蒙的学校。多年后,从耶鲁大学毕业的容闳在曾国藩、李鸿章的支持下,先后率领120名拖着长辫的孩子,从上海出发,横跨太平洋去往美国,开始了留美生涯。

对于有如一张张白纸的留美幼童们来说,清新而充满个性张扬的美国理念,以及全新的自然科学知识、人文科学知识,远比刻板的四书五经有趣得多。

日后，这批"留美幼童"回国后，参与了中国最早的电报、矿山、铁路等"洋务运动"的建设，成为清末民初的重要人物，目睹了晚清政坛的跌宕起伏，其中包括复旦大学创办人、中华民国的第一任总理唐绍仪，以及最为人熟知的修筑京张铁路的"中国铁路之父"詹天佑。

另外，他们中还出现了中国最早的一批外交官；出现了今天清华大学、天津大学最早期的校长；宋美龄的姨父也是"留美幼童"之一，是他把宋氏姐妹带到了美国留学。还有一些人在战争中阵亡，其中包括甲午海战中邓世昌的大副。

郭士立之后传教士创办的女校相继出现，比如上海的"圣玛利亚女校"、杭州的"贞才女塾"以及"宁波女塾"等。鸦片战争后，受中法《黄埔条约》约定，中国开始对洋教解禁，原来只能游弋在东南亚和岭南一带的传教士，自此有了自由出入中国内地的机会。作为开埠最早一批的城市、曾经的十里洋场，上海是最早接纳西方基督教学说的地区之一，即使在现在的上海宗教建筑中，教堂依然是数量最多的，其次才是佛教的庙宇。上海遂成为中国汇聚基督教教派最多的城市，而上海也是传教士到中国创办近代型学校最早的地区。

1850 年，耶稣会在上海创办徐汇公学，成为天主教在近代中国办学的肇始。到 1875 年，全国教会学校总数达 800 所，1900 年时，这个数字翻了一倍多，总数达 2000 所，学生 4 万人。1905 年，清朝政府正式宣布废止科举，为科举培养人才的私塾悉数倒闭，新式洋学堂成为了中国培养知识分子转型的主要力量，这些洋学堂的师资，几乎八成以上来自教会培养的人才。到 1914 年，也就是清朝覆灭后的第二年，各种教会学校总数达到了 12134 所，几乎遍布中国的所有城市和乡镇。

历史上，上海著名的教会大学有圣约翰大学、沪江大学，教会医院有同仁医院、宏仁医院，教会出版机构有广学会等。西方传教士对于中国近代教育、医疗上的促进作用，我们应该以尊重历史的态度，给予客观评价和肯定，不能一笔抹杀传教士们的开山之力，他们也曾如此深广地影响过中国。

除了教育、医疗之外，在农业、畜牧业方面，也有不少意外惊喜。一些传教士将自己国家带来的种子种在后花园内，出乎意外的是这些移栽来的瓜、果、树，在中国土地上长势同样茂盛，于是被当地农民转载耕种。闻名的"烟台梨"就是由一个美国人引种而来的。还有花生，虽然中国在唐朝即有种植花生的记载,但花生颗粒较小,品质较次。

有一年,一个美国传教士回国休假,返回时带来几袋美国花生,并送给住在附近的农民。几年后,这批源自美国的花生种子,被广泛引种,最后扩大到山东省的各个地区,一个重要的出口市场于是形成。如今,中国每年出口数千吨花生,是世界上最大的四个花生出口国之一。

最初几年,神父们到中国传播福音,给人留下的印象是,他们都留着中国式的长发辫,穿着上海当地的衣服:头戴六角纺锤形无边圆帽,上着中国式短衫或长袍,下穿一条完全遮住腿部、尺寸奇大的蓝褐色平纹布长裤,腰部用一根平纹布带扎紧。这种装束成为了传教士们的标准衣饰,直至 20 世纪 40 年代,到上海乡间传教的神父依然是这幅中式打扮。

传教士是上海租界一个引人注目的群体。据统计,从开埠到 1873 年,三十年时间在上海生活着 722 名法国人,其中四分之一是传教士,有 181 人,英美等其他国家的情况也类似。他们成为了上海租界的开发先驱。

1845 年 6 月 16 日,美国圣公会中国布道区主教文惠廉,带领 9 名传教士踏上了上海滩,成为上海开埠后第一批到上海的美国人。1848 年,文惠廉向上海道吴健彰提出在虹口设立美租界,得到了他的口头应允,从而被公推是美租界的创立者。

随着西方传教士的陆续东来,上海逐渐成为天主教在华传教事业的中心,在这个过程中,来自不同修会的外国修女也开始抵达上海,并在上海建立了各自的会院。尤其是 1847 年建立的专供洋人礼拜的教堂——圣三一堂,为远东最高级的英国教堂。陆续来到上海的基督信徒,他们每周都要到教堂做礼拜。传教士的努力使上海天主教会在晚清时期获得了前所未有的发展,他们往往从上海滩进入中国,然后从上海走向内地,在穷乡僻壤之间竖起一个一个十字架。

那么,这些人的活动经费是怎么解决的呢?其实,教会并不是一个清贫的组织。在上海,教会的产业非常可观,拥有大量的房产、地产和有价证券。这些资产由教会的账房负责管理,而账房的职责主要是从事房地产等经营活动,并把经营所得源源不断地汇送到内地,给内地的传教事业以经济上的支持。对某些账房神父来讲,其理财能力甚至远超传教的名声。当时的徐家汇、董家渡、虹口和洋泾浜天主堂都设有"经租账房",负责经营教堂所属的地产和房产。

在上海人称"麦家圈"的地方，一个叫麦都思的传教士，利用负责道路、码头建设和管理英侨公墓之便，圈买了上海县城北门外的大片土地，以此作为伦敦会的在华总部，在此建造天安堂教堂而闻名。

从利玛窦到司徒雷登，从晚明到民国，基督教各派传教士在近代中国活动有三百五十年之久，这些希望传播上帝福音的人，一直想用"耶稣"来改变中国——一个顽固且强大的、根基深厚的、高度发达的文明大国。但他们失败了，他们的追随者——19世纪的新传教士，一度无限接近成功，太平天国的领导人洪秀全就是读了传教士的经书，成立"拜上帝会"，根据基督教耶稣《旧约全书》宣扬他自己的教义，最终形成了太平军的信仰，借基督教起事。

这种一半借来、一半自创的信仰，貌似和佛教在中国的衍生类似，却更容易激发人们的战斗精神。美国汉学家费正清在《伟大的中国革命》一书中评论说，这种为推翻政权、专为战斗行动创造出来的奇异混合体，"除了100年后中国借来并加以汉化的马克思列宁主义以外，在中国是史无前例的"。这是1890年以前，中国人从西方截取的最大一项挪借。

可惜，民众叛乱在中国从来就少有好的结果。信仰上帝的太平军领袖们，除了聚精会神于宗教和战斗外，不发展任何对外关系，对经济、政治等规划一无所能。平均主义、清教徒式的生活，也只实行于士兵之间。洪秀全等人创造了一个歪曲的耶稣会，最后昙花一现地被消灭了，同时也给基督教带来一个更坏的名声。费正清因此假设道："如果在通商口岸开放后，西方通过正统的商业渠道对中国施加商业影响，结果可能就会不同了。"

随着国门的逐渐被开放，尤其是在上海等沿海开埠城市，传教士带来的文明成为中国近代文化转型的主要动力，直到19世纪末，清末很有影响的资产阶级启蒙思想家、翻译家严复翻译《天演论》的问世，才使西学东渐进入一个新的阶段，即传播西学的主体由传教士开始变为留学生，传播的方式也由输入型转为选择型，内容亦从宗教、自然科学扩展到大量输入西方社会政治学说、经济学说、文学、法学和哲学。此时，传教士们才基本结束了"不务正业"状态，回到以传扬基督教为主的身份。

时隔一个多世纪看这段历史，我们不能否认，在近代西方文化在中国的传播，以及近代中外文化的交流史记中19世纪这一章，主要是由来华传教士书

1843

写。他们所有创办的各种学校，就像文化中的"租界"，给中国青年灌输思想和文化，产生了一批具有民主思想的新式知识分子和商业买办，这种灌输不能局限于"文化侵略"的视角。

1948年，随着人民解放军的迅速南下，面临所谓的"共产党的挑战"，一些传教士开始撤退，离开了他们经营了一百多年的大陆。他们向中国教徒表示，"要坚持信仰，撤退是暂时的离别"，"时间不会很长，我们还会回来的"。

1949年8月2日，无事可做的司徒雷登悄然离开南京，宣告了传教士们在近代中国活动的基本结束。6天后，新华社播发了毛泽东的《别了，司徒雷登》，将他作为"美国侵略政策彻底失败的象征"而极尽讽刺。这篇文章还被收入中学语文教材，"司徒雷登"这个名字在中国成了声名狼藉和失败的代名词。

但是，在所有的历史书籍中，都有意无意地遗漏了一个细节：在渡江战役之后，所有驻华使节，包括苏联大使，都跟国民政府南下去了广州，只有司徒雷登执意留在南京，并试图去北京与毛泽东见面，但是被提前召回，未能成行。回到美国后，他被下了"禁言令"。1962年，司徒雷登在华盛顿病故，留下的遗嘱是希望能够将骨灰送到中国，埋在燕京大学校园内。

2008年11月17日上午，"别了"六十年的司徒雷登又回来了，他的骨灰被安放在他的出生地杭州，在半山安贤园墓地，墓碑上简简单单写着："司徒雷登，1876—1962，燕京大学首任校长。"这离他安息燕大校园的遗愿，已不再需要跨越海洋，但没有能够和自己的妻子合葬在燕园，是历史的遗憾，却已是历史的进步。

五

房地产热
【上海滩头炒地皮】

上海，紧靠着黄浦江建城，而不是位于宽阔的长江口岸边。1842年，当《南京条约》经过谈判签订时，英国提出在上海那地儿经商。没过多久，英国人要求再租借一小块地，让英国商人造房子居住。

于是，中国人挑选了一个对他们自己来说价值最小的地点，那是一片泥滩，河边的土地每年会被潮汛淹没几次，而离河较远的地方是滋生蚊虫的水稻田。这样荒僻的地方，肯定不会是鼓励"高鼻金毛"的外国人长期逗留下去的。但是，任何一个希望外国人因为非常讨厌这个地方而离开的人，他将感到失望。因为外国人不但没有离去，反而来得更多。

他们漂洋过海来中国是为赚钱的，金银的诱惑远比蚊虫的叮咬来得更为靠谱。上海是赚钱的好地方。英国人最先获得了租界；法国人也提出要求，获得了英租界与老城厢之间的那块土地；美国人也不甘落后要求建立租界，获得了苏州河以北的土地。令人诧异的是，华盛顿政府几乎对这"一小片"租地一无所知，因为这种土地割让形式并未得到美国政府的承认，或许正是由于不具官方地位,才使后来的英美公共租界得以存在。

在上海滩圈了地,英国人对"租借"的土地进行了水文测绘,制作界图,这可能是中国史上第一次清晰而标准的国土测绘。根据1845年,上海道台宫慕久公布的《上海土地章程》表明,这些土地的所有权,在法律上依然属于中国,英国人仅取得田面权,无非是"永租"而已,租地的价格称为"押租",每年仍须向中国业主缴纳年租。但英国人将土地分区划块并测量后,通过官方程序,向作为"地主"的大清政府领取了"道契",这张土地使用的"租约",很快演变成了土地私有权的绝卖制度。这种掩耳盗铃的"创造性"做法,使得房产和土地分隔开了,并得到延续"发扬"。

在大清国民的概念中,"房"是"地"的附属物,房地产就是一回事,没有分开为房产证和土地证,地契就包括了房子和土地,在民国时期也是只有土地证,而无房产证。尽管说普天之下莫非王土,但握有地契的田地就是私人的,包括地上的房子。只是在中国的传统中,私有财产都是"无限责任"的承载载体,在各种为短期政绩需求而不断推出的"调控"折腾中,它们可能随时因为服从和服务于"官家"的需要,成为当政者征收、压榨的"肉骨头"。

由于道契是由外国领事馆和中国上海道台衙门共同发放,且租界里实行涉外法权,因此道契的出现几乎颠覆了地契的地位。因为,清政府除了配合签发之外,别无他权,连寻租的机会都没有;而租界当局除了收取税金之外,也别无他权。这就隔绝了公权力的觊觎,财产受法律严密保护的道契,其高度的规范性和权威性,得到了租界内华人"地主"们的赞同,纷纷请求将自己的地契更换成"道契",甚至连租界外的地主都要求换发这种产权明晰的新式权证。上海租界成了清朝实行西式法制的一个样板。

或许,英国人到上海租地设界时,初衷定位只是作为开发中国市场的"前进基地",因此"维稳"成了租界当局的管理目标。出于华洋关系的现实需要和城市管理上的便利,尽量减少本土民众与洋人们的接触,似乎符合中外双方管理者的愿望。于是双方在《上海土地章程》第15条规定:"界内土地,华人之间不得租让,亦不得架造房舍租与华商。"租界"华洋分居"制度由此形成。

在租界内土地和房屋一律不得转租给华人的政策下,上海租界建立的前十年间,这里只是一个小型的、自我封闭的涉外居民小区,"人气"极度萧条。自

1843 年开埠,从 1844 年仅 50 个洋人住在租界,到 1851 年也只有 265 人,每年基本以 20 人左右的人数缓慢增加。此外,就是为外侨服务或开店以供外侨所需的华人约 500 人。

如此稀少的人口致使租界内的社区功能极度单调,租界中既没有商业街,也没有工业区,除了吃、住和做生意外,几乎没有其他功能,这种牧歌般悠闲的租界"计划经济",一直维持到了 1853 年。

这一年,太平天国横扫南中国,活跃在上海一带的小刀会乘势暴动。战火硝烟之下,寻求生存的华人越过了栅栏,大量涌进被视为"安全"区域的租界避难,由此出现了上海历史上第一次难民潮。租界人口迅速上升,"华洋分居"瞬时间变为"华洋杂处"。据统计,从 1853 年年初到 1854 年 7 月,一年半时间内,租界总人口从 700 余人骤增至 2 万以上。与此同时,受太平军的冲击,来自长江两岸的难民也顺江而下,开始涌入上海。在 1860 年太平军第一次攻打上海期间,租界内的总人口攀升到了惊人的 50 万。

当时,上海周围"凡是能够逃难的人纷纷涌进租界,致使租界成为巨大的避难所"。据上海最早的英文报纸《北华捷报》刊载:"自上海各方面传来警报,老百姓从各个方向到达河的这一边,以致租界附近和界内的道路与空地上都挤满了大批男女老幼,他们还牵着水牛和黄牛。"黄浦江、苏州河、洋泾浜及大大小小水道上排列着各式难民船,市内各处空地上到处是像蜂房似的简易窝棚,涌入徐家汇一带的难民甚至住在潮湿的坟场墓穴中。

人潮冲击下,出于"维稳"的惯性思维,租界当局试图坚守"华洋分居"原则,英国驻上海领事阿礼国,要求上海道采取严厉措施,阻止华人进入租界。但令阿礼国意外的是,此举竟遭到了商人们的一致反对。因为汹涌的难民潮给租界带来的不是"人道援救"危机,而是巨大的商机。在难民人群中,不乏殷实之家和财溢万贯的官绅、地主和商人,所谓"江浙两省绅商士庶丛集沪城",他们当然不希望租界当局将庞大的资金流和消费市场阻挡在门外。

当时的一位美国商人史密斯(Edwin Maurice Smith)与阿礼国之间曾有一段对话,是一个很好的注释:"您是女皇陛下的领事馆,不得不为国家谋永久的利益,可是我所关心的是抓住时机发财,把房子租给中国人,以取得 30%～40%的利益,是我运用资金的最好办法。我希望,最迟在两三年内能发到一笔大财,从此走开。以后上海不论被火烧掉还是给水淹没,都与我何干?我们就是为了发财,越快越多越好。"

这简直就是一份极端赤裸的坦白,宣告了漂洋而来的西方社会对这块土地最殷切的希望:在这块土地上迅速发财。据了解,史密斯在南京路两侧占有7块面积达131余亩的土地,他看准机会建造大批木板房出租获利,因此成为近代上海房地产商人暴发户第一人。挖到第一桶金后,史密斯说到做到,很快就离开上海,捞一票走人,此后杳无音信,成为上海滩商业史上一桩迷案。

阿礼国考虑的是管理问题,商人们关心的则是商业利益。在商界的巨大压力下,租界当局不仅认可了华洋杂居的事实,并修改法律,为房地产行业松绑。1854年7月8日,第二次《上海土地章程》修订案公布,这个升级版取消了"华洋分居"的有关规定,以及诸多对房地产的限制,如房屋和地块不得加价转让、不得租给中国人、华人不得兴建新房屋等。此举在法律层面上清除了束缚房地产发展的一切障碍,表露出了与清政府完全不同的为资本、商界服务的敏锐与效率。

大清国内忧外患频频出现,难民们涌入了黄浦江畔的这块烂泥滩,虽然是在自己国家的土地上,但"国内政令所不及"的租界,提供了相对和平、稳定且法制化的空间。而得到这种"安全感"资源,就是需要在租界内购置房地产,才能像铆钉一样住下来。

阻止华人资本涌入租界的最后一道脆弱堤坝,决堤了。附着了"洋大人"权威的"道契",成为了支撑上海房地产起飞的发动机,其起飞的动力竟然来自中国农民发起的一场运动。纵观中国商业史,房地产开发这门生意由来已久,但从严格意义上讲,开发商多数是只租不卖的房东,是个个体经营户,而真正出现专业的房地产开发商并成为区域的支柱性产业,是出现在太平天国起义以后,1862年的上海租界。同一过程中,上海商业重心逐渐移南就北,南市商业受战乱影响,骤见凋零,而租界内商贸日盛,全国贸易中心也由广州移向上海。

华人的集聚,使昔日宁静的上海滩变得嘈杂、热闹起来,商机也由此而衍生。江浙的富商巨贾视租界为避难地,以在上海谋一立足之地为幸事。这些资本雄厚的"难民",给上海带来了巨量资金。据最保守的估计,仅仅在1860—1862年,至少有价值650万两白银的巨额华人资本流入租界,对上海租界的早期开发而言，这是一笔极为重要的启动资金。

如苏州典当业巨富、人称"程百万"的程卧云，1860 年为避"长毛"跑进上海时，携带了 10 万两白银到租界，并继续开设钱庄。1887 年，百年荣氏家族创始人荣宗敬，从无锡来到租界内，在源豫钱庄当学徒；几年后，16 岁的宁波慈溪少年秦润卿，也进入程卧云设在上海的钱庄学生意。

民国期间，荣宗敬成为中国近代著名的民族资本家，被誉为中国的"面粉大王"、"棉纱大王"，他与其胞弟荣德生创办的荣氏兄弟实业公司，是近代中国著名的企业之一；而秦润卿成为钱业巨擘，从事近代钱庄业五十余年，是中国近代著名的金融实业家。此二人，在上海滩都是叱咤风云的头面人物。

江浙富商、地主、官绅举家涌进上海，尽管他们在家乡的房子可以有前后好几进，但到上海就只能"蜗居"了，只能由多进改为单进，毕竟就算是上海城外的地价，也比江浙乡下要昂贵得多，当然另一个不可言明的原因是，在洋人的租界，华人"买地"是被"限购"的。

"螺蛳壳里做道场"，上海民房被设计得异常紧凑，房子一般都盖到两层高，女眷被安置在二楼，一楼还分出正厅和厢房。为了利用空间，设计者聪明地把楼梯放进客堂间里，后边做饭专用的厨房叫"灶披间"，灶披间旁边还要隔个小房间给佣人住。这种建筑布局基本保持了中国传统住宅对外较为封闭的特征：虽身居闹市，但关起门来却可以自成一统。因此，颇受当时避居租界的华人绅士、富商欢迎。

租界毕竟是洋人的"地盘"，西方人的审美影响了中国。盖新房时，门框被一圈石头围住，门扇为乌漆实心厚木，上有一副铜环，西洋雕花的大石头被镶到了大门上头。这种用石条围束大门的样式，被形象称为"石箍门"，上海话"箍"字发音是"库"，最后"石箍门"就讹诈"石库门"了。

中西合璧的石库门建筑，是中国现代建筑的第一批践行者，被认为是上海最有代表性的民居住宅。从此，传统的庭院式大家庭生活模式在上海被打破，取而代之的是适合小家庭居住的石库门弄堂文化，"二房东"、"白相人嫂嫂"、"七十二家房客"等与石库门有关的名词成为几代老上海人温馨的记忆。

大量石库门里弄的兴起带动了上海的城市建设，自此至 20 世纪 20 年代，里弄住宅伴随着上海成长为远东第一大城市。1921 年，在上海法租界的一幢普通石库门内,中国共产党悄然诞生,开辟了世纪的"新天地"。

除了有钱的富人,人数更多的是饥寒交迫的穷人,这为上海带来了大量的廉价劳动力,以及一个巨大的需求市场。就这样,数十倍增长的廉价劳动力、江浙皖带来的巨额资金流再加上刚性的住房需求,成了上海房地产第一次高潮的动力。

与房地产热相对应的是,长期以来不被注意的地皮突然变得身价百倍。1848年,外商在黄浦江一带圈了81.744亩地建跑马厅,每亩均价约为55两,到1854年跑马总会股东将该地切分出让时,每亩转手价1140两已经是亲情价,最高价达到了3620两,6年内增值66倍,买主还争先恐后抢购。

刚性需求不仅带动了地价,而且加速了房地产的周转。19世纪50年代到60年代初,道契易主频率达到史无前例的高峰。有的地皮一年间被转售3次,上面的房子还没建,地价就已经翻了几番,地皮炒作与房地产投机,已经近乎发狂。于是,"道契"立即成为上海滩的"硬通货",作用丝毫也不亚于金条。直到1864年太平天国灭亡,江南战事平息,租界里避难人口向故乡回流,新建房屋出现空置,这种让炒房者赚钱赚到不好意思的势头,才逐渐冷却下来。

炒卖道契的另一个高峰发生在1895年到辛亥革命爆发年间,主要原因是清末的"洋务运动",这在一定程度上促进了中国工业的发展,GDP飞速上升;此外甲午战争后,日美等国根据《马关条约》取得在上海等通商口岸的设厂权,等等的多方因素影响下,上海的人口大幅度增长,土地的需求量激增。1897年时,人们发现"上海突然开始成为一个大工业中心"。构成城市的不是城墙,而是人,他们都需要住所,于是"棚户区"被大规模拆除,二层砖木结构的"石库门"到处涌现,憋了很久的房地产再次春潮泛滥,成为最有利可图的产业。

飞来战火,竟成绝妙的商机。原本受太平天国军和清军的内战影响而生意清淡的外资贸易公司,纷纷撤离进出口业务,转做房地产投机买卖。当时几家卖鸦片出名的洋行,如怡和、仁记等都禁不住利润诱惑,加入了房地产开发商的队伍。有资料表明,到1901年时,英国人在上海投资的1亿美元中,60%都投向了房地产生意。

1853年9月,英租界的西北部和分隔英法租界的洋泾浜两岸,一夜之间平地长出成排的出租小木屋。到1854年7月,在这短短的10个月时间,外商在租界内的广东路、福州路一带，共修筑起了 800 多幢木板房屋，供中国难民居住，一时成为上海滩最抢眼的建筑群。这样的木屋盖多少，都能迅速出手，而且根本无法满足蜂拥而至的中国人的需求。这些房子中，高档房屋由富人们居住，简陋的板房则由贫民们廉租。据资料表明，19 世纪 60 年代的上海房地产市场，仅仅租赁就可获得高达 30％～40％的利润。

早先租界内的开发商只租不卖，后来他们既租又卖，有钱的华人可以把一所甚至多所楼房一次性买下来，然后再分租给没钱的华人。没多久，上海便出现了"洋泾之上，新筑室纵横十余里，地值至亩数千金"的局面。房地产业开始成为上海城市化过程中最重要的产业之一：房地产买卖、筑路及城市构造、建筑、建材、房屋出租、公用事业用地等，都以市场行为方式展开。

上海房地产的第一个春天，竟然是太平天国战乱下，由一群逃亡的难民们撑起的，这多么令人惊诧。成为巨大建筑工地的上海，似乎在经历着空前的繁荣。地产洪流中，一条来自洋行买办的"珠江鳄"，忽现上海滩。他的名字叫徐润，广东香山人，1853 年随叔父到上海，进入英商宝顺洋行当学徒。勤奋好学又有悟性的徐润，从 15 岁入行到 24 岁升任副买办，深得洋行上下看重，是当时不可多得的国际型商业人才。第二次鸦片战争后，徐润成为统领各分行的总买办，积累了丰富的进出口贸易经验和相当可观的财富。

1866 年伦敦爆发金融风潮，很快波及上海，这是开埠二十多年来，上海首次遭遇金融大恐慌，一系列外资银行和本土钱庄倒闭，英国的宝顺洋行也未能幸免。1868 年，徐润脱离宝顺洋行，开始自立门户经商。他和怡和洋行买办唐廷枢等人一起创办了上海茶业公所，1868—1888 年正是近代中国茶叶输出最兴旺的二十年，依靠在洋行时掌握的人脉关系，源源不断地向各国洋行提供合适的出口货源，徐润挖到了创业的第一桶金。

随后，徐润还进行多元化经营，涉足航运、保险、出版等行业，搞得红红火火。另外，徐润还抓住了上海第一次地产潮的尾巴，放手投资房地产业。尤其是太平天国灭亡后，上海房地产跌入低潮，徐润逢低吸入不断地吃进地皮，或者购买现成的房产。

在上海租界投资房地产，这在泱泱大清国中，徐润的眼光绝对算是前卫的。据他日后回忆，对商业地产情有独钟，最初来自于宝顺洋行大班韦伯（Ed W.

Webb)的训导,韦伯离开中国时留言:"上海市面此后必大……尔尽可有一文置一文。"如此,徐润凭借"小道消息"和金融杠杆,终于撬起了上海地产大鳄的名头。先后和华商、外商合创了上海地丰公司、宝源祥房产公司、广益房产公司、业广房产公司、先农房产公司等,到1882年时,44岁的徐润在房地产上投入资本达200多万两银子,坐拥3220余亩地产,其中320亩建洋房51所,其他类型平房街房2000多间,每年可收租金12.29万余两,俨然是华商中的"地产大王"。

房地产是一个资金密集型行业,除了需要钱还是钱,徐润的资金实力与上海滩其他国际大资本相比还是弱了些。但头脑灵活的徐润依靠和租界洋人的紧密联系,总是能事先了解到租界的建设规划,并抢先在规划要道两侧低价买进土地囤积,当开发至过半时便以高价售出。由于利润巨大,徐润当然是舍不得和他人分享这块蛋糕,于是他开始了"裸泳",宁肯借高利贷也绝不释放股份融资。

徐润通过金融杠杆,将已有房地产作抵押,从钱庄和银行贷款购置新产,再将新产作抵押继续新一轮的借贷,以层层抵押的办法获得资金,"滚动开发"投资房地产业;此外,徐润还将自己持有的其他产业、股份,也全部质押贷款,甚至挪用各种能动的资金,包括公款,都填进了一家叫做"地亩房产"的公司里。为了炒房而不惜大量借贷成为"房奴",这种融资的后果是,一旦资金链断裂,就会跌入万劫不复的地步。

1883年12月(清光绪九年),法国侵略越南并进而侵犯中国东南沿海,虽然战场远离上海,但战争的爆发,使得上海人心惶惑。一场由上海爆发而波及全国的金融危机,在那个寒冷的冬天呼啸而来。银行、钱庄纷纷紧缩贷款,停放新贷,收回旧贷,致命的绞索忽然收紧,上海租界的房产牛市戛然而止。为炒房不惜大量借贷,成"房奴"的徐润终于看到了盈门的债主。

由于金融风潮,百业凋敝,上海房地产一落千丈。22家钱庄找徐润要到期的250余万两借款,但因房地产市场滞销,无法套现的徐润无力清偿借款,每天被债主堵在家里逼债。屋漏偏逢连夜雨,在外国资本的离间和打击下,大清国著名的红顶商人胡雪岩破产,将惨乱的金融风潮推到了顶峰,有人开始跳黄浦江了。

和胡雪岩一样，在金融风暴退潮后，上海地产大鳄露出了"裸泳"的原形。虽然徐润名下房地产市值340多万两，但其从22家钱庄贷款总额也高达250多万，负债率超过73%。资金链断裂的病毒迅速扩散，造成了全局性的垮台。被逼无奈，徐润忍痛"割肉"，决定贱价抛售"地亩房产"的资产，套现还债。

上海滩的"地产大王"轰然而倒，直接经济损失近90万两白银，与此同时政敌也落井下石。45岁的徐润吞下了"房奴"苦果，跌进黄浦江的淤泥里，摔得鼻青脸肿，几乎身败名裂。更令他吐血的是，被迫"割肉清仓"之后，金融风潮的阴霾快速散去，那些地产旋即升值，翻了7倍，市值达到2000万两白银，而这些肥水没有给徐润留下一滴。

被挤出上海后，徐润试图东山再起，却屡战屡败，最后挣扎着来到天津租界，继续投资房地产。这次他穿上了衣服，不再借贷融资，而是用自有资金买房购地。不久，辛亥革命爆发，大批清朝贵族惶然逃进租界区避难。因稳健不当"房奴"，尽管与胡雪岩一样因投机失败而破产，但天津的房地产投资让徐润收获颇丰且稳，好歹以"富翁"生活终享天年。

大清富豪们的投机生意，在上海租界内"烂尾"了。当金融海啸的巨浪退去，外滩上还屹立不倒的只剩下当年随同鸦片来到上海的洋商，他们的财富像湿地滚雪球，越滚越大。随着国际社会对毒品问题的重视，以及清政府时断时续的禁毒令，经营房地产成了他们卖鸦片之外的另一个生财之道。

在所有的"炒房团"中，英籍犹太人、上海最大的鸦片贩子伊利亚斯·沙逊（Elias David Sassoon），以及他的地产部经理——从巴格达到上海淘金的欧司·爱·哈同（Silas Aaron Hardoon），是这场房产"挖金"潮最大的受益者。

1832年创办、总部设在印度孟买的沙逊洋行，是对华鸦片贸易中仅次于英国怡和洋行的卖家，最早发现并挖掘中国市场的，正是沙逊家族的第二代人物伊利亚斯·沙逊。1844年，他来到中国，惊喜地发现这是一个可以大规模经营和尽情释放他商业天赋的好地方。1872年后，伊利亚斯·沙逊到上海设立新沙逊洋行，将经营重心放到上海和远东地区，一举成为上海最大的鸦片商。有人估计，从1840—1914年，沙逊家族通过鸦片获得的利润多达1.4亿两白银，平均每年利润近200万两。

犹太人对金钱的超级敏感性在沙逊家族身上体现得淋漓尽致，伊利亚斯·

沙逊是一个敢赌也有强大资本赌一把的人,在用不光彩的手段掘得第一桶金后,基于鸦片利润的支撑,新沙逊洋行的业务范围也随着财富的积累而扩大。精明的伊利亚斯逐步转型,改而投资金融业和纺织业,控股了汇丰银行,垄断了中国纺织品贸易。

无论是鸦片贸易,还是经营银行、纺织业,这些投资的缺点是资金均为流动资本。沙逊家族还需要固定的资产配备,上海的地域特征和商业环境让他迅速把视线投向了地产。1877 年,伊利亚斯趁美商的琼记洋行破产之际,以 8 万银两购入南京路外滩一块面积为 11.892 亩的土地,这是新沙逊洋行涉足房地产经营的开始。14 天后,新沙逊洋行又以 9.5 万银两,买进了徐润转手的四块共计 28.252 亩土地。从此,沙逊家族在上海放开手脚买地造屋。

在一百年前的上海,由犹太人组成的"炒房团"通过炒卖地皮房产,在短期内积聚了巨额财富,成为中国乃至整个远东地区最富有的群体。图为沙逊洋行的名下房产。

新沙逊洋行经营房地产业务的手法可谓多种多样,除了低价收购外,还通过抵押放款的方式吃没押产,即以极苛刻的条件抵押放款给别人,许多押户到期无力归还,就只好任其吞没房产。同时,新沙逊洋行还用出租土地给他人翻造新屋、期满房屋连土地无条件归地主的办法,"归"进了大量房屋。

到 1880 年,伊利亚斯去世时,南京路从头到尾的房地产一半产权,包括外滩很多高级公寓都属于沙逊家族,沙逊家族由此坐上了上海房地产商的第一把交椅,这一纪录保持了 35 年之久。上海房地产开发队伍由于沙逊家族的加入,外滩地价迅速飙升,竟不可思议地把纽约和伦敦甩在了身后。

1916 年,新沙逊洋行控制权落到伊利亚斯的孙子维克多·沙逊(Elice Victor Sassoon)手里。由于鸦片贸易日趋衰微,维克多将新沙逊洋行改组为股份有限公司,投资重点继续向房地产业倾斜。

到 1922 年,沙逊家族在上海共购置了 29 块产业。这 29 块地产占地约 300

亩,投入资金约 200 万两,产业估价 1300 余万两,获利 1100 万两。加上房租约 1100 万两,共计获利 2200 万两,平均每年获利 50 多万两,年均利润率高达 24%。当年,如果徐润没有被金融风潮"淹死",那么此时也必定是风光无限了。

1926 年,维克多成立华懋地产公司,专门进行房地产买卖和自建公寓大楼出租。同年,财大气粗的维克多见外滩的汇丰银行、海关大楼很漂亮,决定在外滩也造一座大楼,起名为"沙逊大厦",选址就是在 1877 年他爷爷最早收购的 11.892 亩的那块土地上。1928 年 9 月 5 日,沙逊大厦在外滩中山东一路 20 号落成,大楼高 77 米,是上海第一栋真正意义上突破 10 层的楼房,成为上海当时最负盛名的地标性建筑,被称之为"远东第一楼",这是上海近代建筑史上第一幢完全意义上的现代派风格的建筑。

19 米高的底层西大厅和 4 层至 9 层,包租给公司附属的华懋饭店独立经营,开设了当时上海顶级的豪华饭店,中、英、美、法、德、印、日、意、西九大异国风情套房极尽奢华。顶楼则是沙逊自己的豪宅,据说维克多·沙逊常常独自一人叼着雪茄,对着黄浦江出神。

沙逊大厦的建造,是新沙逊房地产经营上的一大转变。这座大厦建筑成本包括土地作价 200 多万两,共计 760 多万两,华懋饭店按年上交 60 多万银两租金,只需 13 年就全部收回投资。尝到甜头后,新沙逊先后成立上海地产公司、东方地产公司、三新地产公司、徐家汇地产公司等子公司,以建造高楼大厦和西式住宅为重点,相继建造了河滨大厦、都城饭店、华懋公寓、格林文纳公寓、汉弥尔登大厦,随后上海滩掀起了一股建造摩天楼的热潮。民国时期,上海 10 层以上的高层建筑有 28 幢,其中 6 幢属于新沙逊。

需要指出的是,1937 年日本军队制造卢沟桥事变后,8 月 13 日以租界和黄浦江中的军舰为作战基地,日军炮击闸北一带,向上海大举进攻。淞沪战争爆发,避难之所的租界人口再次暴涨,除了中国避难者外,人流中还有大批从欧洲涌入的犹太难民。由于没有反犹主义传统,以及当时宽松的政治环境,上海成为了犹太人在远东的"诺亚方舟"。他们在虹口提篮桥一带开办了许多咖啡馆、面包房、缝纫店、餐馆、药房……让虹口萧条的街市在"八一三"事变后迅速繁荣起来。

由于租界的存在,相对独立的政治地位和充分的国际经济联系,使得上海在历次战火中一定程度上免于被波及。因此可以说,租界内的房地产奇迹,根本上与资金无关、与技术无关,而与政治有关,它所享受的是法制和稳定带来的社会红利……

1941 年,太平洋战争爆发,沙逊在上海的不动产作为敌产全部被日伪没收。此时,沙逊家族各直属公司拥有房地产账面价值已达 8689 万元,每年房租收入总数为 688 万元。日军战败后,维克多·沙逊虽然逐渐收回了财产,但生意的黄金时期已过去,他们赖以发财致富的租界特权已经消失,遂萌生退意,设总公司于香港,资本额也改以港元计算,同时抛售在上海的地产和企业,将资金抽往海外。

1949 年上海解放,沙逊家族仍是上海最大的房地产商,有房屋近 2000 幢,占地 678 亩,分布在全市近百处地方。1950 年,经上海市政府协调,积欠债务的沙逊结束了上海的企业。1956 年,沙逊大厦改称和平饭店,对外营业至今。

另外一个享誉上海滩的“地产大王”还有哈同,他出生于现今伊拉克的首都巴格达。1872 年,哈同只身从印度东来香港,第二年转到上海,此时他的身份既不是商贾,也不是传教士,更不是外交官,而是口袋空空、流浪异国的穷小子。哈同到上海的第一份工作就是帮沙逊洋行看门,月薪 5 两白银。尽管落魄,但哈同以同样是犹太人的老板沙逊为人生榜样,并立志超过沙逊。1886 年春,因得不到晋升,哈同跳槽到新沙逊洋行。由于新沙逊洋行对职员赚“外快”的第二职业并无严格规定,哈同私下“耕种”了一块“自留地”,逐渐积累了可观的资本。

此后不久,哈同托人通过英国驻香港领事馆,加入了英国籍。随着个人地位和声望的提高,1887 年他被法租界公董局推举为董事,一直到 1896 年哈同提出辞职,整整做了十年;1897 年,哈同又连续四年被推举为公共租界工部局董事。上海租界史上,哈同是唯一一位曾同时担任两租界董事的外侨,这对他或公或私的买卖产生了极大的便利。其实,租界的董事大都是生意人,他们对政治不感兴趣,只知道做买卖、揽生意,但因为职务的关系,免不了要经管一些与“生意”相关的事情。

中国政府在租界失去的主权,全部是由法租界公董局及公共租界的工部局掌管,他们是租界的权力机构。1869 年开始,公共租界实行“租界章程”,规定作为市政机构的工部局有权征税。随着租界内房地产业的兴盛,地租或房租的税赋不断增加,使租界当局有足够的财力发展租界内的公共基础建设,并因此又吸引了大量资金的持续注入,形成了租界内经济的良性循环。为了保障并扩大房地产税收的来源,又因人口增长导致的结构性土地压力不断加大,租界当局在保护、改善居住空间的幌子下,堂而皇之地越界筑路,扩大租界的区域操控权。

所谓"越界筑路",就是在租界范围之外铺设道路沟渠、架筑桥梁、接通水电、安设巡捕房。这种土地扩张的表现形式是逐渐蚕食,而不是一夜突变。租界当局的界外筑路和外商的界外租地,往往互为呼应,齐头并进。按照《上海租界志》统计,1863 年英、美租界合并为公共租界时,总面积为 3650 亩;1893 年公共租界第一次扩张,总面积扩至 10676 亩;1899 年,再扩张至 33503 亩。法租界也经过了几次扩张,1900 年的面积达到 2135 亩,1914 年的面积达到 15150亩。嘴上唱高调,但处于弱势地位的中国政府,都默认了这些既成事实。

越界筑路带来的公共设施和治安等诸多便利,刺激了沿途的房地产业,上海的城市空间因此由传统的中心区域——外滩,不断向西、向北扩张。在筑路涉及城市发展格局的问题上,租界的董事们一直存在不同看法,有人主张向闸北和吴淞北拓,哈同则看好向静安寺方向发展的西扩主张,最后工部局采纳了哈同的方案。1908 年,一条贯穿租界核心金融商业中心与西郊的电车路线开通,近代上海中心城区东西向扩展的格局由此形成。不夸张地说,当时远离中心区域的静安寺及徐家汇等地,后来之所以能成为新兴中产阶级的城郊住宅区,正是越界筑路的后果。利用参与制定公共租界"越界筑路"的机会,哈同以低价购入"越界筑路"两侧的土地,一下子获得几十倍乃至数百倍暴利。

哈同不仅眼光独到,而且也很会作秀。西扩主张被采纳后,他做了件前无古人后无来者的事情:出资 60 万两,从印度进口铁藜木铺设在南京路上。铁藜木是一种著名的硬木,1 块铁藜木就要六七角,当时可买白米三四斗,足够一户中等人家吃一顿像样的大餐,而南京路上用了 400 万块 2 寸见方的铁藜木,一直从外滩铺到江西路口,长约 100 多米。"马路上铺地板"的新闻引起了轰动,这个下血本的"秀",使得南京路身价大升,哈同所拥有的南京路地产也是一天一个价。

从此,南京路一带商店渐增、居住人口日多,而全上海的商业、购物、娱乐中心,也随着交通的便利,渐渐从开埠之初的广东路、河南路、福州路一带,转移到了南京路上。民间因此流传歌谣:"哈同,哈同,与众不同……筑路,筑路,财源亨通。"说的就是这段轶事。

1901 年,哈同脱离新沙逊洋行独立创办哈同洋行,专营房地产业。到 1931年 6 月病逝时,哈同拥有土地 449 亩,店面房 812 幢,住宅房 544 幢,办公大楼 24 幢,旅馆饭店 4 幢,仓库 3 座。其中在"寸金之地"的南京路拥有 16 块地,面积达 111.578 亩,占南京路地产总面积的 44.23%,哈同因此成为犹太"炒房团"中最耀眼的一颗明星,被人称为"远东首富",声望甚至超过了老东家沙逊。

据说,哈同的后半生,除了盖房子就是拎着钥匙、带着跟班,从南京路的这头走到那头,挨门挨户地收房租。当时南京路两侧的大楼、里弄,凡是以"慈"字命名的,如慈淑大楼、慈裕里、慈庆里、慈顺里,都曾是哈同的产业。他生前没有子女,但收容了 20 名孤儿为养子女,去世后哈同的财产全部留在了上海。

沙逊家族和哈同发迹于鸦片贸易,成功于房地产经营,在上海众多房地产商中"三分天下有其二"。另外,安诺德兄弟、嘉道理家族、埃兹拉家族、索福家族等犹太商人都参与了上海房地产经营和投机,他们是上海滩真正的"房地产大王"。1949 年后,绝大多数犹太人选择离去,但精明讲情调的"犹太精髓"已然留给了上海人。

可以说,犹太富商是大上海崛起的推手,从鸦片战争上海开埠到新中国成立前夕的一百多年里,他们的经济活动对上海的发展产生了相当大的影响,而沙逊、哈同等留在上海的建筑、饭店、花园就像给这座城市刻下了一道道斑斓的印迹,至今仍被人津津乐道。

03

被改变的城市、文化、社会

这里的每一个人、每一寸土，
都鲜活地见证了"东方魔都"的生命轨迹。

一

银行矗立
【金融的草莽时代】

　　1843 年，三次应试落第的秀才洪秀全，受基督教布道书《劝世良言》影响，在家乡广东花县创立"拜上帝会"，秘密进行反清活动。1851 年 1 月，这个民间宗教组织揭竿"革命"，两年后演变为政教合一的太平天国，势力遍及中国十省。

　　鸦片战争赔款已经让清政府勒紧了裤腰带，如今围剿太平军又使军费支出浩繁。与此同时，黄河连年决堤，清政府不得不兴修水利。财政窘迫，国库空虚，农民的赋税已经不堪重负，如果再横征暴敛，势必将激起更大的民变，一系列事件使清政府迫不得已采用了过去一直拒绝考虑的纸币。

　　历史事实证明，超发纸币就像一场赌博，嗜好赌博的政府常常输得很惨：轻则引起政局动荡，重则导致政权崩溃。因此，清政府对纸币发行的态度是谨慎的，认为纸币不宜作为国家正式的货币制度，只能作为权宜之计。顺治年间，为平定明朝的余部，曾一度发行过纸币，但时间很短，数量有限，不久即废，此后清政府均未发行过纸币。

　　两百年后，太平天国革命爆发，起义军占据了中国最富庶的长江中下游和

咸丰七年的大清宝钞

黄淮一带,导致清政府财政收入受到严重影响,整个清廷岌岌可危,人心浮动。为了筹措军费,镇压起义军,走投无路的咸丰皇帝于1853年发行了名为"大清宝钞"和"户部官票"的纸币。"宝钞"以铜钱为单位,又称为"钱钞";"官票"则以银两为单位,也叫"银票"。由于"宝钞"和"官票"可以相互兑换,"钞票"一词也因此产生,并沿用至今。

尽管发行时政府规定"银票即是实银,钱钞即是制钱",但因政府信用缺失,清朝的纸币成为不可兑现的"政府白条",再加上各地执行阳奉阴违和人为炒作,引发了通货膨胀,"钞票"迅速贬值,成为政府的累赘。

与官方发行纸币的失败相比,民间市场的私人钱庄和票号,以银票和钱票的形式发行的私人票据,则成为晚清最醒目的金融风景,这些"纸币"在局部范围内替代了白银和铜钱的流通,在长达四十年的时间里,货币领域呈现出白银、铜钱和"私票"并存的局面。可以肯定地说,晚清一度出现了货币非国家化的现象。

需要强调的是,或是由于晚清政府缺乏经济力量,或是偶然间实行了一种无为而治的管理,以至于在长达八十余年时间里,在货币领域形成了小政府大市场格局。尤其是私票性质的纸币发行,催生大面积的商贸行为,直接推动了中国的商业发展。19世纪后,民间私人票据的使用,已经是普遍的现象,500两以上的白银交易,基本都采用钱票来结算。1841年,上海县就告示民众:大豆、麦子、棉布等产品的贸易,都需凭银票往来。

清政府发行的官票和民间市场发行的私票,构成了一种有意思的竞争,最终官票因无法兑现,在推行八年后被清理停用。一直到1905年,清政府主持的官办近代银行"户部银行"在北京成立,正式发行纸币,纸币才成为能够影响商业流通的货币形式。

一个时代的商业经济,必须有强大的资本为后盾。民间市场力量走出了传统的大政府垄断,以及对货币形式的探索,形成多样化的货币格局,让晚清的货币供应总量潜滋暗长,这也是清朝"同治中兴"形成"洋务运动"景气周期的原因之一。

从另一个角度来说，当某地的经济发展达到一定程度以后，必然会提出对于金融服务业的更高要求，这时，如果市场中存在阻碍，市场参与者会自己创造出适合需要的金融机构。但在鸦片战争前，除了钱庄、票号等旧式的金融机构外，整个中国都还没有一家银行。就在清政府为发行"钞票"苦恼不已的时候，香港、广州、上海先后出现了银行。

"银行"在英语中叫"bank"，据说其发音来自意大利语 banco（板凳）一词。在既没有欧盟也没有欧元的时期，欧洲各国各自发行货币，做生意的人每到一个国家，就到街头找坐在板凳上专门为人兑换钱币的"黄牛"，这些钱币兑换商就是最初的"银行家"。此后，钱币兑换商除了兑换外，也开始做借贷、汇兑、票据等业务，由此出现了"银行"。

英国是老牌的资本主义国家，随着工业的发展，资本金融也是玩得得心应手。1833 年，英国政府赋予英格兰银行无限法偿资格，允许其发行货币，金融业随之迅速发展，到 1841 年，英格兰和威尔士已有 115 家股份制银行。1844 年，英国又通过"英格兰银行条例"，改组英格兰银行，令其获得独家发行货币的权力，这被普遍认为是真正的国家中央银行的开始。

时值英国与清朝签订《南京条约》，中国沿海的五口通商，随着英国殖民地"租界"的出现，银行这种完全新式的金融事物，也从西方输送到了东方。

最先渗透进入中国的是一家英文名为 Oriental Bank 的银行，这家银行成立于 1842 年，原名为西印度银行（Bank of Western India），是由英国和印度商人在印度孟买合资组建的，早期业务以鸦片押汇为主；1845 年，西印度银行与锡兰（今斯里兰卡）的锡兰银行（Bank of Ceylon）合并，并将总部从孟买迁往伦敦，同时名称由"西印度"改为"东方"，显示其业务范围和经营重心已超出印度而扩大至远东，特别是中国。

同年，东方银行即到香港设立分行，对外营业，译名为"金宝银行"，不久就到隔江的广州设代理处，由于当地人没见过银行，都称之为银房。1847 年，东方银行以"丽如银行"为译名进入开埠四年的上海，在"只有三名外国医生，律师们的脚步还没有踏上这块土地"的时候，于外滩挂起了招牌，成为上海最早出现的现代商业银行；此后，东方银行又在福州、汉口、厦门、天津和澳门开设分支机构。

1843

    十分有趣的是，东方银行总是经常变换中文译名，在香港称为金宝银行，在上海称为丽如银行，在福州等地则称为东藩汇兑银行，因地制宜地换"马甲"。1851 年，英国政府颁给东方银行"皇家特许状"，允许其在"好望角以东任何地区建立机构，经营兑换、存款和汇划事宜"，并同意其改名为 Oriental Bank Corporation。该行势力随之迅速扩展至科伦坡、加尔各答、毛里求斯、墨尔本、悉尼、新西兰、日本横滨、爱丁堡和南非等地，40 多处分支机构遍及亚非澳三大洲。

    东方银行在中国最初的主业是国际汇兑，为英国、印度、中国之间的三角贸易提供金融便利，可以说，在洋行的鸦片贸易中，东方银行是黑色利益链的重要一环。与此同时，它的另一项业务是吸收社会游资，用于发放高利贷。它是最早为清政府提供政治借贷的银行，其中最为知名的借贷，是 1874 年贷给左宗棠的 200 万两"西征借款"，借洋债的经办人是胡雪岩，从此一个钱权的利益结盟走上了悬崖钢丝。

    因为是"特许银行"，东方银行得到了英国政府的特别庇护和支持，"皇家特许状"甚至授了其在中国发行纸币的资格。东方银行因此成为在中国境内最早发行和流通纸币的外国银行。据资料记载，1847 年在广东、香港发行的流通纸币达 5.6 万元，而 19 世纪 50 年代，上海市面流通的钞票也大都是由丽如银行发行的。它在远东的地位，正如当时的报纸载文所说："差不多像英格兰银行在英国的地位。"

    外国银行在中国发行纸币，必然会与白银发生兑换关系，相当于外国人用纸来兑换中国人的白银，然后又在中国就地投资，赚取利润，如此之大的金融黑洞，清政府竟然既没有制止，也没有过问发行数量和金属货币准备金，实在荒唐至极。

    造币权是一个国家的神圣权力，充当价值符号的纸币，本质上是透支未来的钱进行投资，即使拥有百分之百的金属货币准备金，也等于把货币发行量扩大了一倍，面临着通货膨胀的危险。尽管清政府自己没有滥发纸币，实际上却让外国银行肆无忌惮地掠夺中国财富，鸦片战争以后错误的货币政策加速了清朝的灭亡。

    丽如银行的兴旺发达，让眼红的英国其他银行接踵而至，纷纷到中国淘金。

1858 年 7 月 31 日，上海《字林西报》上发布了渣打银行的一条启事："蒙董事会之许可，渣打银行本日在上海设立分行，行址在北门街。"在 19 世纪 50 年代，共有汇隆、阿加剌、有利、渣打四家英商银行在上海开设分支行。此后数十年间，被称为英商"小四行"的汇川、利生、利华、利升四家银行也来到上海，简单置个门面就挂出招牌营业了。

后几家小银行是趁着金融热潮创设的，它们的金库空空荡荡，却打着资本金一两百万英镑的招牌开业。例如利生银行，名义上开办资本是 200 万英镑，但实际资本金只有 17 万英镑，连规定额的十分之一都没达到，只不过一副空架子而已。

出现这种局面的原因是，太平天国运动后期，长三角的地主豪富涌进上海租界，大量金银流入，地产价格飞涨；另外，美国南北战争爆发，美棉输出受阻，国际棉业出现了一个投机的热潮，促使上海等对外商埠金融升温，由此酝酿了一个金融投机环境。随着英国对华贸易额不断上升，英资银行的势力逐日庞大，几乎独霸上海滩。

其他列强也不甘落后。1860 年，法兰西银行选择上海作为其第一家亚洲办事处，成为最早进入中国的非英资外商银行，打破了英资银行"吃独食"的局面；而那个后来居上，且长期居于金融重要地位的汇丰银行，亦于 1865 年在香港建立总行后的第一个月在上海设立分行。汇丰银行的官方注册全名为"Hongkong and Shanghai Banking Corp"，中文译名为"香港上海汇丰银行"，从名称中可见汇丰银行对上海市场的重视。此后德国、日本、俄国、美国等国的银行纷沓而至：1890 年德华银行、1893 年日本横滨正金银行、1896 年俄国华俄道胜银行、1899 年法国东方汇理银行、1902 年美国花旗银行先后到上海设点。

晚清时期，外国资本在华经济机构除了洋行外，主要的投资方向就是：造船、航运业；铁路运输业；银行金融业。此时的上海，已经取代广州成为中国最发达的城市。外国资本家以上海为基地，扩大对中国的贸易融资，他们不断买地盖高楼，在外滩出现了一条被称作"万国建筑博物馆"的金融街。

在租界内，各家银行最多的业务是接受华人的存款。在兵荒马乱的年代，有钱人认为外国银行比钱庄安全，他们纷纷将钱款和黄金等贵重物品送到外国银行存管。在钱庄、票号林立的五口通商口岸，银行逐步撼动着钱庄的金融地位。老百姓很快适应、熟悉了这种金融"舶来品",到银行开账户成了一件时髦的事情。人气和资本的聚集与提升,使当时的外滩很快成为仅次于纽约和伦敦的全球第三大金融中心。

钱庄、票号都是商品交易衍生出来的金融机构。在以金银为主流货币的情况下,钱庄的利润空间在于对客户资金最大程度的占用,然后通过代管、放贷获利;票号则是在钱庄的基础上,为不同地区的资金调拨服务、汇兑。总而言之,钱庄以信用贷款为主,而票号以货币汇兑为主,通俗地说票号玩的是票,而钱庄玩的是钱。

应该说,中国的钱庄和西方的银行有着极为相似的地方,甚至从银行身上能够看到钱庄的影子,然而是什么原因导致发展了千百年之久的钱庄,没能演变为现代意义上的银行呢?两者本质的差别在于:银行的目的不是方便货币流通,而是汇集资金投资获利。尽管钱庄、票号也会借助放贷盈利,但它们存在的基础依然是为金银货币的流通提供便利。

快速"滚大雪球",上海的外资银行深知"让钱生钱"的职责。1861年,美国爆发南北战争,影响了美国棉花的出口,引起了世界棉业投机狂潮,原本每磅2便士的棉花,价格陡然升至7便士,于是英国投机商对印度、中国的棉花趋之若鹜。据资料显示,1865年,仅从上海载运棉花到英国去的船只,就多达250艘。

英国纺织业因为需求大增而极为繁荣,很多进出口贸易洋行都在从事棉花投机买卖,英国金融业特别是海外殖民地银行也陷了进去。1864年,上海出现了金融投机活动高潮,当时几乎没有一家外资银行不从事汇兑投机业务,上海金融市场被搅得"日夜不宁",汇率波动异常剧烈,利率也经常是在18%、24%乃至36%间波动,从来不曾低于12%。

棉业投机带动着金融投机,事情就容易坏了。果然,美国内战的枪声一停,棉花价格应声而落。英国金融业参与的棉花投机失败,再加上纺织业不景气,又加重了金融业的灾难,使得贷款无法收回,股票行情大跌。

1866年,一场因棉花而触发的恐慌,最后形成金融风潮而在英国首先爆发,一年内倒闭了17家银行。很快,这股风潮从英国伦敦波及中国上海。立足未稳、资本薄弱、投机过多的英商银行都未能幸免于难:5月23日,汇隆银行倒闭!5月30日,利升银行倒闭!11月30日,利华银行倒闭!12月29日,汇川银行倒闭！暴风雨过后，当年的英商"小四行"，只剩利生银行咬牙硬撑，但到第二年的 1 月 25 日，它还是没能撑住，被迫关门大吉。一度有 11 家外国银行的上海，只有丽如、有利、麦加利、法兰西以及成立一年的汇丰这 5 家银行幸存了下来。

由于当时金融国际化程度尚低，未受影响的中国钱庄一旁看外国人的"棉花洋相"，却不知二十多年后，以胡雪岩的"阜康钱庄"为首，在上海坐庄囤积生丝，与洋行展开"生丝外贸"战，最终因投机失利使"坚如磐石"的钱庄遭遇挤兑风潮，只留下一地鸡毛。

1866 年的金融风潮，是上海开埠后在经济全球化趋势下遭受的第一次金融风潮。受此冲击，包括大名鼎鼎的宝顺洋行在内的不少洋行破产倒闭，而向银行借贷的地产投机商，也因资金链断裂纷纷宣告破产，使上海租界的经济发生了剧烈的动荡。

可以看出，在上海开埠的前二十年时间里，外资银行并没形成一股控制中国金融的势力，但这种势力已在酝酿之中，崭露头角的正是这场风潮中的幸存者——汇丰银行。

说上海的金融，汇丰银行是不能绕开的话题。它是由英国怡和、仁记、沙逊洋行，美国旗昌洋行和德国、波斯等国商人发起的股份制银行，所谓汇丰即"汇款丰厚"之意。它是很长一段时间内唯一将总行设在香港的银行。英国政府很关照汇丰银行，不仅将香港当局的政府存款放在汇丰银行，还给予其印钞的权利。但从金融风潮中活下来的汇丰银行，并非完好无损，大股东宝顺洋行的倒闭，几乎把羽翼未丰的汇丰拖死。这时另一大股东沙逊洋行站出来力撑危局，将沙逊家族经营的鸦片款项，全部通过汇丰银行进行汇兑，才挽回危局。

之后，汇丰银行调整经营策略，休养生息，通过吸收存款和发行纸币，率先从"废墟"中恢复元气，仅隔一年银行的股票就开始增值了。19 世纪 60 年代前，国际汇兑是所有在华外资银行的主要业务，汇丰却将"抓存款"作为"首务之急"，不仅从多方面吸收存款，而且大小不拘，一改过去只重汇兑而忽视存款的风气。

面对中国混乱的政局、不稳定的社会，汇丰银行成了地主、商贾的"保险箱"。凭借外资背景和租界优势，汇丰银行的账户免查特权，更让许多军阀、官僚以汇丰为最安全的"小金库"，把历年搜刮来的赃款统统送了进去。

另外，1872 年港英当局扩大了汇丰银行的发钞权，准许汇丰发行票面 1 元的小额钞票。随后,汇丰的小额钞票大量出笼,并迅速流通于华南各地。有史料记载,在1873年从澳门到广州的轮渡上,船上300余人的轮渡费,几乎都是用汇丰发行的1元钞票交付。掌握了巨额流动资金,汇丰银行有了接办清政府"商业"贷款的底气。

对于许多人或者企业来说,战争使他们的"性命"就像草芥一般易逝。然而,对于汇丰而言,中国发生的战争就是它发展的好时机。1874年,日本入侵琉球群岛,进而登陆台湾。面对日寇威胁,福建船政大臣沈葆桢紧急向朝廷汇报,向汇丰银行申请贷款加强海防军备。

经批准,汇丰银行借给清政府200万两白银,即"福建台防借款"。这笔贷款的成功,开创了汇丰银行政治贷款的先例,并且它一改以往由中国地方政府借外债期限短、金额小的做法,期限长达10年,年息8厘,由中国关税担保。

汇丰银行另外还耍了一个心眼,这笔借款第一次以英镑为计算单位,在借取时按汇兑时价,将英镑折算成银两,归还贷款时仍按英镑汇率折算银两。这样,汇丰银行既可坐收利息,又可将因银价下跌所造成的损失全部由借款者承担。由于军事需要,政治需要,大清朝已经顾不得这点"蝇头小利"了。

政府借款是让汇丰银行真正摆脱财务窘境的开始。1873年11月,汇丰以6万两银子的价格,买下位于外滩海关南面的华记洋行花园,并于第二年建造了汇丰在上海的第一栋办公楼。沪上媒体报道称,楼高三层的汇丰大楼,其规模和豪华程度均超过了当时"甲于上海"的丽如银行大楼。

1874年3月,上海《字林西报》刊登1874年2月四大英资发钞银行——丽

当年外滩汇丰银行新楼刚建成（1923年）

如、渣打、有利和汇丰的钞票发行额,在实发的350万元钞票中,汇丰的钞票占到了51%以上。汇丰银行的赶超之势十分明显。

真正推动汇丰银行火箭式发展的,是

汇丰第三任总经理杰克逊。从 1866 年进汇丰，到 1877 年担任总经理职位，杰克逊在银行界已浸润多年，可谓行业经验丰富。汇丰选择杰克逊做总舵手，是汇丰发展历史上最大的转折点。

大海不拒细流，杰克逊十分重视吸收人气旺盛的小额零星资金。1881 年 4 月 19 日，汇丰在上海报纸上刊登广告，推出一元起存的储蓄项目。为进一步招揽客户，杰克逊还规定凡是汇丰的存款客户，每年除了获得存款利息外，还会收到汇丰每年从盈利中拨出的一部分，作为额外红利。一时间，汇丰银行营业厅内人流如潮。

此外，向清政府提供贷款，是在杰克逊任期内汇丰银行最为重要的业务之一。"福建台防借款"后，汇丰银行又承揽左宗棠西征新疆的三次西征借款，以及清政府为应对中法战事所借的外债。对于汇丰因此斩获的巨额利润，连担任海关总税务司的赫德都忍不住说，汇丰银行的"油水很大"。

为了拉住清政府这个大客户，在各国逐渐转用金本位、国际银价持续下跌、其他银行削减白银库存的时候，汇丰银行的库房却堆满了白银，从而有能力不断向中国政府放款。据学者对 1874—1890 年清政府外债的统计，26 笔外债的 4136 万两白银中，汇丰就贷了 17 笔 2897 万两，超过了总额的七成，成了清政府最大的"债主"。一笔笔贷款，令财政窘迫的清政府对汇丰的依赖像吸食鸦片一样难以自拔。

每次中国发生战争，都为外资银行提供了存款和借款机会。两次鸦片战争、中法战争、中日甲午战争、八国联军侵华战争……在清朝的最后六十年中，借钱打仗、战败赔款、继续借债成为其魔咒。有学者统计，因战争而起的军费、外债和赔款，三项费用加起来占到了国家财政总支出的三分之二。

尤其是甲午战败之后，《马关条约》规定，中国应偿付日本军费 2.3 亿两，这笔巨款相当于日本当时七年的财政收入，以至于日本朝野一时间竟不知如何使用这笔意外横财。如此巨额赔款，让本来就可怜的清政府财政濒临破产。更大的灾难是，按《辛丑条约》的"庚子赔款"，列强勒索四亿五千万两白银，这不仅在中国千年历史上前所未有，在世界史上也是空前绝后。老态龙钟的清政府，即使没在南昌城的枪声中倒下，也会被缠身的巨额债务逼死。

虽然清政府"撒"银子像下雪花，但上海滩的银子也不是俯首既得的，外资银行之间矛盾重重、竞争激烈。为了获得清政府的贷款单,彼此下黑手也是毫不留情,弱肉强食的丛林法则,从来是颠扑不破的真理。

1884年,丽如银行的总行在南非和锡兰等地,因投资不慎而亏损破产,中国的分支也于1892年寿终正寝。事实上,在华外资银行的市场退出率同样很高。据统计,从1845—1895年,有22家外资银行在中国设立营业机构,其中汇川银行、利生银行、利华银行、利升银行、汇隆银行、德意志银行、德丰银行、俄国对外贸易银行、丽如银行、法兰西银行等13家银行,或因经营不善,或其因母国国内政策变化,总行调整跨国经营战略,从而退出中国。换而言之,1845年后的五十年间,外商银行尽管享有租界和不平等条约的保护,但市场生存率只有36.36%。其脆弱性,同样令人惊讶。

汇丰银行让北方的俄国十分羡慕嫉妒恨,于是沙俄筹建俄国银行,以此加强俄国对中国的影响,抗衡英国。为壮大实力,俄国还拉上了法国人,将法国霍丁银行、巴黎荷兰银行、里昂信贷银行等机构请到俄国,提出出资合办银行,并许诺:该银行将在俄国政府的庇护下,在极为"宽泛的原则之下",在东亚进行全面而又无限制的各种活动。

做贼生就怕被人发现,为混淆视听,1896年沙俄财政大臣维特主动找李鸿章,提出清政府出资500万两白银,联合组成华俄道胜银行,总行设于圣彼得堡。一心联俄抵日的李鸿章,自然爽快地答应了。

1896年2月,华俄道胜银行上海分行在外滩29号的法兰西银行内,租了一个角落对外开张了,随后天津、北京分行也陆续营业。虽然这是近代中国第一家,也是唯一一家由清政府官方与外资合办的银行,但清政府派驻银行的官员却没有实权。在八个银行董事会席位的分配中,俄国占据五个,法国有三个。拿了中国的钱办银行,中国人却连一个董事席位都未捞到。

由于中国还未设国家银行,华俄道胜银行就打着替清政府"经理"国库的招牌,操纵了中国的金融和财政管理权。此时,作为中国财政重要来源的关税、盐税皆存放于汇丰、德华、华俄道胜三大外资银行中。人弱被欺,国弱被辱。一批实业家和留学归国的有识之士,通过各种渠道向清政府提出种种兴国方案,其中最重要的两大建议是:设立国家银行,"以中国之银,供中国之用",修筑全国铁路。

千呼万唤中,中国人自己的银行终于有了点眉目。1896年11月,洋务派官僚盛宣怀上奏清廷,请求"急设中国银行",得到了光绪皇帝的批准。1897年5月,中国人自办的第一家现代银行在上海营业,取名为中国通商银行,出资创办的是宁波人叶澄衷、傅筱庵、严信厚和朱葆三等,宁波帮在上海滩崭露头角。银行的内部管理全仿汇丰银行,开办时资本定为500万两,分作5万股,每股100两,当时盛宣怀就认购了100万两股金。

在中国近代工商业发展史上,买办出身的盛宣怀可谓名头响亮,他是张裕葡萄酒公司的创办者之一,中国近代的轮船、矿山、电报、铁路、纺织等产业他无不染指,特别是与李鸿章关系密切。此时,盛头顶清政府督办全国铁路大臣的帽子,他的建言让"私营"的通商银行享受了一些政府的优待政策:第一,由户部拨存官款100万两,议定周息五厘,第一年至第五年只付利息,第六年起开始还本,每年20万两,五年还清;第二,朝廷赋予它与国家银行相仿的权力,授予发行银元、银两两种钞票的特权;第三,准许经营国家证券,代收库银及经营一般商业银行业务。

由于是中国人创办的第一家银行,因此通商银行的英文行名开始为"中华帝国银行",其官方性质由此可见一斑。如此旗帜鲜明地为民营资本保驾护航,几乎是空前的,清政府在银行问题上一开始就赋予了某些政治期待,急切地想将稚嫩的民族资本推上前台。再加上盛宣怀一旁的鼎力提携,当时铁路、矿务、航运等中国大型工交企业的存贷款,通商银行都有参与,银行在营业之初得到了比较迅速的发展,开办年底又在北京、天津、汉口、广州、汕头、烟台、镇江等地设立了分行,到1899年底存款已达397万两。

眼见清朝摇摇欲坠,皇族大臣爱新觉罗·奕劻写了一份名为"试办大清户部银行推行银币"的奏折,光绪皇帝批示奏准试办。1903年,户部委派张允言等人赴日本考察币制金融情况,研究筹设政府银行的问题。经过一年多的筹备,中国历史上第一家官办国家银行——户部银行于1905年8月在北京前门设立。1907年户部改称"度支部",户部银行亦于第二年7月改称"大清银行",张允言被任命为首任行长。

国家兼中央银行的特殊身份,让大清银行拥有许多特种待遇,例如往来电报按半价缴费;因公务坐铁路、轮船出行,亦半价收费;凡装运银元纸币过关口,验照免税放行……开银行需要金融人才,为此张允言还创办了中国第一所金融专科学校——大清银行学堂。到 1911 年,大清银行在全国各省省会和通商口岸设立分支机构 35 处,成为清末规模最大的银行。

在半官方、官方银行开业后,受实业救国论影响,在无锡实业家周舜卿、沈缦云等人倡议下,中国真正意义上的私人资本银行——信成银行,在 1906 年的上海南市大东门外开办。或许是纯民资民营的身份,信成银行的章程规定:"本行系为方便小本经纪及凡农工商食力之夫积存零星款项而设",奉行"存款不拘多少,均可存储行中生息"的原则;同时,凡修学、养老、兴业及学校等存款,利息加优。如此亲民的经营,让信成银行的业务日渐兴旺。

与此同时,浙江兴业银行、四明商业储蓄银行、信义银行、裕商银行等私人资本银行,也在上海创设。另外,大清银行和邮传部奏设的交通银行等,也相继到上海开设分行,这样中国自己的银行业才真正开始发展起来。官僚资本和民族资本促成了中国的银行业的产生,它不是由工业资本直接发展而来,而是间接地由民族自救和民族工业的发展促成的。

"商人集则商市兴,财富集则金融裕",金融因子的潜入,激活了远东商埠的繁华,成为中国近代金融业滥觞之地。此外,作为第二次鸦片战争的结果之一,鸦片贸易取得了合法地位,活跃的鸦片贸易造就了更发达的金融业。到 1935 年,上海已有外国银行 27 家,其中包括花旗、大通、美洲、运通、友邦、汇丰、沙逊等。据估算,上海外滩的白银储备最高的时候达到 4 亿两,几乎是全中国白银的三分之一。

这里做生意基本不受法律约束,租界的治外法权给生意人超乎想象的自由。1912 年,来自巴黎的正在外滩法资银行当出纳的法国青年菲诺,决定利用租界的特殊条件,在上海法租界创办一个法国法律不允许,中国法律又管不着的特别的储蓄机构——万国储蓄会。为了揽储,菲诺等人仿照西方人寿保险公司的保险金计算方法,设计了一种独一无二的"有奖储蓄"。

其实,这种储蓄方式的利息极低,与那时银行零存整取利率作比较,以零存整取 2000 元计算,不到 9 年时间,只需分期交纳 1296 元便能领回 2161 元本息;若存满 15 年,所得本息应在 5500 元以上。但投入万国储蓄会满 15 年后归还的却仅仅 2000 元本金,相差的 3500 元利息都落入万国储蓄会腰包。

但是在大张旗鼓的轮番炒作下,存钱还能摇奖的噱头还是吸引了大批储户入会,因此万国储蓄会的储款增长惊人。到 1934 年业务极盛时期,收入储款总数达到惊人的近 3 亿元,而同时代的中国银行、交通银行等发行的纸币总数也不过 1.3 亿元。万国储蓄会成了外滩最有实力的金融机构之一。

直至 1934 年,经济学家马寅初通过调查,发现了万国储蓄会"有奖储蓄"的骗钱伎俩,遂发表《有奖储蓄之害及其计算方法》等文章揭露,霎时挤兑风潮来势汹汹。1935 年,政府下令,取消有奖储蓄,声名狼藉的万国储蓄会,被迫蜷缩到租界等死。

在上海租界内,信成银行的业务也算蒸蒸日上,而转折点是 1910 年的冬天,受革命党人的影响,认定中国前途"舍革命无他法"的沈缦云,加入了孙中山的同盟会,成为上海商界上层加入同盟会的第一人。此后,沈缦云以信成银行为掩护,筹措大量经费资助孙中山和同盟会办报、买武器等革命活动。1911 年年底,孙中山回国抵沪时,曾亲书"光复沪江之主功"匾额赠予沈缦云,以彰其功。可惜的是,1913 年,信成银行为革命"鞠躬尽瘁"后,停业关门,而沈缦云也在第二年被人谋害而死。

辛亥年的资产阶级民主革命"革掉了"清朝 268 年的"辫子",作为清政府中央银行的大清银行,除租界内的上海分行外,其他分支机构绝大部分都停业了。大清银行的南方股东们大多是苏浙沪的新兴资产阶级,为了防止银行被民军冲击,保全商本,银行的民资股东成立了"商股联合会",策划改组大清银行。

1912 年 1 月 1 日,孙中山宣誓就职中华民国临时大总统。一个月后,孙中山接受了"商股联合会"改弦更张的建议,同意"就原有之大清银行改为中国银行,重新组织,作为政府的中央银行"。

恩格斯在总结巴黎公社失败教训时曾分析道,"没有控制住法兰西银行"是其失败的一个重要原因。"银行掌握在公社手中,这会比扣留一万个人质还有更大的意义。"而当下,如此一个资金在握,网点在手,人才俱在的金融机构送上门,唾手即可为新政权效力的民国中央银行,孙中山岂能错过。1912 年 2 月 5 日,上海汉口路 3 号,民国时期的第一个国家银行,也是第一个中央银行——中国银行在上海诞生了。

中国银行改名成立的第一天,就为新政权竭诚效力,发行民国货币了。当天,上海《申报》刊登了"新政府发行南京军用票"的消息。由于新钞的纸币设计需要时日,且多委托国外钞票公司印制,时间紧迫,中国银行遂将当时库存于大清银行中尚未签字发行的美制银元票"大清银行兑换券",匆匆加印"中国银行、民国元年"等字样,改作民国货币发行了。一张钞票上既印有末代封建王朝的大清银行名,又印有民国元年的中国银行名,新旧更替、改朝换代、历史变迁集于一币,实属滑稽。

1912年秋,昔日的官商盛宣怀,负"误国首恶"之名逃亡日本,后因取信于袁世凯而回到中国。回国后,盛宣怀躲进了上海法租界,具体地址是淮海中路1517号,当时这条路叫宝昌路,属于法国人越界筑路一部分。数年后,他在上海逝世。

盛宣怀入住的地方在今天属于徐汇区一个叫天平的社区。这块面积仅2.68平方公里之地卧虎藏龙。民国期间,"蒋、宋、孔、陈"四大家族,前三者都曾入住此地,蒋介石和宋美龄的"爱庐",便在这里;宁波帮的"颜料大王"周宗良、"船王"董浩云和无锡荣氏家族也曾在此购房;新中国成立后,上海首任市长陈毅,夏衍、田汉等文艺界名流,也选择了天平社区入住。

民国初年,中国银行还做了一件很长脸的事情。

1914年,袁世凯复辟帝制,军政费用急剧增加,财政入不敷出。北洋政府除了增税、借债外,就是开足中国银行、交通银行的印钞机,增发钞票充作军费,因此引起了通货膨胀、纸币疾速贬值。军队又以"不相信纸币"为理由,要求发银洋,袁世凯只得挪用中国银行、交通银行的库存现银发给军队。于是,社会民众对两行的纸币信心动摇,不断到银行兑换现银。

为保存有限的现银,1916年5月12日,北洋政府下令中国银行、交通银行停止钞票兑换银元,存款停止付现。停兑令到达上海后,市面很快陷入混乱,给上海金融带来了一次严峻的人为"恐慌"。中国银行上海分行的管理者认为,上海地位特殊,若奉命停兑,银行信誉必将毁于一旦,整个中国的金融组织也将因此崩盘,彻底失去与外资银行抗衡的能力。

权衡再三,中国银行上海分行在获得江浙财团和外国银团的支持后,毅然决定抗拒停兑令,不仅照常营业,而且"所发钞票,随时兑现;一切本行存款,均届期立兑",竭力维护金融市场的稳定。同时明确电复北洋政府:"愿尽一切力量,将库中现金兑至最后一元,始行停兑。"在上海分行的带动下,太原、汉口、九江等地的分行也纷纷拒绝执行"停兑令"。一周后,挤兑风潮完全平息,中国银行上海分行声誉大振,存款直线飙升。

"一战"结束后,中国银行上海分行花费 63 万银元,向政府购进外滩 23 号的德国总会大楼,并于 1923 年 2 月从大清银行营业旧址的汉口路,迁入仁记路 22 号,从此中国银行在外资银行云集的外滩有了一席之地。1934 年 4 月,出于业务发展的需要,中行董事会决定将这幢楼推倒,在外滩重新建造一幢 18 层的大厦,意在超越一路之隔的沙逊大厦,使之成为"远东第一楼"。大楼由中国建筑师陆谦受与公和洋行联合设计,预算基建费用 600 万元。

这座大厦的设计图出来后,还被印在了中国银行 1935 年发行的纸币上。然而,由于规划的 18 层的中银大厦,将远远高于 77 米的原外滩第一高楼沙逊大厦,维克多·沙逊不愿中银大厦超过它的高度,于是多次阻挠,通过公共租界的工部局向中国银行施压,甚至把官司打到了伦敦。最后中国银行被迫作出让步,对原设计进行修改,剩下 17 层,地上 15 层,地下 2 层。

1936 年 10 月 10 日,中国银行董事长宋子文主持了大厦的奠基典礼,一年后,大厦主体工程大致完工。为了与外国人争个高低,中国银行大厦建成后在楼顶上竖起了一根很长的旗杆,这使它看上去仍超出沙逊大厦的高度。52 年后,中国银行香港分行在汇丰银行旁边,用 1.3 亿美元建起了一座 315 米的高楼,这座充满了锋利棱角的大楼,被风水师认为是一柄三棱尖刀,寒光四射地指向汇丰银行。外国人似乎也入乡随俗地迷信起来,在风水师的策划下,在楼顶架起了两门"大炮"严阵以待。中国银行和汇丰银行"刀来炮往"的博弈,如同演绎着一部现当代的中国金融史。

1999 年 12 月,汇丰斥资 3300 万美元买下了上海"森茂国际大厦"4.8 万平方米的楼面及冠名权,这是外资银行第一次在上海获准购买大厦命名权,上海浦东成为了汇丰中国业务的总部所在。据说,当时有人问汇丰集团董事局主席:"为什么将中国业务管理总部从香港迁至上海?"回答曰:"因为上海是中国的金融中心,而汇丰 135 年前的中国业务总部就在上海。"

2007 年 4 月 2 日,汇丰银行在上海正式开始对外营业,这家外资银行提出的宣传口号是:"从来不曾远离,从此离你更近。"

二

洋行买办
【在夹缝中走钢丝】

　　江南的六月,是阴雨霏霏的梅雨时节,潮湿而燥热的黄梅天,空气都是黏糊糊的。1842年6月19日,经吴淞口之战,上千名英国军人踩着泥泞的道路,长驱直逼上海县城。几乎没有遭遇任何抵抗,上海北城墙两扇沉重的城门被砸开了,英军攻陷上海。

　　跟随英军一起进入上海城的,有一个名叫穆炳元的浙江定海人,他原是清兵的一个小头目,在鸦片战争定海一役中成为英军俘虏。由于英军缺少人手,就将穆炳元安排在英舰上打杂,头脑活络的穆炳元竟用不可思议的速度学会了英语,从而一跃成为英军翻译。据传,"洋泾浜"英语最早的发明者即是穆氏。

　　当英舰开进黄浦江时,穆炳元也随英军到达上海,充任翻译并任总务。英军进驻上海,上海开埠,穆炳元又派上了更大的用场。据徐珂编撰的《清稗类钞》记载:"彼时中西隔绝,风气锢蔽,洋商感于种种之不便,动受人欺。因清悉英语,穆颇得外人之信用,无论何人接有大宗贸易,必央穆为之居间。"穆炳元成了上海的第一位买办。

1843

上海开埠一年内,设立了 11 家英美商行,23 个商人常驻上海。因业务繁忙,顾及不暇的穆炳元便广收同乡青年当学徒,教授他们英语及贸易窍门,并引荐给外商,然后从学徒身上提成抽利。由于在华洋交易中敛财有方,穆炳元成为上海滩头号闻人,被称为上海的买办之祖。

"买办"一词源于葡萄牙语,英语为 Comprador,本意为在中国为欧洲人采购物品的采买人员,后演变为专指帮助外国洋行在中国扩大生意范围的人。用现在通俗的说法,就是跨国企业里的中方职业经理人。在当年的上海,它被翻译为"糠摆渡",其作用主要是拓宽洋货在中国的销路,同时收购廉价的土产原材料。

买办的历史渊源,最早起于广州"十三行"时代。鸦片战争前,清政府将广州定为全国唯一正式许可的对外通商口岸,并实行国营垄断,指定十三家官牙行经营进出口贸易。与洋人打交道的买办一职的人选,也受到清政府的严格管制。1844 年的中美《望厦条约》中,清政府承诺,买办的聘用由外商与中国人自行协议,中国政府不得干预。从此,买办的人选与职责完全由外商决定。

五口通商后,"十三行"的贸易专营权取消,洋行成了垄断中外贸易的主要势力。因"十三行"变故而失业的人开始依附于外商,他们集代理人、翻译、揽客和顾问于一身,形成了"士农工商之外,别成一业"的买办群体。

那时候,会说外国话的中国人极少,再加上中国人历来不喜欢跟外国人直接打交道,所以买办这个差事的名声并不好,尤其是在"以洋务为不屑,鄙西学为可耻"的 19 世纪中期,官宦门第都看不起这些为外国人效命的"假洋鬼子"。买办这种职业既得不到高层体制的认可,也难获得基层民众的支持。在夹缝中,买办只得抱着"拜金主义",完全倒向洋人。

当时的绝大多数人都没有料到,随着开埠通商的深入,作为双边贸易的中介人,买办的地位迅速从遭人唾弃飙升到令人垂涎,成为各口岸城市中"最快致富的职业"。而且政治地位也因"洋"而"荣",1868 年颁布的《上海洋泾浜设官合审章程》中的第三条规定:"凡为外国服役及延请之华民,如经涉讼",中国方面应"将该人所犯案情移交领事馆",审讯时由领事馆或其派员"来堂听讼"。这样一来,就使买办受到列强领事裁判权的庇护。

"一当上买办,便可招摇摆阔,气焰之大甚于道台,所以买办有财有势,人人争以做买办为荣。"人们的心态也发生着一百八十度大转弯。那些依附于外商的买办一族,正是当时最早接受"西风"的人,也是中国近现代史上,第一批真正脱离土地、具有独立特征的商人。

随着中国传统的商品流通线路发生变化,逐渐形成了以上海为核心的沿海和长江中下游各通商口岸之间的流通网络。在当时对外通商的五口之中,上海的经济地位超越广州,成为海上对外贸易中心。1843 年到上海考察的英国植物学家福钧,在时隔五年重返上海后描述道:"在破烂的中国小屋地区,在棉田及坟地上,已经建立起一座规模巨大的城市了。"

随着贸易中心由广州北移至上海,外商洋行亦大量北迁,广东买办接踵而至。此外,福建商人、浙江宁波商人群涌北上,江苏商人南下,徽州商人东进,齐汇长江入海口,成就了上海的崛起及其在中国经济的中心地位。上海滩十里洋场成为买办的冒险乐园。其中,尤以广东买办和福建人最为来势汹涌。

1843 年,以贩鸡为业的广东香山人吴健彰,将多年经商积累的钱,投资到旗昌洋行,并出任洋行的董事和买办。两年后,吴健彰随旗昌洋行到上海虹口一带做生意,并用经营鸦片、茶叶、典当等所获的 50 万两白银,"捐"了一个候补道头衔。1848 年,吴健彰参与查办"青浦教案",因擅长外语,与洋人往来得体,被清廷认为是"通夷之才",遂被正式任命为苏松太道兼江海关监督,成为上海最早的官僚买办代表人物。

在中国近代史上,广州十三行的行商中转入官场,由商入仕者并不多,而能掌握实权的高官只有吴健彰一个。作为成功的买办,吴健彰在晚清的政治舞台上,却扮演了极不光彩的角色:殖民地性质的"租界"制度,他参与其事;中国海关自主权的丧失,也是他经手造成的。

1853 年,上海小刀会起义成为吴健彰的人生转折点,为了筹钱组织清军镇压小刀会,刀下逃生的吴健彰以海关关税为抵押,向上海洋商借款 12.7 万两,这是有记载的中国的第一笔外债。由于吴健彰与上海小刀会的领袖刘丽川既是同乡又是朋友,尽管最后小刀会被镇压下去了,但吴健彰失察之责难逃。1854 年夏天,吴健彰因贪污渎职之罪被参革职,"与夷人伙开旗昌行"亦成为罪名之一。在国家主权不完整,外患未解、内忧更深的背景下,吴健彰只不过是一只替罪的羔羊而已。

当前浪死在沙滩上的时候，后浪也跟了上来。1852 年初，另一名日后将显赫上海的香山子弟徐润，从广东随叔父徐荣村到上海。时值伯父徐昭珩在宝顺洋行当买办，徐润就凭借"伯叔余荫"到宝顺洋行当学徒。

徐润的家族是一个买办世家，也是最早到上海闯荡并因此发迹的家族。其父徐钰亭，早在广东时期就在为宝顺洋行服务，并与后来荣升上海道的旗昌洋行买办吴健彰结为密友；堂族叔徐关大是上海礼记洋行的买办；叔父徐荣村也曾做过买办，后来自己出来单干经营丝绸、茶叶等物资的外贸生意。

1851 年英国伦敦举办第一届世博会，徐荣村的荣记丝号精选了 12 包"湖丝"送往伦敦参展，最后"荣记湖丝"获得了维多利亚女王亲自授予的金、银奖牌，并赐赠"翼飞洋人"执照一份，允许"湖丝"进入英国市场。这是中国产品首次在世界博览会上取得金奖。在那个绝大多数国人还沉浸在天朝上国迷梦，认为世博会是"奇技淫巧"的"赛奇会"的时代，徐氏的商业远见足以让人称道。

家庭的耳濡目染，加上勤奋好学又有悟性，在宝顺洋行当学徒后，办事练达的徐润很快掌握了如何分辨茶叶的好坏、种类、级别，颇受洋行大班爱德华·韦伯的赏识。于是，他很快结束学徒期，19 岁获准入上堂帮账，24 岁升任主账，走上了买办之路，在香山买办群体的帮衬下，徐润早期的买办生涯异常顺利。

与此同时，徐润完成了自己第一桶金的积累。按惯例，洋行不禁止买办自营生意建"老鼠仓"，所以，几乎每个买办都有自己参股的商号，而且这些买卖大多与洋行业务有很紧密的关联。早在宝顺洋行上堂帮账时，徐润就先后与他人合作开办招揽生丝、茶叶、棉花生意的"绍祥字号"、"敦茂钱庄"，次年又独资在温州开办"润立生茶号"，从事收购茶叶、生丝等生意，然后转卖给上海各洋行，既为宝顺洋行提供了合适的货源，又为自己赚取了差价。

1860 年第二次鸦片战争结束，清政府被迫增开更多通商口岸，宝顺洋行也将分行的触角伸至烟台、天津、镇江、芜湖、九江、汉口等地。这时，徐润已成为统领洋行各分行的总买办。他预见到发展长江航运将大有前途，于是购置江轮、组建船队，在上海建成了唯一能容纳海轮的宝顺大船坞，还相继开通了上海到日本横滨、神户、长崎的航线，让宝顺每年的进出口总额达到白银数千万两，在各洋行中盛极一时。而徐润作为总买办，经手巨额进出口生意，按例可以提取 3% 的佣金，钱赚得让人羡慕不已。

　　同样在航运业上闯出过大名堂的,还有徐润的香山老乡唐廷枢。唐廷枢比徐润年长6岁,少年时期,唐廷枢曾在香港的马礼逊教会学堂接受过六年教育。他英语学得不错,"讲起英语来就像一个英国人"。1861年,在上海海关担任了三年高级翻译后,30岁的唐廷枢跳槽到了当时资本规模最大的怡和洋行,两年后成为怡和洋行的大买办。

　　在他的主持下,怡和先后开辟了上海至福州的轮船航线和对马尼拉的航运。这一新业务为怡和带来了丰厚的收益,一些轮运的年利润率高达60%,唐廷枢在商界一时名声大噪。甚至连竞争对手美国旗昌洋行的老板都承认,唐廷枢"在获取情报和兜揽中国人的生意方面……能把我们打得一败涂地"。

　　唐廷枢和徐润,一个是怡和洋行的总买办,一个是宝顺洋行的总买办,他们联手做生意可谓无往而不利。因为掌握了洋行的进货权,他们的联手竟可控制某些紧俏商品的定价权。两人在洋行之中设立事务所,创办了上海茶业公所、丝业公所和洋药(鸦片)局等三个与外贸关系密切的同业公所,几乎垄断了长江流域的茶叶、生丝和鸦片的贸易。

　　1866年伦敦爆发金融风潮,很快波及上海,许多洋行破产,不可一世的宝顺洋行也未能幸免,旗昌乘机收购了宝顺的全部资产。这对徐润来说已无关痛痒,1868年徐润结束买办生涯,在上海自立门户,开设了一家宝源祥茶栈,变身为民族资本家。他在洋行所积累的资本、人脉以及贸易经验,为他的创业奠定了坚实的基础。

　　茶叶、生丝一直是中国主要的出口产品,由于徐润清楚地了解各茶区的收成,并掌握多条供货渠道,又从唐廷枢处源源不断地获得英、美、俄等国的消费需求信息,宝源祥茶栈的出口业务越做越大,而且根据行情随时调整茶价,赚取高额利润,控制茶叶贸易。同时,徐润还投资上海的钱庄,以周转他的商业资金。

　　1868—1888年,是近代中国茶叶输出量最多的二十年,其中1886年的输出量达到创纪录的268万担,这个纪录直到整整一百年后的1986年才被突破。当时上海的茶叶出口量占全国出口总量的三分之二以上,而宝源祥茶栈又是上海最大的经营出口茶叶的茶栈,徐润成为当时中国最大的茶叶出口商,俨然是"近代的中国茶王"。

19世纪70年代,太平天国战乱引发了上海第一个房地产热潮。徐润转而进军房地产业,依靠内幕消息和充沛的资金开始炒地皮,成为风云上海的华人"地产大王"。

1872年,李鸿章在上海创办轮船招商局,发展近代航运业,旨在与外商在华航运势力分利,开拓财源,以维系岌岌可危的清王朝。为了办好局务,他将当时名声最大、精通洋务的两个买办唐廷枢和徐润拉了进来。出于"为国争利"的思想,浸淫商界多年的唐、徐二人脱下洋行的"皮鞋",穿上李鸿章递来的"布鞋",从"外企高管"转到了"国企经理人",唐廷枢被任命为招商局总办,徐润、盛宣怀为会办,成为洋务运动的主力战将。

他们到任后即大开门庭公开招股筹资,将招商局改组为官督商办。招商局仿照外商洋行"以100两为一股,给票一张,认票不认人",短期内将资本扩至100万两,唐、徐也投入资金成了股东,其中徐润一人即投资24万两,近占四分之一,同时招聘了一批在外国洋行任职的中国买办参与管理。这或许是中国历史上第一场大规模的国有企业改组。在此之前,中国的企业组织方式只有独资和合伙两种,轮船招商局因此成为近代中国的第一家股份制企业。

"官督商办"这个新名词是官办商人盛宣怀的"发明",即由政府招募私人资本,创设民用企业的一种经济组织形式,此模式下官府的手依然可伸到企业里进行指挥,可谓中国国有企业模型的鼻祖。同一时期,日本的明治维新开始进行。

轮船招商局成立后,当即在长江航运中与洋商大打出手。美国旗昌洋行、英国太古洋行联手订立了"齐价合同",企图抗击招商局,垄断航运

轮船招商局(上海外滩9号)旧影,这是洋务运动中由军工企业转向兼办民用企业、由官办转向官督商办的第一个企业。

业务。但在招商局成立的三年里,朝廷大力扶持以及唐廷枢等人的精明管理,加上国人出于民族自豪感纷纷改乘本国船只,洋行陷入了价格战的不利境地,最后竟变得无利可图。

竞争压力下,旗昌洋行股东会最终决定退出航运业,将长江各埠码头,上海、天津、宁波各处码头,栈房及轮船全部甩卖,开价为 220 万两白银。当时的招商局只有 11 艘轮船,全部资本额 75 万两,买下旗昌无异于"小鱼吃大鱼"。招商局成为第一家敢与外资抗衡并赢得胜利的中国企业,这是招商局的发展史上,也是中国航运发展史上的一个重要转折。

1877 年,国资背景的招商局,利用官款一口吃下旗昌,航运吨位由此猛增至 400 万吨,占进出口中外船只吨位总数的 36.7%,成为中国水域内最大的轮运企业。唐廷枢对此评价道:"此事固创千古未有之局,亦为万世可行之利。"颇有扬眉吐气之感。几年后,招商局还清所有欠款,还有盈余过百万两,成为当时清政府规模最大、效益最好的企业之一。

创立四年就打败外国商业船队,轮船招商局在国内外引起了巨大震动。深受赞赏的总办唐廷枢,当年就被李鸿章委派到河北唐山,主持开平煤矿事务,而招商局事务则交给徐润管理。此后,徐润等人以过人的胆识引进外国先进印刷设备和技术,集股自办中国第一家机器印刷厂——同文书局;同时为免受洋人的钳制,在保险招商局基础上,招股组建了中国第一家保险公司——"仁济和"水火保险公司。

在破除几千年重农轻工商传统后,买办们不仅得到了进军商业的机会,还获得了政治地位。买办生涯给他们灌输了一套相对完整的商业规则,使得他们坚决维护商股的地位,按市场化运营企业实现利润,招商局、开平煤矿因此成为洋务运动中最成功企业案例。但所谓"乐极而生悲",就在他们走上人生之巅时,"败走麦城"的祸根却也已经理下了。

1883 年,法国侵略越南,进攻台湾、福建,并欲封锁长江口,进攻上海,局势混乱,人心惶惶。由中法战争引发的金融危机,让开平煤矿、招商局以及徐润本人都陷入了财政危机。因摊子铺得过大,45 岁的徐润从"地产大王"变成了"烂尾富豪"。

屋漏偏逢连夜雨。1884 年,徐润挪用轮船招商局公款 16 万两白银投机房产东窗事发，政敌盛宣怀抓住把柄，落井下石，将他革职赶出了招商局。盛宣怀取而代之，成了轮船招商局的督办。这一年朝廷把轮船招商局完全收归国有。朝廷没钱就将权力下放，一旦时机成熟就会收回，这就是徐、唐买办们的商业祸根。而同年，明治政府将当时日本最大的造船企业与三菱公司，以一块钱的象征价格卖给了私人。

从洋务运动到明治维新，1870 年前后，中日几乎同时进行工业化变革；1884 年的招商局收归国有与三菱私营化，也几乎都在一个时间点上。但十字岔口，一个重回官僚管制，一个坚决地走民营化之路，清朝和日本作出完全不同的道路选择，导致了两国后来截然不同的命运。

1894 年 7 月，清朝与日本爆发战事，史称"甲午战争"，最终清廷大败。

在晚清，唐廷枢、徐润以及郑观应、席正甫并称晚清"四大买办"，除了席正甫是江苏人之外，另外 3 人都是广东人。尽管定海的穆炳元是上海的第一个买办，但广东人与洋行存在千丝万缕的联系并有长期外贸经验，一时难以被完全取代，因此最初在上海洋行中，买办"半皆粤人为之"。但从 1853 年小刀会起义开始，从浙江迁居上海的人数快速增长；及至 1861 年，太平天国军队占领宁绍平原，又有大批宁波人、绍兴人逃亡进上海租界，浙江人终于成为上海近代最大的移民集团，到 1911 年前，上海移民中仅宁波籍就达 30 万，其中包括一些宁波籍的买办商人。

在普通话还未普及前，生活在这里的人们很难听得懂粤语，江浙沪地区主流话是吴语语系，习俗、语言都与上海人相近的宁波买办的出现，使粤籍买办在上海滩停止了脚步。徐润的跌倒，成为盛极一时的广东买办势力淡出上海的典型。

19 世纪 80 年代以后，上海的浙江买办超过了广东买办，成为叱咤风云的区域性商业群体。到买办制度被废除，浙江人一直居于买办集团的首位。1948 年，日本学者根岸佶撰写的《买办制度研究》一书中列举了 20 世纪 20 年代活跃在上海的 90 名著名买办人物，其中浙江买办占了 43 席，而广东籍买办仅 7 名。

晋商、徽商、粤商是中国明清时代的三大商帮，各领商界风骚数百年。晋商处于西北内陆，以"票号"逞威南北，"汇通天下"执全国金融之牛耳；徽商在盐业、茶叶、典当、木材等传统商业领域称雄一时；粤商行动果敢，敢为天下先，通商口岸开埠后,他们在内外贸易中独树一帜。

在中国社会从传统向近代演进时期,晋商和徽商没有适时变革,充分发挥商业资本的作用,逐渐被时代淘汰;宁波人则将商业资本转为产业资本,掌控传统行业物资的内销和外销渠道,并在钱庄走向衰弱时投资近代银行,使得钱业无不以宁波帮马首是瞻;粤商是向近代商人转变的典型,他们因"公行制度"垄断对外贸易兴起,活跃于通商口岸和沿海,由于没有地域性金融业做资金支持,以及一口通商局面打破,外贸特权废止而没落。

这个时候,崛起于鸦片战争后的宁波商人,因善于经商且有地缘优势,其势力逐渐在上海坐大。尤其是慈溪的虞洽卿、镇海的叶澄衷、定海的朱葆三、奉化的王才运、定海的刘鸿生⋯⋯他们先后来到上海,粗通英语,靠着本能的欲望和对时局的敏感,以买办起家,结识众多外国人。在他们创办和经营近代企业过程中,上海成为近代最重要的经济中心,闻名上海滩的中国第一大商帮——"宁波帮"逐步形成。

初期,他们中的大多数人涌入上海的目的,一是避难、二是淘金。他们白手起家,除了做学徒,还做伙计、木工、裁缝、车夫、挑夫等。他们从地位卑微的苦活做起,以稳健、缜密、勤恳的风格,逐渐崭露头角进入外商洋行,成为穿西装、皮鞋的买办,并且连保带荐、携亲传子,介绍自己的同乡亲友到自己身边谋生。

例如,定海的朱葆三,与其长子朱子奎、次子朱子聪、三子朱子方、四子朱子衡及长孙朱乃昌,先后在英商平和洋行、日商三井银行、日清轮船公司等洋行任买办职务;镇海人虞洽卿先后做鲁麟洋行、华俄道胜银行、荷兰银行买办,其子虞顺恩也是荷兰银行买办;有"煤炭大王"、"火柴大王"等誉的刘鸿生,最初为英商开平矿务局买办,其父刘贤喜为轮船招商局买办,其弟刘吉生为美商联怡公司买办⋯⋯

杨坊是继穆炳元之后,第二个小有名气的宁波买办。他早年曾在宁波当绸布店店员,后入教会学校学英语,1843年因赌博欠债流浪到上海。英国怡和洋行看中了他的英语交流能力,让其负责洋行的报关和收丝工作。期间,杨坊提出了"苏州体制"交易,即将怡和推销的鸦片带到苏州产丝地区出卖,用所得银两再购买生丝带回上海。1851年,因业绩卓著,杨坊被怡和洋行升任为买办。

出任洋行买办时,他断然拒绝任命广东人为其副买办,成为浙江买办向广东买办优势地位发出挑战的第一人。1854 年,杨坊与宁波商友集资 7 万两,向英国购买了中国第一艘轮船"宝顺号",并配备武装,为商船护航。在太平军攻打上海时,他将亲生女儿嫁给了镇压太平军的"洋枪队"头目美国人华尔。成为洋人岳父后,杨坊还向清廷保举女婿华尔为中国籍臣民。1862 年 8 月,华尔被太平军击毙后,杨坊被清廷"问责",从此郁闷不欢,三年后病死。

历史对于穆炳元、杨坊的评价并不好,认为前者父母死于英国人之手,被俘后仍屈身卖国,后者则崇洋嫁女,是洋人侵华的工具。其实无论好坏,买办都是利益驱动下的产物。买办这种职业吸引人的原因之一就是:给洋人办事,不仅挣钱多,而且官府不敢"敲竹杠"。

作为一个特殊阶层的经纪人,买办具有洋行的雇员和独立商人的双重身份。前者可以得到治外法权的庇护,不受中国当局的约束;后者可得到洋行在中国的代理权,利用中国身份与内地商家做买卖。便利的身份,让他们涉足各行各业,比如银行、保险、航运、地产、五金、机械、纺织、烟草、印刷乃至唱片业买办,林林总总,几乎囊括了近代中国所有的新兴工业门类,且活动能量巨大。

他们的工资待遇也节节攀升。1878 年,一个普通买办月薪有 40 两,当时一两银子能买到 80 来斤大米,够一个三口之家吃一个月了,二十年后一个银行买办的月薪涨到了 120 两。薪水只是买办收入的一小部分而已。从买卖双方交易中,买办另外还提取 2% ~ 3% 的佣金。据统计,一个高级买办仅通过这一项,每年就可得 5000 ~ 6000 两白银。他们利用职务之便通过分割利润"吃两头"获利,在很短时间内便积累起巨额财富。

宁波帮的买办中,身家数百万甚至上千万的比比皆是。如在德商谦信洋行任颜料买办的周宗良,在长达三十五年的职业生涯中,赚了不下 1000 万两白银;叶澄衷在任美商美孚石油公司买办时,积累的白银不下 800 万两;德商鲁麟洋行买办虞洽卿父子,拥有 500 万两以上的财富;而开滦煤矿的买办刘鸿生,仅推销煤炭所得收入,就有 300 万两之多……只要"门槛精",实现"百万富翁"的升级,对诸多洋行买办而言,仅仅是时间问题。他们成了当时的"高帅富"阶层,据记载,1854 年中国只有 250 个买办,1870 年增至 700 人,到 1900 年则达 2000 人。

这些深具商业头脑的买办们,很少像以前的土财主那样,在乡下买房子置田地,而是用赚的钱入股其他商行,或另起炉灶创业,利用人脉及渠道与昔日的洋人老板竞争。

在腰杆日渐挺直的宁波买办中,定海人朱葆三口碑极好,被称作"买办中的买办"。他14岁进上海协记五金店当学徒,并且一干就是17年。他在"协记"打工的日子,正是洋人势力在上海滩大肆扩张的时候,任何人都看得出和洋人做买卖是致富的捷径,朱葆三也不例外,尽管只上过几年私塾,但他萌生了学英语的念头。为此,朱葆三把自己每月的全部工资——"月规银"作为辅导费,只为能掌握"洋泾浜"式的英语,这成为他日后成功逻辑链上的第一环。

30岁时,朱葆三在上海外滩新开河处,独资经营一家五金店,店名叫"慎裕"。慎裕五金店挂牌后,朱葆三改变以往"守株待兔"式的专靠门店销售的办法,主动承接大建筑包工头批销,一年中靠几千两银子的本钱,做出了几十万两的买卖。后来,朱葆三将慎裕五金店改为"新裕商行",将业务从经营五金扩展到进出口贸易。他还专门聘请顾晴川为商行总账房,顾晴川是民国外交家顾维钧之父,这位得力助手精通财务、德才兼备,他牢把财务关,此后店里银钱进出从无差错。

朱葆三做生意重信义,讲究"和气生财",他一生敬奉的信条就是"一笔生意交一个朋友",由此交际广泛、人脉亨通。在业务交往中,他认识了"五金大王"叶澄衷和时任苏松太道的袁树勋,并成为莫逆之交,从此朱葆三越过一些人穷其一生也无法跨越的界限,由一个名不见经传的小商人跻身为商界新贵。

当时,苏松太道经手庚子赔款,袁时勋、朱葆三等人"借鸡生蛋",利用官利和行市的利息差,将上海道库暂行保管的巨额赔款拆放到上海钱庄里去生息,"慎裕"因此成为当时上海许多钱庄要求拆款的追逐热点,而朱葆三也被钱庄的经理们视为"财神爷",成为上海商界举足轻重的角色。以至于上海汇丰银行奠基时,朱葆三受邀作为奠基嘉宾,甚至连平日盛气凌人的各国领事,都对朱葆三优礼有加。

被同乡、同行称作"买办中的买办",并不是因为朱葆三的经营之道精明过人,而是因为他长袖善舞、为人信义。他广泛结交社会各界人士,在清朝官府、外国领事乃至革命党人中间均有朋友,同乡人到上海谋生,找他推荐工作,他从不推辞。在上海滩的商行中,宁波籍买办多半出于他的引荐。

在事业发达的时候,朱葆三接受了英商平和洋行的聘请,担任他们的买办。平和洋行创设于1872年,是上海开埠后较早开设的外国洋行之一。起初,平和洋行仅仅是一家"皮包公司",进口一些洋灯罩、煤油之类的商品换取中国的农副产品、畜产品,在经营"一本万利"的毛皮生意后,才自建了办公大楼、仓库,并垄断了上海的出口打包事业。可以说,平和洋行是上海开埠初中期外国冒险家的一个淘金缩影。

平和洋行借重的是朱葆三在地方的声望,朱葆三看中的是洋行买办可以分享领事裁判权。其实,朱葆三是一个只领干薪不办实事的挂名买办,有事都是洋行大班亲自登门向他求教,每年圣诞节前夕,朱葆三才去拜贺洋大班。

从1895年开始,一直到辛亥革命爆发,趁着当时兴办民族工业的热潮,朱葆三投资大手笔不断,相继参与创办了中国通商银行、浙江兴业银行与四明商业储蓄银行,另外在中华银行、江南银行等7家银行也都有股份;他还投资兴办了轮船公司、保险公司乃至纺织厂、面粉厂、自来水厂等,创造了上海及中国的诸多第一,成为经常见诸报端的"闻人",俨然是上海滩的大实业家。

一些民族企业,也都纷纷借朱葆三的声望招徕资本。例如,刘鸿生创办的上海水泥公司聘请他出任董事长;上海南洋兄弟烟草公司请他出任改组招股发起人等。1902年2月,上海商业会议公所成立,朱葆三是五名总董之一。辛亥革命后上海光复,朱葆三以"毋苛捐、毋滥费、毋挠权"3个条件相约,受职出任上海都督府财政总长。他以一言九鼎的信誉,书信一封,向外商、钱庄以及工商各界借款,力挽狂澜,解决了上海的军政费用。此后,上海便多了一句谚语:"道台一颗印,不及朱葆三一封信!"

1915年,朱葆三出任上海总商会的会长一职,这年他54岁,处于他人生的顶峰时期。1926年,朱葆三在上海寓所内病故,法租界当局破例将朱葆三创办的华安水火保险公司所在的马路命名为"朱葆三路"(抗战时期被改名为溪口路),这是上海租界内第一条以中国人名字命名的马路。

在半殖民地的上海滩租界内,以商界人物名字命名的马路只有两条,而这两人都是宁波人,除了法租界的朱葆三路外,另一条在公共租界,该路南端临苏州河桥,中段跨连南京路、静安寺路,是上海最繁华商业中心的一条主干路,名为虞洽卿路(今西藏中路)。

虞洽卿是近代中国最知名的买办之一,在19世纪早期的上海滩,他是出了名的"老娘舅",宁波人习惯上昵称他为"阿德哥"。虞洽卿15岁时赤脚到上海"讨生活",在瑞康颜料行做学徒,深得老板器重。1893年,德商鲁麟洋行请他去担任跑楼(等于副买办),因业绩突出,不久就提升为买办。除领取高薪外,虞洽卿还可在进口交易方面取佣金10%,出口方面取佣金20%。积累了资本后,他自己也兼做房地产、进出口生意。1896年,虞洽卿花400多两银子,向清政府捐了一个"道台"虚衔,渐成露脸的人物。

与同时代的上海商人比肩而立,虞洽卿的产业并不是做得最大的,但他却是影响力最大的一位。他以"一品百姓"自居,见朝廷官员时必穿西装;见洋人时则一身对襟大衫,见商贾和帮会人物时,则西装、长衫或道台顶戴按需轮换,宛若一条戴面具的"变色龙",从容游走在洋人、官员、劳工、资本家、政治家以及黑社会帮派之间,是上海最为八面玲珑的中国商人。

虞洽卿第一次展露"老娘舅"斡旋才能,是在1898年夏天。上海法租界以建医院和屠宰场为由,强行征收四明公所地产,还平毁了一处宁波商人的墓地坟冢。四明公所是宁波商人的同乡会馆,并且祖坟向来被华人视为最不可侵犯之地,法人的蛮横当即引起了公愤和抗议。岂料法租界当局十分强硬,开枪打死近20名阻拦者,酿成血案。盛怒之下,势力强大的宁波帮宣布罢市。在双方僵持不下时,虞洽卿出面鼓动租界里的女佣、苦力们停工,期间由他在背后出钱襄补。

商人罢市、苦力罢工、女佣罢洗,上海市民也群起声援,法租界立即乱成一团。虞洽卿又只身前往当局交涉,法国人只好让步,四明公所终被保住。过去数十年间,华夷相争几乎都以中方的屈辱避让和妥协收场,此案的胜利让华人大呼痛快。经此一役,宁波商人证明了他们对上海口岸根本利益施加影响的能力,而虞洽卿则展现了无人可比的协调能力,在上海滩开始小有名气。

1902年,虞洽卿跳槽到华俄道胜银行,不久又转任荷兰银行上海分行当买办。1906年,虞洽卿曾赴日考察商务,他看到明治维新后日本国力强盛,深感中国必须振兴实业,自此萌发致力于实业之志。回国后,他积极参加四明银行的筹备,1909年又倡议筹设宁绍商轮公司,走上了工商实业之路。

同时,虞洽卿又与在上海筹划暴动的陈其美等革命党人往来频繁,正是在这时,他结识了陈的结拜兄弟蒋志清。蒋志清也是宁波人,比虞小20岁,此人日后更名蒋中正,字介石。1920年7月,虞洽卿获准创办上海证券物品交易所,这是中国第一家正规的证券物品交易市场,票券、棉花、布匹、粮油等均可在此交易。

落魄上海的蒋介石,前来投奔虞洽卿,虞慨然收留,并安排蒋介石在交易所当经纪人。不料蒋介石"革命有方",经营无术。1921年上海发生"信交风潮",蒋介石不仅赔光了本钱还欠下一屁股债,被讨债人逼得走投无路。后来,蒋介石由虞洽卿引荐,投帖拜了上海青帮大亨黄金荣做"老头子"。黄金荣不仅替他了结了债务,还赠送他200元大洋,帮助他南下广州投奔孙中山。

谁也未曾料到,仅仅六年后,蒋介石当上了北伐军总司令。当北伐军到达上海,"老娘舅"虞洽卿再次牵线,蒋介石得到江浙财团经济上的鼎力支持,顺利立足上海,确立了政权,蒋家王朝浮出水面。江浙财团则借蒋氏的枪炮,暴力地"解决"了与劳工阶层的矛盾。

然而,江浙财团没有想到的是,商业力量对政治权力的投靠是危险的。当国共破裂与工商决裂同时昭示天下后,蒋介石对上海的商业组织进行了彻底的收编。到1930年前后,自主、独立的上海民族商人团体完全失去自主权,取而代之的是官僚资本主义。辛亥革命之后出现的民族资本主义繁荣景象,也到此戛然而止。

半个世纪前,晚清四大买办中的唐廷枢、徐润和郑观应,先后放弃优厚待遇的洋行买办工作,转而为朝廷所用,结果只留下让后人唏嘘不已的下场;以虞洽卿、刘鸿生等买办为首的江浙财团,同样希望与权力结盟,最终却挖了一个坑埋了自己。

近代中国转型时期兴起的买办群体,大多是一些重要产业的拓荒者和奠基者,其最大贡献就是推动了中国民族资本主义的发展——上海出现了中国第一家发电厂、第一家煤气厂、第一家自来水厂、第一列运营火车、第一辆汽车、第一辆有轨电车、第一座公园……这里也开始实行国际通行的惯例和原则。

买办群体中的大部分人,又以商人的身份承担了传统文化中"士"的一部分责任——发表政见、改造社会,甚至参与革命。然而,一件很可悲的事情是,商人热衷于政治和社会事务往往都没有善终。如果能远离政治,企业存在的时间也许会更长一点。

1945年4月26日,虞洽卿因患淋巴结炎,病逝于重庆,终年79岁,弥留时遗嘱捐献黄金千两,"用以支持国民政府抗战"。人生运势随国运而动荡,是非得失如此诡异。虞氏殒后,国民党政府赠匾额一副,上书"输财报国"四字,此匾迄今仍悬于宁波虞洽卿故居。

三

"阿拉"是谁
【谁是城市的主人】

上海是一座从苦涩海水中生长出来的城市。两千多年前，上海的大部分地区还是汪洋一片，宋元时代才形成了与当下一致的海岸线。上海得名于一条叫"上海浦"的河流，它是吴淞江下游南岸的一条支流。

上海从一个海滨渔村逐渐发展成乡镇，又由镇发展为县，是一个相当漫长的历史演变过程。春秋时期，上海地区先属吴，后属越，战国时又归楚国治理，是战国四公子之一的春申君的封地。因此，上海除了"沪"的简称外，也经常被简称"申"，老上海著名的报纸《申报》之名即由此而来。

北宋年间，为适应海外贸易的需要，上海开始设有官方机构，是为上海镇。依托临海港口优势，上海的辖域范围也和陆地一样，不断扩大延伸，初为浦名、镇名，继为县名，最后成为市名。1292 年，元朝政府正式把上海镇从华亭县（松江）划出，批准其成为一个独立的县级行政区，人口约 10 万，归江南道松江府管辖。

或许是在海水中煎熬与浸泡的经历，注定了这块土地的顽强生机和远大前程。经过百年发展，上海县域所在的松江府辖境成为全国最大的棉纺中心，上缴国家税收之多，使之与苏州府并称"苏松税赋半天下"。上海县以港兴商、以商兴市，鱼盐、蚕丝、稻米、棉纺等行业兴盛，从"区区草县"一跃成为"东南壮县"。

作为县治，上海却在两百多年间没有构筑城墙，这种情况到了明朝嘉靖年，因沿海倭寇肆意骚扰发生改变。1553 年，为防御倭寇侵袭，上海仅用了两个月时间造起了一座围 9 里、高 2.4 丈的环城墙。有此屏障，倭寇的袭扰再没得逞。此后，上海再度热闹起来，清道光年间，上海县内行号、店铺林立，"城东南隅，人烟稠密，几于无隙地"。各地商贾、南北货物在这里集散，一时黄浦江上樯帆往来，十分热闹。因其经济繁荣，素有"小苏州"之名——那时的上海人以说苏州话为荣耀。

上海人口的增长不是靠人口的自然增长和辖区的扩大，而是大量外来人口迁移所致。当历史的指针走到 1843 年之前，上海县包括城区人口在内，约有 52 万余人。但这个数字在开埠后很快变化，到 20 世纪初突破了 100 万，1930 年为 314 万，至 1949 年新中国成立前夕，上海市人口达到 546 万。一百年的时间，人口增长了近 10 倍。这不仅在中国城市史上前所未有，在世界城市人口史上亦属罕见。

在这 546 万人中，非本地籍人口占总人口数的 85％，即意味着"本地人"是名副其实的"少数民族"，其余 400 余万人都是移民或移民后裔。这些移民来源极广，几乎遍及全国各地。根据 1950 年初的统计，上海来自邻近的江苏、浙江两省的移民均超过百万，占据绝对优势；其次是安徽、山东、广东，各超过 10 万；超过 1 万的有湖北、湖南、福建、江西、河南和河北。外国移民则来自英、美、法、德、日、俄等国家，从开埠时仅有的 26 人，到 1942 年总数达 15 万之多，分属 56 个国家。这几项纪录，在中国城市中是绝无仅有的。

"上海"从诞生起就是一个不断发展变化的地域概念，上海的人文地理成为解读上海这座城市的密码钥匙，同时也是上海城市进化过程中永不褪去的底色。1952 年，美国的历史地理学家罗兹·墨菲写《上海：现代中国的钥匙》时，朝鲜战争还没结束。他在该书末尾写道，"大城市不会偶然地出现"，"一旦和平在东亚恢复，上海的经济领导地位在地理上的因素，将会使上海在未来的岁月里繁荣兴盛"。

如果说,地理因素是罗兹·墨菲认为的上海崛起的最重要的先天条件;那么,英国殖民者通商上海,是否也是对其地理优势的发现呢?上海县城原来的面积只有 2 平方公里,1843 年开埠前,与县城内外商贸繁荣相反的是,位于县城北面黄浦江畔的那块地方,仍然是乡村景象,一片农田上零星分布着几个村落,芦草丛生,寂寞异常。

上海的成长,与江、海之上的贸易开辟和港口发展密不可分。在中国版图上,只有广州、天津可以与上海相媲美,它们都面朝大海,又分别处于珠江、黄河、长江入海口周围。毋庸置疑,上海的城市地理优势更为明显,长江流域和长江三角洲,是近千年来中国人口最稠密、经济最发达、文化水准最高的地区,成为上海独特的现代性的起点。

19 世纪初的上海县城图

依靠长江流域广阔的腹地市场和便利的交通条件,上海开埠后便进入了梦幻般的发展,口岸贸易的繁盛,刺激了商业的兴旺。1846 年,上海港仅生丝一项,出口量就已占全国的 81%。时人称:"盖上海一埠,就中国对外贸易言之,其地位之重要无异心房,其他各埠则与血管相等。"因此,不到二十年时间,上海就取代广州,一跃成为中国进出口贸易第一大港,被誉为"江海之通津,东南之都会"。

当上海成为冒险家的乐园时,它是一个打开的、无法定义的城市。那时的上海人,虽然也有阶层之分、贵贱之别,却没有户籍概念。但上海人眼中真正意义上的"本地人",是指在 1843 年开埠前就已定居在上海老城厢内的原住民。金山、宝山、奉贤、嘉定、松江、青浦、浦东等,因 1958 年的行政划分调整才拥有上海户籍的郊县人,都被称为"郊区人"或是"乡下人"。

其实,所谓上海本地"土著",也并非世代生息于此,其中相当一部分来自中原及其他地区。历史中,每当发生战乱或者饥荒,便会发生群体性的人口迁徙。

上海就是一个由人口迁徙定居形成的城市。最典型的是,北宋末年发生"靖康之难",宋室南渡,躲避战乱的北方民众也成群结队跟随而来。

其后,宋元交战时期,又是一个外来人口移居上海的集中阶段。由于僻处海陬,一些苦于战祸的百姓牵家带口避居上海。上海城内的潘姓,就是那时从常州逃难至此,成为当地望族。中国人的姓氏是探析移民脉络的重要线索,翻阅上海地方志,可以找到大量村落、市镇竟是由一支族姓或以其为核心姓氏聚集而成,如金山县枫泾的"孟家堰",据传是孟子后代的移居处;青浦县北有一个地名叫"孔宅",是孔氏后裔子孙落根于此;另外嘉定的马陆镇、叶谢镇,浦西的徐家汇等,都因一姓聚族得名。

说起徐家汇,很多人都会想到中国的达·芬奇——徐光启。这位"第一个严格意义上的上海人",其实也不是"土著人",其先祖在北宋从中州南迁,自姑苏徙居上海。徐家汇也不是徐光启的出生地,只是他葬在那里而已,他真正的出生地是在上海老城厢的乔家路。

徐光启出生时家境贫困,19岁中秀才,42岁终于中了进士,漫长的科举之路走了二十三年之久。1600年春天,徐光启来到南京天主堂,结识了意大利耶稣会的传教士利玛窦。利玛窦带来的三棱镜、自鸣钟、日晷仪等科技产品,让徐光启深深折服。两人相见恨晚,东西方之间展开了一场平等的"知识大交易"。三年后,徐光启再一次来到南京,以明朝举人之身接受"洗礼",成为天主教徒。

沪上学者余秋雨认为,"上海文明的肇始者,是明代进士徐光启……"。考徐光启一生所成就之重要事功,计有五项:其一,提倡农学引进推广番薯;其二,编纂《农政全书》;其三,与利玛窦合作译《几何原本》;其四,组织编纂《崇祯历书》;其五,练兵造炮引进新式炮兵。

在徐光启的时代,中国的经济学量占全世界的29.6%,欧洲14国的经济学量占19.6%。此时,愿意以开放的胸怀接受西方的思想和文化,远不是今天因"与国际接轨"而被多方鼓励的事情,也不是鸦片战争失败后,被迫"师夷长技以制夷"的制夷战术结果。作为朝廷的文渊阁大学士,作为一个知识分子,徐光启的开放精神在当时实属可贵,可谓是中国真正"睁眼看世界的第一人"。

晚清张之洞提出的"中学为体,西学为用"口号,其实可以追溯到徐光启。信奉天主教只是他个人的"修身",他没有打算用基督教义来取代或影响中国的传统政治理念;翻译《几何原本》、引进新式火炮技术,也是提供技术层面的工具,发挥其"用"。

徐光启是在 1633 年去世的,在整整两百年后,1832 年,一艘叫"阿美士德"号的英国鸦片走私船到达上海,逗留了 18 天,由此改变了一座城市、一个帝国。在这之后十年间,英国通过鸦片战争,迫使上海开埠。

徐光启的第十六代子孙是个军人,他有一个外孙女叫倪桂珍,她便是名震中国现代史的"宋氏三姐妹"——宋蔼龄、宋庆龄、宋美龄的母亲。1927 年 12 月,她的儿子宋子文,将一套位于徐汇区天平社区的花园洋房作为新婚礼物,送给了蒋介石和妹妹宋美龄,蒋宋二人称它为"爱庐"。宋美龄在上海期间,常将母亲倪桂珍接来这里同住。每当此时,法租界巡捕房便十分紧张,派出各类警卫在洋房周围"散步"。

一家之物融入了一国的历史。那些老上海的房子,见证并记录着时代的风云,以及大人物的爱恨情仇。说到底,这都是从上海出发的传奇,以此而言,天平社区或可作为一枚历史标本,从它身上,窥一斑而见全豹。

1843 年 11 月 7 日,上海正式开埠,开始了它充满苦难和屈辱、雄心和梦想的历史。

从上海的城市历史来看,现代上海人这一概念的存在时间仅百年左右。上海人也没有标志性的社会烙印,彼此间交流通常讲上海话,当然尽管都属于江南吴语的一种,但彼时的上海话与现在的上海话还是有很大区别。

就像城市一样,上海话也许是近百年来发展最快、变化最大的方言。明清之际,上海只是东南沿海一处中等规模的县城,那时的上海话与苏州话非常相近。他们自我介绍不是说"阿拉"是上海人,而是"我伲"是上海人。

《南京条约》签署后,从上海开埠至 1949 年的一百多年间,上海一共经历了三次规模较大的移民浪潮,而每一次都是因为战争。

道光三十年(1850 年)至咸丰三年(1853 年),从广西金田起兵的洪秀全,领着太平军从桂林打到湖南长沙,直逼武汉,然后沿着长江往下游进攻,最后打进南京,一直到 1864 年太平天国倾覆。太平军和清军交战所在的江浙皖一带,使整个江南富庶之地,顷刻间数百年精华变成废墟,上海租界成为了唯一的"安全区域"。"巨大的避难所"在涌入的难民推动下,成为一座"规模巨大的新城市",

上海由此进入了一个疯狂的投机时代。这是上海建城以来,人口第一次在短时期内急剧增加。据统计,从 1855—1865 年,上海人口十年净增 90 万,比原来多了一倍多。

第二次大规模的外地移民进入,发生在 1937 年抗日战争爆发后,成千上万的中国人经历了一场悲壮的大迁徙。既没有政府号召,也没有人出钱,大批民众自发地经过无数磨难去找活路。于是,大量无家可归的人涌进只有 10 平方英里的租界,租界内原来不到 200 万的人口一下子猛增到 400 万,上海成为当时仅次于柏林、伦敦、莫斯科、纽约、巴黎和东京的世界第七大城市。

1945 年,抗战胜利,一些居民返还故里,上海人口外流减少。但紧接着 1946—1949 年的解放战争,让上海出现第三次外地人口的大规模移居。这次,上海增加了 208 万人口,从 330 余万人增至 540 余万人,不断稀释和改变着上海人的整体印记。

以上三次移民潮,与几百年前那种以宗族为单位的集团性移民相比,多属零散型、自发的、非组织性移民。这种现象,在新中国成立后的最初几年,依然盛行。上海的城市大门也没有紧闭,各色人等进进出出的双向流动仍颇为频繁,人口一度增长到 700 多万。为防止大量农村人口因贫困流入城市,1953 年 4 月,国务院发出了《劝止农民盲目流入城市的指示》,首次提出了"盲流"的概念。

1958 年 1 月,中国颁布了第一部户籍制度《中华人民共和国户口登记条例》,以法律形式规范了全国的户口登记制度。户口,从此成为烙在每个中国人身上最深的计划经济体制印痕。在这一年,户口开始与粮票等票证绑在一起。从此,上海严格控制人口迁入。

在特殊年代,公民的迁居自由被禁止。别说是高鼻蓝眼的洋人,就是中国其他地方的人,想进入上海也不是易事。外地的亲戚来上海,如果要住招待所必须有介绍信,即便在家里暂住,也要办个临时户口,把地方粮票换成全国粮票。户籍管理制度的实行,对于催发上海人的上海意识起到了不可估量的作用。对于上海人而言,依附在户口本上的不仅仅是城市优越感,更令外地人艳羡的是上海人身份带来的政策倾斜和福利待遇。所以就有了"阿拉"是上海人与"侬"是乡下人的区别,这种姿态背后隐藏着极为微妙的普遍心态。

原本是一个单纯的人口管理制度，却在发展过程中变异、倒退，最终成为经济社会进步的桎梏。随着城市人口流动的停滞，中国曾经最具活力的城市就这样凝固下来了。在美国人罗兹·墨菲眼里，"过去曾受国共两党人士同声斥责的外国统治下的上海，如今已成为历史上的陈迹"。这个变动同时重塑了上海与上海市民。

由于上海居民的构成在变化，人们日常交际的语言也在不断地变化。上海话不断地吸收着各地方言甚至外语中词汇，显示了和城市一样的强大生命力。由于是华洋共居、五方杂处的移民城市，此前的上海话不纯粹，大家都是苏州人讲苏州人的上海话，宁波人讲宁波人的上海话，扬州人讲扬州人的上海话，浦东人讲浦东人的上海话，再夹杂洋泾浜式的英语，可以说上海话也是一种大杂烩。直至 20 世纪 30 年代，上海的第一人称还不是"阿拉"，在上海街头说"阿拉"者还是地道的宁波移民。

随着移民浪潮的结束，近代意义上的上海话逐渐定型、统一。"阿拉"这个宁波方言的第一人称代词，从中下层市民中兴起，继而成了上海话的代表性发音。尤其是电台广播的上海话节目和沪剧的演出，实际起到了规范上海话的作用，以至于许多非上海人唯一知道的上海话便是"阿拉"。

"阿拉是上海人！"忽然变成了一个城市群体集体印记，成为上海人自我认同、区别上海人与外地人的重要工具。而这种"被规范"的上海话甚至演变成某种无形的压力，著名学者易中天曾在《读城记》里举例说，祖籍宁波的上海人余秋雨，曾因不会说上海话而感到窘迫。

其实，移民一直是上海最大的城市资源之一。当然，宁波移民是上海不可忽视的、最具影响力的一个优势群体集团。开埠初期，宁波人拿着菜刀、剃刀、剪刀，赤脚踏进这个"冒险家的乐园"闯荡。尽管他们各人的奋斗历程和成功之路千差万别，但旅居上海滩的宁波人，彼此之间也有共性，即很少有人在上海当农民，也极少会在这里成为地主，他们中的绝大多数人分为三大新兴社会阶层：新兴的资产阶级、新兴的工人阶级和新兴的知识分子阶层。这些人深具爱国爱乡的传统观念和团结互助的群体意识，在金融、商业、工矿、航运、服务、同乡组织等各个领域取得的惊人业绩，令上海人和来自其他地区的移民刮目相看，这对旅沪宁波人社会地位的提升产生了直接影响。

长年在外埠经商的宁波人,通过血缘姻亲和地缘乡谊在上海结帮做生意,市场里到处回响着"阿拉"的声音,原本混杂的语系逐渐被他们同化了过去,见面必抱拳称"阿拉"。至清朝末年,旅居上海的宁波人已达40余万,约占上海总人口的六分之一,到20世纪二三十年代,旅沪的宁波人达百万之众。上海和宁波,两地的"亲戚"关系或许可以用美国和英国的关系打比方。有人曾做过统计,现在的上海人当中至少有四分之一祖籍是宁波,近半上海人都能弯弯绕绕地攀到宁波亲戚。

在1885年,上海的中国人口组合中,以宁波为主的浙江人占据了40%,临近的江苏人占据了27%,原先的大头广东人下降到了20%。如此之大的移民群体无疑会对上海城市的发展产生巨大的影响,除了"进口"宁波方言外,真正造成巨大影响的还是在经济、社会层面。"无宁不成市",当年的上海滩,宁波商人达5万多,其中被称为商界名流的有450余人,占上海商界名人总数的四分之一。即使在经济极为萧条的1941年,宁波人在沪经营的工商企业仍达2230家,最多时,宁波帮企业占上海经济总量的三分之一强。

善于经营的宁波商人,成为上海开埠后人数最多、势力最大的一个商帮,1916年,孙中山评价道:"凡吾国各埠,莫不有甬人事业,即欧洲各国,亦多甬商足迹,其影响与能力之大,固可首屈一指者也。"

最早证明"阿拉"是谁,显示宁波商人在上海社会力量的事件,发生在晚清的两次"四明公所事件",这也是移居上海的宁波人早期强烈的乡土观念的集中体现。

四明公所是由一帮宁波商人在1797年集资捐建,"四明"之名引自宁绍地区的四明山。该所占地30余亩,位于上海县城北,它最初的功能是掩埋客死上海且因贫困无力归籍的同乡人棺柩,或寄放有尸棺材,承办代

创建于1797年的上海四明公所

运棺材赴宁波,简而言之相当于一处祠堂。随着宁波来上海的人数激增,四明公所发展成为上海势力最强的同乡会馆。

1849 年,上海法租界在县城护城河与洋泾浜之间圈地,四明公所的地产也全部被划进法租界。初到上海,法国人搞不清楚四明公所是怎么一回事,只知道是宁波人祭祀、集会的地方,于是把它称作"宁波神庙"。

法租界建立后,最初华洋之间基本相安无事,甚至一度和谐共处。慢慢地,法国人回过神儿来,知道了四明公所是个暂厝灵柩和埋葬死人的地方。在人口稠密的闹市区,竟然存在着这么大一块墓地,于是四明公所被法租界视为眼中钉。

1873 年,法租界当局认为四明公所在界内占地甚广,又不纳捐税,于是要求迁出,被公所拒绝。为了拔掉这颗钉子,次年,法租界又以筑通徐家汇路,要贯穿公所为由,再次要求四明公所迁出界内,并派人到现场勘测划线,企图强行占领,引发了宁波籍商人、手工业者、工人的聚集抗议。一部分人找路政管理所的工程师交涉,态度蛮横的工程师开枪打死一人,顿时激起群愤,宁波人集合1500 余名同乡,包围法公董局,焚烧法国官员住宅,事态进一步扩大。

法租界当局也十分强硬,竟派水兵登陆镇压,当场开枪打死 7 人,重伤 12人。双方僵持,事情久拖未决。清政府通过外交途径多次交涉,1878 年上海道台褚兰生才和法国驻沪总领事李梅达成协议,法租界承认"四明公所"永归宁波商会管辖使用,公董局暂时放弃辟路计划,清政府向法方赔款白银 37650 两,其中 7000 两用以抚恤死者家属,公所内之棺柩逐年移地厝葬。

第一次四明公所事件结束,但事情的症结依然没有解开。1894 年初,广州开始出现鼠疫,5 月初传入香港。穗港疫情成传播源,波及 32 个国家,上海也不可避免地被传入鼠疫。光绪二十四年,即公元 1898 年,法国驻沪总领事白藻泰认为,四明公所坟地卫生管理不善,鼠患猖獗,是巨大的传染源。便又背弃前约,出动军警欲拆除四明公所围墙,强拆祠堂,并打死两名宁波人。宁波同乡闻讯后大怒,群起罢市,在外轮上服务的宁波籍职工,也一律上岸罢工,有几个年轻的宁波人,将法租界内的路灯全部打碎,晚上法租界一片漆黑。

很短的时间里,宁波人与法租界的冲突不断升级,白藻泰下令调动停靠在黄浦江军舰上的陆战队士兵,冲击抗议队伍。法军的无理镇压,激起了中国民众更大的怒火,双方再次发生流血冲突。法军枪杀华人 17 人,伤及无辜数人,造成了第二次"四明公所事件"。

这次事件中,有两个宁波人冒了出来,一个是买办虞洽卿,另一个则是长生会领袖沈洪赉。清朝时期,上海各行各业同样都有"行帮协会",如渔业有同善会、酒业有济安会、猪业有敦仁堂、洋货业有永济堂……而长生会是一个劳工团体,会众大多数是在洋人手下工作的洗衣工、厨师、保姆、车夫等,可以说,沈洪赉是当时的工人领袖。

为捍卫四明公所,虞洽卿积极联络宁波帮工商各界,率先提出商界罢市、工界罢工。聚居在租界内的其他省籍人士,也同仇敌忾支持宁波人。罢市罢工从甬籍人扩展到非甬籍人,范围也从法租界蔓延到公共租界。商人罢市、苦力罢工、女佣罢洗,直接影响到外国人的生活问题,上海租界立即乱成一团。"殃及池鱼"的英美等国领事纷纷出面调停,劝法国人立即撤兵,同时要求四明公所尽快让各行业复工。

此时,虞洽卿等人又前往法租界当局交涉,法国人早已被宁波人的罢市罢工闹得焦头烂额,再加上其他国家的施压,只得让步,再次承认四明公所的土地所有权。虞洽卿、沈洪赉为代表的领头人,采取的"费暴力不合作"行动,成了事件良性、有效解决的关键。事件平息后,沈洪赉受到群众拥护,被推为四明公所经理;而直接和法国人对话,为沈洪赉出主意,参加交涉的虞洽卿,从此也在社会活动中脱颖而出,在上海的宁波同乡中得到了一定声誉。日后,虞洽卿谈及斗争成功的原因时说:"这不是运气,乃是民气压倒洋气。"

严格地说,两次四明公所事件,主要是法租界态度蛮横,不尊重中国人的传统习俗,一意孤行,造成和宁波人针尖对麦芒的矛盾,但还没有明显的华洋之间民族意识的冲突。通过这两次血案,"宁波帮"人多势众、团结互助的特点在上海滩尽人皆知,声威大振。

事件以宁波帮又一次保住"四明公所"胜利而告终,但中外博弈的结局却并不值得庆贺。由于清政府软弱腐败,法租界越界筑路的要求再次被满足。1899 年 6 月,法租界扩界范围议定:新界址北至北长浜(今延安东路西段),西至顾家宅、关帝庙(今重庆南路),南至打铁浜、晏公庙、丁公桥(今自忠路),东至城河浜(今人民路西段)。法租界借此将占据的地盘扩大了一倍多,总面积从原来的

1023 亩扩展到 2135 亩。

1900 年 1 月，就任上海道台还不到一年的余联沅发布布告，承认上述法租界的界址。这位科举体制下成长起来的官僚，曾以弹劾操办洋务的李鸿章、阻修铁路全心"攘夷"获得"铁面御史"的美誉，如今在"职业生涯的新形势"下，"从前芒角，立时收敛，一言不敢妄发"。5 个月后，法租界当局在四明公所前修筑宁波路并向西延伸，于是就有了今天的淮海中路。

因四明公所事件，法租界的面积大幅扩张，毫无疑问法国人是胜利者；宁波祠堂得以保存，宁波人看似也是胜利者，那么谁是失败者呢？

作为早期宁波帮的领军人物，这件事给了叶澄衷极大的刺激，当年他从一名移民上海的"草根"，靠黄浦江上的一条小舢板起家，成为清末沪上巨贾、"五金大王"，晚年时他不再追求金银财富，转而尽心于开学堂、办医院的社会公益活动。

1899 年，叶澄衷在上海虹口张家湾捐地 30 亩并捐资 10 万两创办"澄衷学堂"，可惜校舍未成，叶氏即告去世，年仅 59 岁。临终时刻，他一直无法解决心中疑惑：英法日等国，和大清国土相比，都是区区弹丸小国，为什么他们却能以小欺大，一再令泱泱大清国受辱呢？

叶澄衷死后，叶氏家族遵其遗嘱继续捐资办学，除"澄衷学堂"之外还在宁波捐建中兴学堂，学堂聘请上海教师，开设英语科，并按照西洋教育方式改制，培育出了一大批优秀学子。在这两所学堂的学生名册中，能够看到很多对近代中国影响深远的名字：胡适、李四光、竺可桢、包玉刚、邵逸夫……

这边宁波人和法租界公董局，为拆房闹得水火不容；另一边，江北人和公共租界工部局，因为独轮手推车的捐税问题卯上了。

在农耕年代，上海人远行靠舟楫，陆行靠步行；上海人不养马，也没有马车，清国大户或官宦人家，都是坐轿子出行。同治初年，太平军发动东进，在很短的时间里攻陷镇江、常州、无锡、苏州、杭州、宁波等苏南浙北的大部分城邑，给清廷和租界造成极大的恐慌。在英国军舰护送下，李鸿章将他在安徽训练和组建的淮军送入上海，打起"上海保卫战"。

淮军用一种北方特有的木制独轮车运输辎重，此车运行主要靠中间一个木制车轮滚动前行，称为"独轮车"，又因运行时主要靠人用双手掌握平衡和把持方向前进,故又称"手推车"。战争结束后,这种独轮车就被留在上海,成为上海早期的主要运输和代步工具。这种车颇能负重,载四五百斤货或五六个人,可在城市街巷中穿行自如。

这些小车的"司机",以南通、盐城一带人为多,亦有崇明岛人,当时上海人普遍把长江以北的江苏部分连带安徽北部地区统称为"江北",因此这种独轮手推车就被上海人叫做"江北车"。租界开辟后,市郊的工厂不断建成,一些女工为了去较远的纺织厂上班,往往相约合坐独轮车前往。由于独轮车收费价格低廉,货客两用,一般贫民苦力均乐以独轮车代步或运物,并且渐成风气。据1874年的统计,英法租界共有独轮车3000辆,可谓是近代上海一支不容忽视的"出租车队"。为了便于稽查和管理,同时弥补财政收支平衡,1870年租界对这些人货两用"出租车"发放牌照,并征收执照捐税。

无论独轮车还是轿子,都是中国独有的传统式交通工具。1874年,一个叫米拉的法国人,从日本引进了一种人力拉动的两轮客车。据说,这种新玩意儿是一个居住在日本的美国牧师发明的。米拉将两轮车引进上海后,即从租界当局取得了营业执照,开展人力客运服务。为求醒目,车身一律被漆成黄色,故名黄包车,时人见该车是日本的舶来品,故又称其为东洋车。

1874年1月20日《申报》登载"外国小车出赁启事",说"今有本行新到洋车,比中华车大小不同,不论天暗下雨,一样可推。车上另有篷帐,下雨不湿衣服,格外奇巧。贵客商欲坐者,请至本行贾可也"。不少中国贫民纷纷前去租赁,拉起了"黄包车"。中国从此又多了一个平民行业,一些乘车的洋人指路时用文明棍敲中国车夫的毡帽,催促车速时则用脚踹车夫的后脊梁,如此种种恶劣行径成了近代中国文学写不尽、描不完的伤感素材。

黄包车兴起后,因其车速较快,且乘坐舒适惬意,独轮车遂趋没落。据《工部局年报》统计,1882年,公共租界的"江北车"比八年前的2200辆减少了三分之一,只剩1500余辆。但随着上海进出口贸易扩大,从码头、堆栈至仓库、商店的货物运输需要,"江北车"时来运转成为遍布大街小巷的主要货运工具,到1897年增加到57000辆。

每天,运送粮食、布匹、煤油、茶叶以及各种日用品的江北车,穿梭于大街小巷。由于数百斤重的货全靠一个轮子支撑,造成砖石路面损坏加速,于是路面保养和小车增多的尖锐矛盾，令洋人和工部局颇为不满。1888年后，上海租界当局公布了《手推车规章》，明确规定江北车一次载重不得超过450斤等。这份手推车规章的颁布，让上海由此成为中国最早颁布城市交通规则的城市。

然而，这份规章只落实在纸上，并没有对江北车夫形成约束力。几经踌躇，3月9日，租界当局便采取强硬手段，决定将小车执照捐每月加至1000文铜钱，以此达到控制车数的目的。这个消息一公布，旋即引起小车工人的集体反抗。是日下午，凡在租界内领有执照的小车工人一律罢工，拒领新照，抵制新捐。

推江北车的人大多是身无长技的农民，家无隔夜之米，为灾荒贫困所逼迫，流落上海，靠体力养家糊口，在上海生存。其实，自1870年租界开征小车执照捐以来，到1888年的18年时间里，执照捐的金额增加过一次，即1877年加征200文，为原金额的一倍。现在又从400文增加到1000文，增收幅度高达150%，这对于收入微薄的车夫来说，无疑是残酷的搜刮。

4月2日，上千名小车夫连续三天聚集在工部局门口，要求免加捐税。抗议的声势颇为壮大，形势一度十分紧张，发生了小规模的冲突，以致法国军舰上的水兵奉命戒备。这次，上海的"父母官"和车夫们形成统一战线，他们在给驻沪领事的公函中称：小车夫"像牛马一样日夜劳作，每日所赚也仅够籴米，他们根本付不出每月1000多文的车捐"，因此"恳请领事劝说工部局停止加捐，以示他们对中国贫苦劳动者的体恤"。

外国驻沪领事团竟大发善心，认为工部局董事会"最近决定的关于对手推车每月征收1000文车捐一事宜缓办"。在多方压力下，工部局宣布小车捐征收仍维持原状，1888年的抗捐获得了预想结果。

但事情总有反复，就像四明公所事件一样，1897年1月，事隔九年之后，加征小车捐之事又被提出，工部局董事会从1897年起将小车捐增加到每月600文。"小车抗捐"再度爆发。然而，时过境迁，尽管这次抗捐活动发生了规模更大的冲突，但结局却大不一样了。

1888年工部局最终放弃加捐的决定，很重要的一个因素是外国使领团不支持加捐，当时很重要的背景是，1888年清朝正式组建北洋水师，形成亚洲最强的海军力量，欧美列强也顾忌三分。然而，中日甲午一战，败絮其中的清军，

1843

先败于朝鲜,后败于辽东,最后北洋水师全军覆没。清政府的国际地位则一落千丈,朝野上下由此自信心丧失殆尽。国不强则民不安,在这样的背景下,外国驻沪领事团的态度与1888年时截然相反,甚至连原本维护小民利益的上海道台刘麒祥,也违背初衷,自保仕途前程。至此,"小车抗捐"希望完全破灭。

两次"小车抗捐"和两次"四明公所事件",都是由城市管理机构同管理对象之间的矛盾发展所引发的,如果决定加捐或拆房的一方是上海地方官,相信这样的抵抗事件也会发生。正是由于夹杂了某些民族主义的因素,一市三治的上海较其他城市的治理难点,往往是经济问题政治化、行政问题外交化、简单问题复杂化。

整个小车夫抗捐事件中,上海地方官还是能体恤小车夫的艰辛,站在维护小车夫利益一边的。在无法取消加捐的情况下,为缓解小车工人加捐后的困境,官府进行了两个方面的努力:其一,适当提高小车运费,将捐费的一部分转嫁到乘客身上;其二,抽肥补瘦,对新捐的200文中的一半由其他各业帮助补贴解决,将一部分新增捐费转嫁到相对富裕的商人身上。这样,提高运费和补贴捐费双管齐下,小车夫实际增加的负担就不是很多了。

抗捐风波过后,为了解决江北车夫一盘散沙的局面,在道台、县令的授意下,通瀛公所成立了,这是上海第一个以小车工人为主的公所。宁波人在四明公所事件平息后,对公所处置对外事务的能力深感不满,便提议仿照西方人的社团组织,成立"宁波同乡会",维护、保护同乡的利益,提升宁波人在上海的地位和影响力。

一时间,行业会所、同乡会馆在上海滩纷纷筹建,成为彼此抱团取暖、自救的民间组织。据统计,从清光绪年间至民国初年,在上海新组建的有名可查的会馆公所达118个。

光绪二十八年正月十五元宵节(1902年2月22日),奉朝廷之命,中国第一个商会团体——上海商业会议公所在南京路五昌里一个民房里正式诞生。拥有"花翎二品顶戴"的宁波商人严信厚,以及他的老乡兼生意伙伴周晋镳,分任总理和副总理,朱葆三任总董。

据统计,上海商业会议公所会员以浙江籍人士(尤其是宁波人)居多,其次则为广东、江苏、福建、安徽、江西、山西和四川等各地在沪商帮人士。会员所从事行业多达 20 余个,公所领导层中,又以汇兑业、银钱业、丝业、茶业及五金洋货业人数最多,这正是当时上海经济实力最强的五大行业。由此可见,该公所确实囊括了 20 世纪初期活跃于黄浦江畔的大部分华商精英。

20 世纪初由严信厚等发起创办的上海总商会旧影

1904 年 5 月,"上海商业会议公所"遵新设立的"商部"命令,改名为"上海商务总会",严信厚仍为首任总协理,浙江商人牢牢掌握了"中国第一商会"的主要领导权。七年后,因辛亥革命再次更名为上海总商会,因数度卷入"五四"、"五卅"等政治旋涡,导致毁誉参半。

由于早期宁波籍移民在沪经商取得成功的直接关系,宁波人成为洋人和官府都不敢小觑的社会势力,他们在上海的优越感越来越强。相形之下,人口总数虽多,但生活困苦,主要从事倒粪桶、扫马路、拉黄包车、码头工人等工种的江北人,仍备受上海人歧视。

江北也并非没有大家,买办世家席正甫家族,银行家陈光甫,来自南通、主张实业救国的状元张謇,来自无锡的"面粉大王"、"纺织大王"荣德生、荣宗敬兄弟……由他们组成的苏商群体,成为横跨晚清、民国、新中国初期的一大商帮。然而,个体的表现依然无法改变其整体印象的命运。

在所有移民中,租界最不能忘记的群体是洋人。他们或带着巨资,或拉着一个皮箱,漂洋来到上海。"二战"爆发后,各国在沪侨民多达 15 万人。在心态上,这些西方移民并不觉得他们是外客,反而认定自己是这座城市的创立者。

当时,上海洋人中的最大族群,并非是建立租界的英国人、法国人,而是流亡来的白俄人。辛亥革命后,特别是俄国的十月革命后,大批忠于沙皇的白俄人逃离到上海。20 世纪 30 年代初,在上海的白俄人达两万余人,他们聚集在法租界霞飞路一带。

沪上还有一个特殊群体——印度人。"一战"前后,英国人从印度带来的锡克族巡捕,在上海滩招摇过市。巡捕们被人称为阿 Sir,上海洋泾浜式英语慢慢走调,就变成了"阿三"。于是,上海人就把这些红扎头巾、皮肤黝黑的印度巡捕叫做"红头阿三"。红头阿三在上海的地位有点尴尬,他们是洋人,却并非是洋人大人,是被英国殖民的人群,因此上海人经常会作弄红头阿三。

于是,"十里洋场"的大上海,变成了一个囊括五洲四海的大熔炉,每一个地方来的人,都带来一种文化、一种腔势和做派。这座远东大都市,像万花筒一样,五花八门、内涵深厚。

这样才有了"阿拉上海人"。

四

黑帮大哥
【革命"有功"的江湖】

1888 年,当苏北人推着独轮车找租界抗捐的时候,在江苏川沙(今属上海市浦东新区)高桥杜家宅,以开米店为生的杜文庆成为一名父亲。这一天恰巧是农历七月十五的中元节,秋月正圆,杜文卿便给新生的男婴取名为"月生"。许多年后,这名男婴在上海滩飞黄腾达时,国学大师章太炎引经据典,为其改名为"杜镛",号"月笙"。

杜月笙的幼年命运多舛,3 岁生母朱氏去世,5 岁父亲感染时疫不治身亡,8 岁继母张氏也神秘失踪。成孤儿的杜月笙便在娘舅家寄居,受尽了冷落和白眼。因此,杜月笙经常浪荡街头,由乞讨到偷鸡摸狗、打架斗殴、街头赌博。无人管教的杜月笙成为了一个街头小混混,也是从这个时候开始,他历练出了日后闯荡上海,蛮横霸道而不露声色的狠劲,以及使尽浑身解数处理好所有社会关系的能力。

1902 年,这一幕在杜月笙的人生中被反复提及:一个春光明媚的早晨,15 岁的他身穿一套粗布褂裤,背着小包袱,扑进了大上海的十里洋场。当时的外滩已是商贾云集，各色人等熙来攘往，周围货栈店铺鳞次栉比，人烟稠密，每天从早到晚人声鼎沸。从浦东乡下赶来的杜月笙，见此景象不由热血沸腾，一种要出人头地的强烈欲望，猛烈地撞击着他。

在上海，杜月笙的第一份工作是在"鸿元盛"水果店当学徒，没有薪水，只供吃住。因为年纪小，又识字不多，杜月笙只能服侍老板娘，每天倒夜壶、刷马桶，生意上的事情毫不沾边。

1904 年，受美国排华政策的影响，上海爆发抵制美国货的游行，血气方刚的杜月笙也跑去参加，结果被老板逐出了水果店。饭碗砸了，潦倒之际，当年同在"鸿元盛"当学徒的大师兄王国生满师，自己另开了一家"潘源盛"水果店，就让杜月笙在他店里当店员，按月领一份薪水度日。

杜月笙在这家水果店待了三年。因为脑瓜活络，即使是烂水果，杜月笙都有办法推销。据说，他有一手削烂梨的绝活，一只烂梨一剜、一削、一转，眨眼之间果皮被均匀地削下，一刀到底不折断，就剩下雪白的梨肉，因此还得了一个"莱阳梨"的绰号。但这种安分并没有持续多长时间，到街头拓展批发业务的杜月笙，因为嗜赌成性，经常偷拿水果店的钱当赌资，再次迷失在了上海的花花世界。

此时，久经江湖的杜月笙终于悟出一个道理，要想在上海滩站住脚，混得出人样，就必须要有靠山，于是决定拜"老头子"，入青帮。

青帮是 19 世纪末崛起于上海的一股民间帮会，其起源可以追溯到清乾隆年间的漕运。在京杭大运河上运送"皇粮"的漕运水手，以及沿途码头为船队服务的苦力们，为少受些欺负而秘密地结社。它像是早期的工会组织，是为了更好地谋生而自发成立的有着互助性质的水手团队。因此，帮派很大程度上是劳工们互助合作以对抗压迫、风险的产物。

粮船水手的生活十分清贫，他们只有半年的工钱，空船回来时没有收入，他们便利用空船之际倒卖一些南北商品，谋取钱财。后来他们发现了一个很好的生财之道——夹带私盐贩卖。盐是政府管制物品，贩卖私盐者，官府一旦查处刑法极严，于是原本松散的类似工会的组织结构便开始严密起来，甚至约定了帮规，此时的漕帮隐隐有了与政府对抗的意味。

19 世纪中叶，黄河改道，运河缺水淤塞，又加上太平军占领南京，漕运凋敝。1848 年,清政府将河运的漕粮改由海运并遣散水手,一些水手只好上岸成了游民,于是漕运所经之地,到处聚集着失业的船工。他们失去了"饭碗",挣扎在生死线上,情绪激愤。1949 年 3 月,一些船工在青浦县与英国传教士发生了冲突,引发了众所周知的"青浦教案"。教案发生时,青浦一地聚集着 37 艘停运漕船,700 多名水手。

英国人借此调遣军舰封锁上海港,不放一艘中国漕船离港。当时,黄浦江上停泊了 400 余艘运粮的漕船,按每艘有水手 20 名计,400 多只漕船就相当于有八千多人。人数如此之多,竟被几门大炮弹压得丝毫动弹不得。

案件最终以中国船工的受辱告终,失去生计的船工和农民,无奈以流浪者身份进入城市谋求活路,形成了一个游民阶层。他们中许多人转行,往返两淮,成为私盐贩,兼营打家劫舍的勾当,在苏北逐渐形成一个新的秘密社团——安清会。

到 19 世纪末,海禁开通,大运河上的漕运彻底终结,取而代之的是以上海为起点的海运。上海成为了漕运系统的新枢纽,大量与运河漕运有关的人,在上海的码头、货船上重新找到工作。此时,恰是上海的资本主义经济腾飞的时期,大量农民涌入上海,弃农成为新兴的产业工人,一个庞大的以劳工为主的无产阶级群体因此形成,"安清会"等行帮自然是其中组织性最强的力量。

从 1843 年,英国人迫不及待地在上海外滩建立了中国第一个租界后,上海县就开始了裂变,它不再是一个城市,而是三个,即华界、公共租界和法租界。这三个圈有沟通,但也各有自己的行政、司法、治安系统,它们的合作有时远比一个国家中的三个城市间的联系要艰难得多,因为动辄涉及国际关系,所以即使两个外国租界之间,交流也相当不畅。一个可以说明的细节是,直到 1925 年"五卅"运动时,法租界与英美主导的公共租界之间还没有直通电话。

上海开埠后,政权系统的分裂、租界的自治管理模式以及运河漕运的解体,三方面的因素是促成上海青帮形成的真正原因。在政治分裂、官方治理能力低下的时代,民间社会的自治力量就会发达起来,结社成立会馆、公所。其中一些心术不正者,聚伙结会,从事偷盗、抢劫、贩毒等活动,这些人就是近代上海黑社会的基本组成。此外,广东、福建等各地盐枭、游勇、匪患等社会黑势力也涌入上海寻找机会,他们或秘密结成会党,或混入会馆、公所并以此为落脚点,在上海与租界间如鱼得水。他们逐渐融合,结成了一个属于天地会系统的秘密团体——小刀会。

根据历史学家的调查,天地会、洪门或小刀会,其实与台湾"反清"的郑氏并没有太大关联,而是贫富差距、社会矛盾积累的产物。他们成立的初衷都是为了保护自己,反抗不公平的待遇。所谓"反清复明"的政治主张,只不过是一个"造反有理"的口号,仅为证明其存在的合法性。

一帮人因为被欺压,或是为了某些需求聚集起来,成为一种势力之后,如果要维持下去就一定有其独特的生存之道。因利益而生,因利益而起,因此每当社会有矛盾的时候,这些团体就会揭竿而起。

1853年(咸丰三年)9月7日,对外称"义兴公司"的上海小刀会,发动武装起义占领了上海。与国内其他地方的会党相比,上海小刀会的一个显著特点是,它是更接近于现代帮会的城市型会党。其成员多为来自粤的失业水手、船夫以及游勇。他们各自又有自己的势力:广东帮有香山派、嘉应派;福建帮有同安派、龙溪派、兴化派;上海本地发展的有庙帮、塘桥帮、百龙党、罗汉党;等等,其人员复杂,简直可以说是一帮"乌合之众"。由于会党复杂,刘丽川发布的命令如同一张废纸。从某些意义上讲,小刀会并不是纯粹的农民起义,或许用外地游勇策划的城市暴动来形容会更合适些。

有史书称小刀会起义是"太平天国运动的一个重要组成部分"。其实小刀会与太平天国在组织上毫无任何联系。值得"玩味"的是,小刀会占领上海建立了"大明国"政权后,不久就改用太平天国纪年,为首的刘丽川也自称"太平天国招讨大元帅",以"未受臣职"之名上书洪秀全表示愿接受领导,试图融入太平天国运动的洪流。然而,风头正劲的洪秀全根本不买这个"编外大元帅"的账,且对上海小刀会打天国旗号勃然大怒。

在小刀会革命中,唯一的受益者是保持"中立"的租界。它们不仅因祸得福"繁荣"起来,而且趁火打劫掠去了中国的海关权、行政权和司法权。

由于有大量粤闽籍商民牵涉到小刀会起义,起义被镇压后,粤闽人被逐出县城,不准在城内居住,以使秘密会社难以在上海立足。但广东人的外贸经验以及洋行买办身份庇护,让粤商一时免于被完全清洗。

福建人则没有那么幸运,1853年的小刀会起义成为他们在上海的命运转折点,清军对闽人进行了残酷无情的镇压。黯然神伤中,他们重拾漂泊海外的传统,放眼南洋,形成了一个庞大的移民潮。一个多世纪后,人们发现,我国台湾地区的蔡万霖、王永庆、辜振甫,新加坡的黄廷芳、李成伟,马来西亚的林梧桐、林国泰,菲律宾的陈永栽、郑周敏,印尼的黄奕聪、林天宝,这些世界级富豪的"根"皆在福建。

小刀会失败后,原本欣欣向荣、派别林立的洪门在上海衰败。在晚清社会,有一句流行的话"红花绿叶白莲藕,三教九流本一家",指的就是洪门、青帮和白莲教,俗称"青红白"。洪门是江湖三大社团的老大,也称为天地会、三合会,口号是"反清复明",彼此间以兄弟相称;青帮控制漕运,因此也曾被称作漕帮,会众以师徒相称;白莲教盛行北方民间,带有宗教色彩,内部实行家长制管理。

中国的秘密会社,在地区分布上,教团主要分布在北方,会党则活动在南方,因此有"北教南会之说"。

根据清代官方记录,洪门出现的时间约为乾隆中期,是当时最大的地下秘密反政府团体,尽管洪门没有统一的组织,也不存在中枢管理机构,却也不是一盘散沙。在通信不发达的年代,洪门制定了一套暗语和手势来进行敌我识别。

农民起义也好,流民起事也罢,自下而上的社会革新总是会充满血腥的暴力色彩。上海小刀会的起义,使得腐朽的清政府一步一步走向衰弱,但也伤害了民众。作为战争的另一方,上海道台吴健彰率领清军攻城,为了切断小刀会的后路,竟然放火焚烧县城店铺民房,上海百年老城尽被战火损毁。英国创办的《华北捷报》都大叹可惜,"祸首竟是一个理应保护而不应破坏同胞财产的人",认为吴健彰是一个"完全失掉民心的道台"。上海籍学者、档案专家姜龙飞对此不禁怒言:"攘外无能,残民有术,中国的政治生态何以总是培植这等谬种?"

"革命"是一把双刃剑。

内外交困之下,清政府迫不得已搞了一个洋务运动,带来了所谓的"同光中兴",但此时的清政府,空有四亿人口的市场并延续着世界领先的 GDP 数字,却已经丧失了近代的最后发展机遇,而沦为帝国主义刀俎下的鱼肉。就在第二次鸦片战争结束那一年(1860 年),英国占世界制造业产量的份额第一次超过了中国(19.9％对 19.7％)。

连年的兵变和时局的动荡,上海洋泾浜北边那块原本不怎么有吸引力的荒滩,忽然变得诱人,人气骤升。英美法租界的总面积,从开埠之初的不到 4000 亩,乘机扩展了 12 倍,在上海老城的卧榻之侧,方圆 10 公里的租界成为了"十里洋场"。可以肯定地说,上海租界的发迹,实际上没有用过西方列强的一分钱。

租界是用中国人的钱建起来的,但它的管理方式是西式的。上海的存在,给中国民族工商业提供了一个窗口和机会。因为有了上海,清朝的洋务运动便有了最佳的承载载体。李鸿章开办的江南制造局、机器织布局、轮船招商局等,都是在上海起步。其中,轮船招商局更被李鸿章视为是"开办洋务四十年来最得手文字"。

在时局跌宕、法律失效的时候,另一种秩序就会浮现出来,那就是江湖的规矩,谁的势力大谁便拥有发言权。在租界这块土壤里,敏感的人们不难观察到,处于急速变化中的近代中国社会,由于某些政治大环境的因缘际会,黑社会的因子已悄悄地种下,并迅速破土萌芽。

凭借黄浦江畔的独特"风水",大量帮会云集上海滩。在整个 19 世纪 70—80 年代,黑社会处于小团伙作案阶段,主要手段是偷窃、诈骗、开赌场、贩卖人口、承包烟馆、收保护费等勾当。另有一些人开始与租界内的洋行合作,在码头上毫无顾忌地运输和销售鸦片,这种"洋药"已经替代私盐,成为各帮派间趋之若鹜的大生意。

此间,上海最赫赫有名的人物,是一个会拳脚的山东马贩子,他的名字叫马永贞。在诸多影视剧中,马永贞被塑造成了上海滩的一位悲壮式英雄,原因是马永贞漂泊上海十里洋场时,做了两件轰动沪上、大快人心的事情:其一是在租界跑马厅的秋季赛马会上,战胜两届赛马冠军英国人史蒂夫;其二是以查拳击败了号称"无敌"的西洋拳击者。

这两件"教训"洋人的事情,让马永贞声名大噪,但他实际上是个飞扬跋扈、依靠着帮派身份,以欺诈恐吓谋生的江湖中人。

大上海是英雄地,也是英雄冢。1879 年,一位叫顾忠溪的马贩子,拉着 30 匹马到上海贩卖,马永贞闻讯后仗势讹诈,同时提出要"借用"顾忠溪随身的一名俊美男童。顾忠溪也是行走江湖多年,绝不轻易向别人低头,于是双方结仇。

4 月 13 日,"过江龙"顾忠溪和"地头蛇"马永贞各带了 10 多号人,在南京路一洞天茶馆"吃讲茶"。江湖有江湖的规矩,所谓"吃讲茶",就是甲和乙发生冲突了,第三方的和事佬出面请双方喝茶调解,甲、乙的茶分别是红茶和绿茶,如果双方达成谅解,就把茶调和在一起,大家喝下意为和好,如果谈不拢,就杯子一摔决斗。

马永贞和顾忠溪坐定后,几句不合便摔了杯子开始斗殴。顾忠溪纠集的打手马连撒出一包石灰粉,让马永贞的眼睛睁不开,再用刀劈砍他的双腿。一身武艺的马永贞,就这样被一把石灰彻底击溃,当夜便伤重致死。

昨天还在上海滩叱咤风云,今天就诡谲地结束了江湖生涯,马永贞成为旧上海黑社会最耀眼、最短命的流星。

京杭大运河的南端杭州,是青帮始创者的"家庙"所在,在失去河运漕粮的工作后,他们中的一大批人迁移到了海运的起点——上海。另外一支最早进入上海的青帮,是来自镇江、扬州和苏北运河沿线的苏北帮。他们在这个远东第一大城市,成功地适应了口岸城市的近代化变化,突破原有水手组织的局限,广纳下层民众,将大量无产阶级产业工人、第三产业服务人员吸收了进来,由一个船帮迅速演化为城市帮会,成为上海滩举足轻重的民间势力。

苏北帮的领头大哥叫徐宝山,是镇江丹徒人。和马永贞一样,徐宝山也是臂力过人,刀枪剑棍无所不精,每次械斗都能以寡敌众,因此江湖号称"徐老虎"。徐早年在江淮一带以贩卖私盐为生,但他不是普通的私盐贩子,而是一个有理想有抱负的"盐枭"。徐宝山加入青帮后还联络洪门,创设"春宝山"山堂,建立了一支颇具实力的帮会武装。1899 年前后,徐的名声已响彻长江中下游的江河沿岸,拥有走私盐船 700 余艘。

在一帮土匪、帮会头目中,徐宝山算得上是一个政治嗅觉比较敏锐的人。他非常注意时局的变化,善于在各种政治势力之间周旋,他甚至还支持过维新变法。1900 年,徐宝山接受清政府招抚,帮助清廷控制水陆地方治安;1911 年辛亥革命爆发,徐宝山时年 45 岁,已是称霸一方的地方军阀了,他眼见反清浪潮不断高涨,便倒向革命势力,加入了黄兴组织的北伐联军,被孙中山任命为扬州第二军军长;1912 年 3 月,南北和议达成,孙中山让位,见风使舵的徐宝山又投靠袁世凯,杀害了不少革命党人;次年,被人用计炸死。

1843

　　革命不是请客吃饭,有时候也需要一些小小的手段。在不能发动群众,又策反不了军队的情况下,帮会就会成为革命党人利用的王牌。

　　当时,革命党人主要是由青年知识分子和留学生构成,他们缺少同广大工人、农民的联系,而帮会恰恰弥补了革命党人群众基础薄弱的不足。海外的华人帮会,不仅在经济方面给辛亥革命以财力支援,并且还亲自参加武装起义。例如黄花岗七十二烈士中,即有洪门子弟。

　　可以说,帮会在辛亥革命中的作用不容忽视。正因为如此,辛亥革命的成果,真正落到革命党手中的微乎其微,很多原本并不革命的人,包括袁世凯在内,城头变幻大王旗,从清朝政府的旧官吏摇身一变为民国的新官僚。所以,辛亥革命最初的几个月里,中国最大的奇观就是一下子冒出许多都督。

　　武昌一声枪响,同盟会的陈其美在上海,发动上海商团、青帮及部分青年与江浙革命党人于 11 月 3 日起义,攻打江南制造局,以控制武器库。青帮通字辈的刘福彪,在起义中身先士卒,率领 300 位敢死队队员担当起突击队,猛攻制造局。在两度失利的情况下,陈其美只身进入制造局劝降,结果反被扣押。光复会领袖李燮和、商团首领李平书闻讯后,随即率领光复军驰援,并攻下制造局,光复上海,救出了被捆缚的陈其美。

　　3 天后,起义者开会推举沪军都督,原定由光复会的李燮和担任,同盟会的陈其美为军议长,不想青帮人物大闹会场,硬生生将陈其美推上了沪军都督的位置。据《辛亥革命七十周年》记载,刘福彪原在会场内靠墙站着,突然高举一颗手榴弹,高呼"陈其美吃了苦头,现在给他做军议长太不公平,都督非选陈英士不可,否则我手榴弹一扔,大家同归于尽"。为顾全大局,李燮和"力示谦逊"退出了。就这样在青帮"兄弟"的力挺下,志在必得的陈其美顺利成为沪军都督。

　　陈其美以革命者身份,拉拢了青帮与大地主、大商团。辛亥革命初期,在沪军都督帐下,陈其美为国民党的崛起网罗了一批中坚力量,如黄郛、何应钦、戴季陶、邵元冲、吴忠信、张群……这些人堪称后来国民党的中坚。另外,还有一个不得不提的人物就是蒋介石,陈其美不仅是蒋介石的结拜兄弟,而且还是他加入同盟会的介绍人。陈其美和蒋介石的关系深厚,陈其美的侄子陈立夫、陈果夫后来成为国民党政府的要员,纵横官商两界。

帮会凭借自己独特的组织网络和社会关系,为革命党人搜集情报,提供保护,甚至捐钱输财,提供避难所和秘密据点。因为得到青帮这一强大民间力量,陈其美虽然革命有功,但在剪除党内异己以及"生活作风"问题上,一直被同仁和后人诟病。除了刘福彪之外,应桂馨是陈其美倚重的另一位青帮大佬。应桂馨曾是陈其美的谍报科长,当孙中山从海外回到上海,负责接应和保卫工作的就是应桂馨,他还随行护卫孙中山去南京就任临时大总统。

由于帮会庞杂且人数众多,以革命的"功臣"自居的帮派人员四处滋扰社会、欺行霸市,引起了各阶层的不满,纷纷要求军政府予以打击和取缔。出于自身利益的考虑,1912 年 7 月,上海青帮、洪门和哥老会联合组成一个"中华国民共进会"的准政党。在陈其美的鼎力扶持下,应桂馨战胜多个比他有名的帮派大佬,当选会长。

共进会成立后,公开呼吁会内同人今后"痛改前非,从慈为善,共守法律,同享自由"。然而,所属帮派岂会因为换了件马夹就乖乖弃暗投明,相反,他们打着该会旗号网罗门徒,欺行霸市,更加肆意猖狂,共进会成立不久就变得声名狼藉。

陈其美等人试图把旧式帮会改造成新式社团,实则对黑社会介入政治斗争和最后失控起了推波助澜的作用。依附政治力量的帮会,一改往日"非主流"的形象,一方面与国家政权分享权力,另一方面在政府不能满足其欲望与要求时干着颠覆政府的勾当。帮会的存在及其活动,不仅挑战了中央政府的统治权威,而且为各省欲稳定地方秩序的新统治者所无法容忍。为了巩固新生的政权,恢复社会秩序,各地军政府只好采取了打击帮会的政策。

1912 年 11 月 9 日,民国政府颁布法令,宣布解散包括帮会在内的秘密结社。改造会党的努力失败,继而又遭到主流社会的打击,为了寻找出路,帮派再次转入地下,攀附军阀官僚,逐渐从原来下层群众的组织,蜕变为权贵者的爪牙和工具。

1913 年 3 月 20 日晚,上海沪宁火车站的几声枪响,彻底改变了民国宪政史的历程。受北洋政府密令,应桂馨指使刺客武士英刺杀了国民党领袖宋教仁,全国舆论大哗。应桂馨自认有功,公然前往北京向袁世凯邀赏,结果被灭口,死于北上京津铁路的头等客车中,共进会也随即被当局通令取缔。

应桂馨虽然是帮会身份,却是个货真价实的革命党人,宋教仁被暗杀,陈其美也难脱嫌疑。不过正所谓"算人者,人亦算之",不久,陈其美也被刺身亡,历史的天平上颇有些因果循环的味道。

民国初年,中国的帮会势力迎来了黄金期,而上海则成了他们的圣地。他们依附于某些政治组织,深知和政府分享权力的重要性,同时也清楚这种权力的边界在哪里,所以很少会提出自己独立的政治主张。

遭陈其美的策划暗杀,徐宝山被炸死后,其下属张仁奎收拾"春宝山"残部,带领苏北帮转战上海滩,开香堂,广收弟子。上海滩的流氓也终于找到了"组织",纷纷加入青帮。

江湖人推崇"桃园结义",歃血为盟"拜把子",青帮特别讲究论资排辈,强调拜师如拜父,一日为师终身为父。为此,特别定下了"清静道德,文成佛法,仁论智慧,本来自信,元明兴礼,大通悟学"24个字作为辈分排字。到了清末民初就是"大通悟学"这四个辈了,徐宝山、张仁奎都是大字辈人物。

按常理,新人入伙应从低级别的身份做起,然而有一个人,一旦加入便迅速被青帮收纳为最高等级的大字辈成员,此人名叫袁克文,他的父亲则是当时朝思暮想着要做皇帝的袁世凯。"太子"入帮,从中也可看出青帮这一江湖组织,此时已不仅仅是个打酱油的角色。

事实上,张仁奎的名气,并不在于他做了惊天动地的大事,而是他的徒子徒孙遍布军政商学界,而且多属社会名流。张仁奎收徒弟相当讲究,要是觉得对方有些才干,投的帖子就收了,如果是个招摇撞骗的混蛋,立马赶人。

山东省主席韩复榘、国民党高级将领蒋鼎文、上海银行公会会长陈光甫、交通银行总经理钱新之、中央造币厂厂长韦敬周、上海市长吴铁城……这一长串闻人名字,都在张仁奎收下的拜师帖名单中。后来崛起的青帮"上海三大亨"与张仁奎也颇有渊源:黄金荣是他的弟子,杜月笙是他的徒孙,张啸林则是他的师侄。以至于连蒋介石都给他三分薄面,称他为"张老太爷"。民国年间,上海滩各帮会一旦与军人政客发生矛盾,几乎总是要找"德高望重"的"张老太爷"出面调解。

当年,杜月笙为了寻找庇护伞,拜"通"字辈的陈世昌为"老头子",加入了青帮,因此到了黄金荣门下当跟班。黄金荣是虞洽卿的宁波同乡,此人从光绪十八年(1892年)起任法租界巡捕房包探,后升探目、督察员,直至警务处唯一的华人督察长。"一战"后,因维持租界治安有功,被聘为法租界公董,领少将衔,是华人获得的最高职位。幕后,他收罗门徒过千人,操纵上海滩的鸦片、赌博等黑色生意,在当时已是有名的"大亨"级人物。

20世纪初,上海像磁铁一样,吸引了大量四面八方的移民来此谋生。据统计,从1910—1930年,短短的二十年内,上海的人口从100万猛增到300万。随着人口的急剧增加,租界内的社会治安问题日益突出。尤其是在十六铺、郑家木桥、洋泾浜沿岸、苏州河畔、八仙桥这些"三不管"地段,地痞流氓势力迅速蔓延滋长。上海因此成为了青帮的欣荣之地,据统计,当时全国青帮大字辈的"老头子"仅存100余人,上海就有39人,占到大字辈总数的四分之一。

起初,公租界和法租界分别从印度、越南调来一批人,负责治安巡逻,但是因为语言障碍,租界当局不得不招募华人做巡捕,他们尤其喜欢招募熟悉当地情况的"地头蛇",让他们充当"包打听"。

在租界中,如草丛生的妓院、赌场、烟馆……成为了黑帮社会孳生的温床,而租界当局则扮演了助产师的角色。地痞流氓、帮会分子这些暗势力,不仅没有成为治安机构的打击对象,反而成了维持社会治安的依靠力量。当时上海的英国总领事就曾向国内汇报说:"青帮大亨们运用中国方式处理中国民众的纠纷时是十分有用的。"在民国时代的上海,民间社团的发达程度可以说是空前绝后的。

在这种匪夷所思的"默契"下,黄金荣以租界巡捕的"合法"身份,大肆发展自己的队伍。尽管名号在江湖人尽皆知,但黄金荣却从未正式投过贴子加入青帮,按"帮规"属于没有名分、没字辈的人,但他自恃权势,不仅广收门徒,还公开宣称:"老子要横在大字辈头上一笔,是天字辈。"

为了进一步扩大势力,免落青帮人的口实,黄金荣嘴上还是认了张仁奎为"老头子"。鉴于黄金荣在上海滩的势力,青帮也就只好默认,无法和他较真,张仁奎自然也乐做这个人情。黄金荣收徒弟认钱不认人,只要肯送礼就来者不拒,写一张帖子,上写"拜黄金荣为老师",下写"门生某某敬拜",即可成为师徒,打破了青帮繁缛的入帮礼节。因此,黄金荣的徒弟不下两三千之众,各色人物一应俱全。

在青帮成员的推荐下,杜月笙进入黄公馆混饭吃,由于得到黄金荣老婆林桂生的赏识,从此青云直上,很快就由跟班上升为鸦片提运,并负责"经营"法租界三大赌场之一的公兴俱乐部,成了黄金荣最得力的心腹帮手。

杜月笙常说,英雄不怕出身低,关键要有一个好脑子;人活在世要靠两样东西,胆识和智慧。杜月笙一方面替黄金荣办事出主意,另一方面靠抢劫鸦片烟土自立门户。杜月笙的鸦片生意越做越红火,他的势力很快与老板黄金荣旗鼓相当。在夺得鸦片贩运的垄断权后,为了使鸦片生意不断扩大而且能够合法化,杜月笙便伙同黄金荣、张啸林于1918年成立了"三鑫公司"。

青帮经营的三鑫公司,实际上是帮会、鸦片商以及租界当局利益妥协的产物,垄断了鸦片的运输、包销等业务,成为了近代中国最大规模的贩毒集团。它如同一家保险公司,专收鸦片运销的保险费。凡进出上海的鸦片和其他毒品,均由三鑫公司提供保护,每箱鸦片抽10%的保险费,作为公司收入,如发生被窃,即由公司赔偿。

垄断之下,它的年收入相当于当时政府财政收入的六分之一。其暴利之令人咂舌,不禁让时人感叹,在上海滩,唯有三鑫公司一家,能被人叫一声"大公司"。黄金荣、杜月笙、张啸林,"上海三大亨"由此诞生。

杜月笙(右)与黄金荣(左)、张啸林(中)并称旧上海滩三大亨

为了取得"上流社会"的支持,杜月笙一改传统流氓身着短打、手戴戒指、卷袖开怀的打扮,刻意地一年四季身着长衫,不论天气多热,长衫最上面一颗纽扣也从不解开,给人以文质彬彬的印象。同时,他利用各种机会,广结名流,除了国学大师章太炎,杜月笙还结交了学者章士钊、名士杨度、诗人杨千里、才子杨云史、教育家黄炎培等,有人称他是"当代春申君"。

此时,在杜月笙身上却再也找不

到那个水果小贩的影子了,他产业也早已打通黑白两道,扩展到金融、纺织、航运、面粉、教育、报业等领域,成为名副其实的大资本家、实业家了。以至在上海,杜月笙成了"路路通",有所谓"杜先生一句话,人人都要买他的面子"。而他对黄金荣的称呼,也由"黄老伯"逐渐变成"金荣大哥"。

1931年6月,杜月笙为了炫耀显赫,在浦东高桥买地十余亩,修建杜氏家祠。章太炎发挥专长,亲自为杜氏修订家谱,"考证"出"杜之先出于帝尧"。当时的"杜祠落成典礼",简直是上海开埠近百年来最热闹的几天。政府官员、商界人士、工会代表、警察、青帮徒众……上万人列队而行。一路鼓乐齐鸣,鞭炮震天,所经之处交通断绝,黄浦江畔特备了140艘汽轮做摆渡船。

庆贺的队伍前面抬着各界要人送的大幅匾额:蒋介石送的是"孝思不匮",张学良送的是"好义家风",吴佩孚送的是"武威世承",段祺瑞送的是"望出晋昌",甚至连西藏的班禅额尔德尼都送来"慎终追远"的匾额。典礼期间,几乎全国所有的京剧名角如梅兰芳、马连良、程砚秋、尚小云等人都被邀请来,组成了中国京剧黄金时代的"梦之队",珠联璧合搭台唱戏,轰动沪上。

一条泥鳅修成龙,杜月笙缔造的从赤贫到暴发的"海上传奇",如同摩根、福特、洛克菲勒等人是"美国梦"的象征一样,成了当年上海滩十里洋场的"励志"代表。

1937年7月10日是上海市政府成立十周年的日子,上海市政府举行了盛大的庆祝会。然而,就在3天前,日本军队在北平卢沟桥发动"七七事变",中国由此卷入一场长达八年的艰苦抗战,上海亦不能幸免。

11月8日,上海沦陷,南京政府决定内迁重庆。为了阻止日本海军大规模溯江西侵,蒋介石提出了封锁长江的"江阴沉船计划"。杜月笙的大达公司和虞洽卿的三北公司身先士卒,将一艘艘轮船行驶至江面,"殉葬式"地凿船沉江,以阻塞长江航道来阻敌。

从抗战开始,租界先是变为"孤岛",到"二战"全面爆发,租界又被日军占领,后被汪伪政府收回;抗战胜利后,租界再未恢复,上海市政归于统一。尽管杜月笙率领的青帮在抗战期间积极活动,在情报、物资等方面大力支持国民政府,为抗战立下了功劳,但仍免不了兔死狗烹的命运。

当租界等外在条件相继丧失,青帮的利用价值迅速下降,由盛转衰,直至灰飞烟灭。"沦陷时上海无正义,胜利后上海无公道。"杜月笙对国民党的愤恨与日俱增,"过去帝国主义统治租界时期还有些建设,秩序也比较好,国民党来了以后只知道要钱"。他甚至还说蒋介石拿他当夜壶,用完就往床底下一扔。

1949年,国共两党进行最后决战。杜月笙观察着形势,知道必须再作一次重大选择了。青帮三大亨中,张啸林在抗战期间投敌卖国,1940年被"锄奸";黄金荣不愿以八旬高龄流寓海外,已决定留在上海;杜月笙也考虑留下,但他有沉重的历史包袱:1927年"四一二"政变时,和蒋介石取得默契的杜月笙,部署众徒杀害了包括上海总工会委员长汪寿华在内的众多共产党人。

经反复权衡,杜月笙决定远离政治漩涡,离开上海。1949年5月1日,辞别黄金荣后,杜月笙举家登上了拥挤的荷兰"宝树云"号客轮,驶往香港。当轮船经过黄浦江,行至吴淞口,老病的杜月笙伫立船头,望着昔日赤手空拳打下的一个花花世界,如今都被风吹雨打去,唏嘘不已。

1951年8月16日下午,在销毁了历年别人写给他的所有借据后,63岁的杜月笙咽下了最后一口气,临死前他对子女说,"我不希望我死后你们到处要债"。最后,杜的骨灰被带到台湾安葬,安息在台北县汐止秀峰小学的后山上,而他的遗愿是葬在上海浦东高桥,至今没有实现。

上海青帮的"海上传奇"就此谢幕。

融合，燎原的星火

被冲击的眩晕，激荡成一片厚重的历史尘埃，
为繁华上海滩留下点滴沧桑。

一

报业繁茂
【"申报纸"的大变局】

　　1949 年 5 月 25 日,国民党上海守军土崩瓦解,解放军于夜半攻入市区。那天晚上,望平街上的《申报》和《新闻报》都在准备出版第二天的报纸,因估摸不准天亮后的上海市究竟是谁当家而难以定版。《新闻报》头脑活络,做了两手准备,一个版是用国民党口吻报道的报纸,另一版是以"上海解放"为头条版面的报纸。

　　第二天清晨,解放军在十里洋场露宿街头的照片,成了中外各地报纸上的头条新闻。两天后,这座远东最大的工业城市宣告解放。同一天,以杜月笙任董事长的上海《申报》在第 25599 号报刊上,以"沪杭甬路全线打通慈溪宁波均告解放　本市苏州河北

1949 年,《解放日报》在原申报馆所在的汉口路 309 号创刊。

亦以肃清"为标题终刊结束。翌日,在汉口路309号的申报馆原址上,中共中央华东局兼上海市委机关报《解放日报》第一期,以"庆祝大上海的解放"为发刊词,在望平街与读者见面。

1949年5月27日,近代中国发行时间最久、具有广泛社会影响的《申报》,骤然停止了"心跳"。从此,曾经喧嚣激荡的望平街,成为那一张张发黄新闻纸上的斑驳记忆。

望平街位于上海公共租界,曾名庙街,如今是上海市中心的山东中路的一段,它北起南京路,南至福州路,短短的,不过两百米长;同时也窄窄的,只有七八米宽。然而一百多年前,这条碎石铺面的小马路,却是中国报人心中的"罗马"。从19世纪末开始,《申报》、《新闻报》、《国民日报》、《时报》等近百家大大小小的报馆先后汇聚于此,集散信息,形成了中国近代办报高潮。望平街号称"报馆一条街",几乎可以与曾驻扎《泰晤士报》、《每日电讯报》、《独立报》、路透社等报社的英国伦敦"舰队街"(Fleet Street)媲美。

"美国有纽约的华尔街,英国有伦敦的舰队街,而中文报刊的历史上,有上海的望平街。"熟悉中国新闻史的人知道,望平街是一个在中国新闻史上有着举足轻重作用的地方,是一条曾洋溢报纸油墨味的报馆街。

那时,编辑在楼上编报,地下室和后街就是印刷工厂,数以千计的记者奔走于大上海的各个角落。每天晚上,各报社内灯火通明,印刷机飞转,编辑、记者聚集在酒吧、咖啡馆交流信息;晨光熹微,贩运报纸的人把整条望平街挤得水泄不通,成捆的报纸从各报馆运出。在人行道屋檐下,报贩们整理批发来的报纸,转发各处叫卖零售,自成报纸发行中心。

20世纪上半叶,政局剧烈动荡,上海迎来了报业的一个黄金时代。在鼎盛时期的望平街,有四五十家报馆集中于此,俨然是中国信息的集散地,煞是热闹。一些社址不在望平街的报纸单位,都驱车来此发报或设立批销处。1913年曾因为袁世凯称帝摇旗呐喊而挨炸夭折的《亚细亚报》,其报馆也曾设在望平街上,就连其板馆号称"中国第一流之新闻纸"的天津《大公报》,也艳羡这块"风水宝地",于1936年派人马南下上海,到望平街设立分馆。

1945年9月抗战胜利,停办、内迁的报纸回上海复刊,挤得望平街容纳不下,各报只好就近觅址,聚集于山东路、福州路、汉口路、九江路一带办报,于是本来南北走向的报馆街往东北伸展：《正言报》、《文汇报》等在福州路发行；《大公报》、《中华时报》等设馆南京路；《中央日报》、《前线日报》等在河南路营业；《东南日报》跑到了北四川路底的长春路；《新民晚报》则租下圆明园路 50 号怡和洋行的房屋作为社址，另外不少晚报则被挤到了爱多亚路（今延安东路）。在世人眼里，无论这些报馆是否还设在原处，在以望平街为中心的十字形区域里，它们都属于广义的望平街。

曹聚仁认为："短短望平街，代表着西风吹动以来的中国文化，从这一街巷的浪潮上，感受着时代的脉搏。自启蒙运动以来，几乎每一个和政治动向有关的人物，都在望平街上留下了足迹。"

说起老上海的报馆，就不能不提望平街南端的"麦家圈"。1843 年上海开埠后，英国第一任领事巴富尔来到上海，随行仅带了两个传教士，一名叫麦都思，一名叫雒魏林。此二人就是中国近代第一件教案——"青浦教案"的肇事者。

英国是世界报纸业的发源地，麦都思早年在伦敦学会了印刷技术，1815 年他被派到南洋从事传教活动。为了在东亚大范围地推广基督教，教会建立印刷所，大量翻印宗教书刊。在刊印《圣经》和宗教宣传品时，传教士从西方引进了现代印刷技术。

在马六甲学会汉语的麦都思，曾经参与编辑中文刊物《察世俗每月统记传》。麦都思时刻铭记传教士的职责，努力使自己胜任这一角色，从而使自己具有更大的影响力以改变中国。因此，到达上海后，既会印刷技术，又会翻译、编排书刊，再加上有出版工作经历的麦都思，就在上海县城北门外圈了块地，并将南洋的印刷所迁来上海，创办了一家铅印出版机构，起名墨海书馆，用铅字排印圣经和其他宗教宣传单。

墨海书馆是上海有铅印设备的第一家书馆，也是西方人在中国开办的第一家出版社。印刷所的印刷机器十分笨拙，长一丈数尺，宽三尺，旁边置有齿重轮二只，它除备有大小英文铅字外，还刻有中文铅字大小两种，大的等于现在的二号字，小的等于现在的四号字。印刷时由两人掌握，用一头牛旋转机轴，当时人们感觉到很新奇，纷纷前去"看洋相"。

除了建造墨海书馆和天安堂教堂外，麦都思还将设在定海的医院搬至此地,取名基督教医院(今仁济医院),这是上海第一所对华人开放的外国医院。麦都思用篱笆将这些房子围了起来,麦家圈之称由此而来。

为了加快译印西方书籍,麦都思开始聘用中国文人协助译书、编书,并开出了 200 两银子的年薪。如此高薪,比当时上海"县太爷"的工资都高,而且还可携家眷在馆内居住。由此,墨海书馆培养了一批通晓西学的学者,其中王韬、李善兰是最具代表性的人物,太平天国干王洪仁玕早年也曾寄身墨海书馆。他们与麦都思等翻译、出版了许多介绍西方政治、科学、宗教的书籍,如《新约全书》、《博物新编》《植物学》《代微积拾级》《代数学》等。

墨海书馆的印刷技术以及文化传播效用,对上海乃至中国的冲击是巨大而深远的,是为中国第一个近代西学东传的根据地。应该说,传教士的目标是要从宗教上影响中国人,但他们的确也充当了中西方的沟通桥梁,客观上开拓了当时国人的视野,并将上海这个传统文化的边缘城市,变成了新兴文化的中心。

王韬等江南文人在与西方人朝夕相处的交往中,不仅"得风气之先",而且"开风气之先",在感受到中西方的本质矛盾和差异后,顺理成章地产生了危机意识、改革意向以及民族富强的追求,因此成为中国文化系统中率先而自觉的"思变"者。

师从费正清的美国学者保罗·柯文称这些人为"条约口岸知识分子",即生活在最早开埠的通商口岸、近距离密切接触西方文化且对中外文化关系有所思考的中国士人。在近代思想文化嬗兑与回应西潮的历史变迁中,他们无意识地充当了时代的先行者。

代表"西方的"、"新的"、"近代文化"的传教士与代表"中国的"、"旧的"、"传统文化"的秀才们,在开埠的通商口岸交汇,彼此在国家、民族、体制方面进行比较。对中国来说,鸦片战争的军事失败还不是民族的致命伤,最致命的是失败后还不知道失败的原因。而最先发现问题的人,正是这些感觉敏锐的"条约口岸知识分子"。他们受此影响,形成了资产阶级改良思想,并成为 19 世纪 70 年代制度变革的最早倡议者。

王韬很有才华,在落魄时来到了繁华的上海滩,受聘到墨海书馆担任中文编辑,从中国乡间的落第秀才变成了一名秉笔华士,他一生的事业,即发轫于斯。王韬居沪期间,太平天国起义和第二次鸦片战争相继发生,这两件在中国近代史上影响巨大的事件，深深刺激着他。他终于不甘平淡与逍遥，选择了上书朝廷谈政治、评时事。从上海道台吴熙、江苏巡抚薛焕到驻军安庆的曾国藩，在近十年时间，王韬以平均每月上书一封的频率，给当政者送去了洋洋万言的韬略，几乎成了一个上书狂。

然而，天朝权贵不屑倾听草介文人的声音，未得重视的王韬转而作出惊人之举，给曾经共事的洪仁玕出谋划策。1862 年 2 月，太平军兵临上海城，王韬以"黄畹"之名上书太平天国，剖析攻打上海之利弊。不料这封书信被清军截获，王韬转瞬成为清政府通缉的钦犯。当时，英国领事麦华佗为王韬前雇主麦都思的儿子，在他的庇护下，王韬登上了怡和洋行的"鲁纳"号邮轮去往香港避难。

1867 年年底，王韬搭乘普鲁士轮船离开香港，开始了历时三年的欧洲之行，成为近代中国首位出国访问学者。与清政府的懦弱形成对比的是，王韬的学者身份得到了应有的尊重。在英国，王韬应邀在牛津大学以华语演讲，主题内容是"中英通商"和"孔子之道"。根据现有的资料，他是第一位登上英国最高学府讲台的中国学者。

1870 年冬，这个洋人眼中的"华夏第一学者"回到香港，在鸭巴甸街租了一间背靠山麓的小屋，自号"天南遁叟"从事著述。两年后，王韬加盟英文《德臣西报》的中文版《华字日报》，并担任主笔，真正跨入了新闻人的行列。又过两年，王韬干脆赤膊上阵，与人集资一万银元创办《循环日报》。

按美国汉学家柯文的说法，"《循环日报》是第一份完全由中国人管理而取得成功的报纸"，王韬因此被尊为中国第一报人。在《循环日报》上，王韬强烈地批判中国的政治体制，直陈中国的根本问题并不是没有坚船利炮，而在于政治的腐败；指出其腐败根源是延续千年的君主专制，并把中国官场称为"最肮脏的地方"，是一个"孔方兄为之斡旋，阿堵物为之居间"的"利世界"。他甚至"冒天下之大不韪"，写了以《变法》、《变法自强》、《重民》等为题的大量政论文章，高谈变法维新。《循环日报》也成为中国历史上第一家宣扬资产阶级政治改良主义思想的报纸。

当这份"言别人所不敢言"的报纸纵评世界政局，发出维新先声，提出"变法"概念时，10 多岁的康有为还在广东南海老家读书，梁启超才刚刚出生，距离

1898 年那场轰轰烈烈的戊戌变法,尚有二十多年的时光。

1884 年,经李鸿章默许,王韬终于结束了二十三年旅居香港的生活,重回上海。1897 年,王韬的生命走向了尽头。在他死前的三年,在著名买办、《盛世危言》作者郑观应的寓所,他遇见了一个从广东出发向李鸿章上书的南方青年,此人正是孙中山。

在青年孙中山身上,王韬恍然看到了年轻时的自己,欣然答应帮助他修改上书,并托李鸿章幕僚罗丰禄为其转呈。然而,这位官运亨通的中堂大人正忙于甲午战事而冷落了赤诚为国的孙中山。此举令孙中山毅然转向革命。

近代上海的报业,发端于 1850 年。

由于墨海书馆的创设、先进印刷机的输入和应用,颇具商业头脑和信息意识的英国商人亨利·奚安门(Henry Shearman)油然而生办报念头。1850 年 8 月 3 日,亨利在三马路(今汉口路),独资创办了英文周刊《北华捷报》(*North China Herald*)。报纸用的是毛边纸,每期对开一张四页,逢周六出版,是上海出版最早的英文报纸。

在创刊号上,由亨利起草的《告读者书》中写道:"由于上海已开埠七年,上海已成为亚洲第四大港口,我们认为创办一份报刊的时机已经来临。"第一期《北华捷报》印了一百多份,除了发布赛马的消息外,还详细刊登了吴淞口鸦片趸船进出情况。

在后来的十一年中,《北华捷报》成为英国驻沪领署和商务公署刊发各类公告的报纸,几成"官报"。在小刀会起义期间,江海关被迫停业,巡抚吴健彰为尽快恢复征税,答应英美法三国成立税务管委会,请洋人参与上海海关的管理。这份协定最后被三国领事联名在《北华捷报》上刊登,进行广而告之。

1861 年 9 月,对《北华捷报》羡慕嫉妒恨的英国孙天洋行出来搅局,同时创办了英文日报《上海每日时报》和周报《上海星期时报》,还挖了《北华捷报》墙脚,聘请对方的熟练编辑为自己打工。横遭竞争对手"打劫",已磨炼十余年的《北华捷报》迅速应对,1861 年 11 月 19 日推出了上海第一张中文报纸《上海新报》,并首开上海报纸两面印刷的先河。

《北华捷报》推中文报,并非是"急中生智"。此时,上海开埠十八年,租界内已是华洋混居,商业繁荣。《北华捷报》正是看中了商人对信息需求的迫切,决定用中文出一份商业报。为了突出商务性，《上海新报》除了第二版放新闻之外，第一、三、四版都是土地与房屋的买卖和租赁、洋行的经营和商品设置，以及河运交通时刻表等商务信息，是一张十分有用的商报。

原本踌躇满志的《上海每日时报》和《上海星期时报》出师不利，遭遇强烈狙击。刚办报半年，老板就席卷了报馆所有资金，留下一地鸡毛跑路了。两张报纸未过"周岁"就双双宣告停办，成为上海报业史上的第一个污点。

尽管英国人用鸦片和大炮砸开了中国的国门，但也必须承认，那些基督教徒以及英国商人促进了中西文化的交流。当时，中国的知识分子大多醉心科举，以文入仕，且比较清高，羞于提钱，若不是落魄、拮据到不得已的地步，不会卖字为生，而报人在某种意义上是文字功用和商业实利的结合体，清高的文人墨客无人愿意以此谋生，这种冲突构成了近代中国思想文化演进的一个侧面。

《上海新报》开办时，正值太平天国夺取苏杭，并预备进军上海的时期。《北华捷报》与《上海新报》通过发表及时战况消息而发行量大增，同时获得了巨大的广告收益。当时，负责发行《上海新报》的英国字林洋行，意识到在上海办报所蕴含的巨大经济潜力，决定单干，也弄张报纸出来。

1864 年 6 月 1 日，英文报纸《字林西报》悄然在租界上市发行，或许是因为报馆是洋行老板的缘故，《字林西报》格外青睐商业信息，各版面上充斥商业广告和市场行情。除了原本发行渠道的资源外，《字林西报》另一个杀手锏是，与路透社远东分社签订了"独家提供电讯稿 30 年"的合同，垄断了路透社发往远东的新闻稿。这种新闻发布特权让《字林西报》迅速发展起来，成为英国在海外报系中规模最大的报纸。

曾经的发行商变成竞争对手，养虎为患的《北华捷报》无奈将报社重心转向了中文版的《上海新报》，同时聘请美国传教士林乐知为主编。说起来，作为上海第一份中文报纸，《上海新报》该有番大作为，但它的发行量却总是在 400 份内，仅依靠广告维持生计。1872 年 4 月 30 日，《申报》在望平街 197 号创刊，其创办方针是"此报乃与华人阅看"，《上海新报》遇到了真正的竞争对手。

《申报》发行的头三日，每天印 600 份，对上海老县城和租界所有商号赠阅，然后挨家挨户地上门征订，以先看报后收钱的办法在短时间吸引了人气。更为重要的是，《申报》采用了原产中国的廉价毛太纸，每份零售价仅为 10 文铜钱，而采用进口白纸印刷的《上海新报》，零售价为每份 30 文铜钱，成本是《申报》的 3 倍。经过几个月的"血拼"，《上海新报》于 1873 年 1 月 18 日宣告停刊。

在《上海新报》行将覆灭前，林乐知辞去了主编职务，自己掏钱办了一份中文的《中国教会新报》周刊，以刊登教义、教务等内容为主，以显示自己传教士的传教职责。但随着时间推移，林乐知的办报理念逐渐转向，搞起了"综合新闻"，教会内容反而被压缩至很少部分。1874 年，他干脆将报纸易名为《万国公报》，刊登各国的地理、历史、政治、宗教、科学、文艺等进步知识。

转型的《万国公报》成为了"西学新知之总荟"，当时的知识分子如果想要了解西方的知识学问的话，《万国公报》是最佳选择。1899 年 2 月，它是最早把马克思以及《资本论》介绍到中国的报纸。李鸿章、张之洞这些洋务派大臣都是这份报纸的"粉丝"；孙中山不但是其忠实读者，还在上面刊登过两篇《致李鸿章书》；另外，光绪皇帝甚至日本天皇都长期订阅该报。在 1896 年清政府维新新政前后，《万国公报》的发行量达到了 3.84 万份，1903 年更高达 5.4 万多份，成为当时中国发行量最大的报刊。

林乐知的无心插柳之举，最后竟然柳成荫，这份教会报纸对中国有识之士影响深远。1895 年，康有为等人在"公车上书"后不久，也在北京创办了一份名为《万国公报》的报纸，由其弟子梁启超、麦孟华担任编辑，探讨"万国强弱之原"，提出言政敷治的建议，成为中国资产阶级维新派出版的第一份报刊。

《申报》的创办人是同治初年来华的英国人安纳斯托·美查，他在杭嘉湖地区经营茶叶和布匹生意，在商贸交易中学会了汉语，成了一个"中国通"。他发现尽管租界是外国人的势力范围，但是由于太平天国运动后涌入大量华人，因此租界内的中文报纸将会有极大的市场。

谨慎起见，开办前美查派王韬的女婿钱昕伯去香港找王韬帮忙办报，由于被清政府通缉，最终王韬没能回沪，直到十余年后，王韬才解禁回上海，以年迈之身担任《申报》的编辑。

无奈之下，美查连同他的另外两位英国老乡，每人出股白银 400 两筹资办《申报》，美查担任报纸的全权负责人，报纸的总编辑是浙江杭州的举人蒋其章。创刊时，《申报》一度模仿《上海新报》，起名为《申江新报》，但没多久就化繁为简正式定名《申报》。

1843

根据生意场上的经验，美查深知要使华文报纸得以生存和发展，在内容上就必须贴近华人的阅读要求，他对《申报》的定位是：以一般百姓为读者对象的大众化商业报纸。美查颇为信任华人编辑，并放手让他们去做。在价格和营销手段方面，《申报》除了用土纸单面印刷削减成本外，在上海还首创了雇用报童进行推广营销的方式。不仅如此，《申报》还在本埠广设代销点，并派专人负责送报上门，代销点早上拿报，晚上结账，卖不完还可以退还，一时间上海大街小巷的杂货店、书坊、酒店、烟铺等都有《申报》寄卖。

美查还把销售从本埠拓展到外埠，从城市深入到乡镇，在杭州、宁波、苏州、南京、扬州等地设立分销处。到1887年，《申报》在上海之外的分销处达到32处，其中包括北京、天津等地。

由于《申报》竭力推行本土化经营，加上极为有效的商业手段，报纸销量直线上升。《申报》开办4个月便使得销量由最初的600份上升到3000份，逼得《上海新报》不得不宣布停刊，由此《申报》成为了本埠当时唯一的汉语商业报纸。尽管《申报》是以营利为目的的商业报纸，但是自其创办之初就十分注重新闻的真实性，且颇为顾及华人的利益。美查曾对报纸编辑说，"本馆唯执公道，亦所不惮也"，"办报虽要得利，但必要时经济之需，下知小民稼穑之苦"。

《申报》

在创刊前两年，《申报》遇到了两件大事：其一是晚清四大奇案之一的"杨乃武与小白菜冤案"，该案影响之广、时间之长实属罕见，最后还惊动了慈禧太后，而披露冤案真相并弄得妇孺皆知的正是《申报》，其贡献在于让公众对司法起到一些监督作用，使清政府无法像以往一样掩盖冤案；其二是1874年日本侵台，《申报》特别委派记者前往台湾，首次对战事进行特别报道，发表了《台湾军事实录》等战地通讯，一时报纸销量骤增。

《申报》遇到的另外一个时代机遇是，1871年香港到上海的海底电缆铺设完工，电报局随之在上海租界营业。电报的开通无疑是信息传递的革命，对近代报业的影响是无与伦比的。新闻史上"由报社记者亲自排发的、最早的一条新闻专电",就出自《申报》。

《申报》多次因新闻资讯发布之快速而受益。1884年8月5日,中法战争爆发。当时上海风传法国海军正集结于福州外港,准备向南洋水师进攻。8月6日下午6时,《申报》的前方记者从福州发来快电,内容为"驻榕法舰尚无动静"。由于当日《申报》已经交付应刷,为了将消息最快地公布于众,报馆决定将此消息单印,不列入正常的编号,于是这便成为中文报纸最早的正式"号外"。

除了办报,美查还在江苏经营了一家药厂和肥皂厂,公司业绩却都不理想,但报业的生意却蒸蒸日上。1876年3月30日,美查根据钱昕伯的建议出版了《民报》,这是中国第一份使用白话文和标点符号的通俗报纸,为此《民报》刊登启事:"此报非文人雅士而设,只为妇孺佣工粗涉文字者也。"1884年5月8日,美查又在点石斋印书局的基础上,创办中国第一份时事画报《点石斋画报》。随着申报馆的业务规模越来越大,1889年美查遂将旗下资产组成了"美查(兄弟)股份有限公司",总资产达白银30万两。

或许是厌倦了异国的漂泊生涯,将《申报》改组后,美查以10万两白银出售了自己的股份,回英国老家去了。临行前,委托英籍董事埃波诺特总揽馆务,聘请青浦席氏望族的席裕祺当经理,《申报》由此进入后美查时代。

席裕祺和美查是老相识了,设立点石斋印局和出版《点石斋画报》等事情,具体经办人便是席裕祺。1897年,席裕祺突然中风病故,他在弥留之际推荐胞弟席裕福继任《申报》经理,获得了董事会的认可。此时,《申报》已经遇到了经营中的瓶颈,1893年由英国人和华人合资办的《新闻报》在上海滩创刊,面对新的竞争对手,后美查时代的《申报》有些故步自封,以致销量大跌。

报馆创始人不断获利出售股权,再加上经营状况不佳、时局混乱,美查公司有意转让《申报》。席裕福考虑再三,决定以全部家产和部分集资"吃"下《申报》。从1902—1906年,席裕福用四年时间,花了7.5万两白银拿下了申报所有股权,成为唯一的股东。正式转让合同于1909年签订,自此《申报》产权与管理权均由中国人进行掌控,消息传出,轰动上海滩,席裕福也名声大振。

1908年3月,"《申报》之父"美查在英国病逝。在逝世当天,《申报》头版头条刊发公告,并哀悼称美查为"报馆开幕伟人"。

虽然比《申报》晚了二十一年，但到《新闻报》剑走偏锋，通过快速递送到外埠市场发行，成为沪上报纸的后起之秀。但到《新闻报》最终能够和《申报》并驾齐驱，主要是在美国人约翰·福开森买下《新闻报》之后。

福开森出身于美国东部的马萨诸塞州一个牧师家庭，其家族是由加拿大安大略省迁移至美国定居。1886年，福开森受美国教会委派，远渡重洋来到中国传教，他为自己起了一个"福茂生"的中国名字。从1898—1906年，福开森利用他的特殊身份，先后在两江总督、湖广总督、邮传部长身边担任顾问，与洋务派官员盛宣怀、端方等关系密切，他因此获得了清政府特赏的"二品顶戴"；其后的北洋军阀统治时期，福开森又历任段祺瑞、冯国璋、黎元洪、徐世昌等军阀的顾问，在中国近代史上扮演了一个特殊角色。

1899年11月，福开森廉价购进《新闻报》全部股权，开始涉足新闻界。入主《新闻报》后，十分注重经营的福开森对报纸实行企业化管理，然后进口双层轮转印刷机，采用卷筒纸印报，提高报纸质量和印报速度，又自置无线电台，收录电讯稿。报纸的经济新闻广受欢迎，被称为"柜台报"，并成为商家店铺必订报纸。为扩大发行面，该报在全国各地设有分馆、分销处500余所，报纸发行量最高达日销15万份，超过《申报》，成为中国第一家突破10万份以上的报纸。

从开埠后报业发端，到19世纪90年代，上海已完全取代香港、广州，成为全国的报业中心。尤其是一心想效仿日本维新的光绪，这个被"老佛爷"听政、训政的清朝名义领导人，在所谓的皇帝权力范围内，给了民族资产阶级上层一定程度的言论、出版自由，这是中国近代史上新闻最开放的一段时期。

按清朝旧制，四品以下京官、三品以下地方官，都没有资格直接上书皇帝，但光绪采纳康有为"许天下人上书"的建议，允许士民自由上书言事，由此将政府"公务员"们的行为置于民众言论监督之下，此政策被朝廷诸大臣视为"第一切肤之痛"。同时，光绪还准许报刊自由出版和报道。1898年6月11日，光绪颁《明定国是诏》启动变法，诏书中就有"准许自由开设报馆"内容，以此"监督政府，启迪民智"。

为了进一步鼓励和支持报业发展，朝廷还颁布"报纸书籍一律免税"的政策，这种开明自由的传播观念和政策，远比日本明治维新的改革力度大，在现实中积极推动了国人的办报热情，促成了中国近代第一次办报高潮。随着政坛变革、商业发展,报纸才越来越被人们需要,清末民初迎来了报业的一个黄金时代。

据统计,1911 年以前,全国共出版中文报刊 1753 种,其中有 460 种在上海出版,占 26.24%;这些报刊出版形式多样,有日报、周刊、旬刊、月刊、季刊,且报馆主体丰富、多元,商业性的《申报》、《新闻报》,政治性的《时务报》、《苏报》,社团办报刊有《农学报》、《新学报》,传教士办报刊有《万国公报》、《益闻录》,等等,其中许多报纸发行面覆盖全国,影响力巨大。

意识到报纸舆论的重要性后,上海官员再次发挥了"师夷长技以制夷"的策略。1874 年 6 月,招商局总办唐廷枢、上海知县叶廷眷、著名归国留学生容闳、买办郑观应等人,筹备创办了《汇报》,据称是首家中国人自筹资金办的报纸,屡和《申报》开展笔战。然而,这份带有官方背景的中文报纸,其气数命如纸薄。不到 3 个月就改名为《彚(huì 同"汇")报》,第二年因叶廷眷不再担任上海知县,《彚报》又改称为《益报》,最后也仅仅是苟延残喘了几天。《汇报》前后总共办了 11 个月,就销声匿迹了。

《汇报》停刊一年后,上海又出现第二份官办的报纸《新报》。此报创刊于 1876 年 11 月 23 日,由上海道冯焌光拨款,以各省商帮名义创办。冯焌光办报的目的似乎更为简单,当时上海衙门到租界张贴告示时,经常受到租界方面干涉、撕毁。"告示贴不进租界,发行报纸总阻止不了吧?"冯焌光因此决定将告示印在报纸上,送进租界。就在这样的背景下,肩负"告示"使命的《新报》,在法租界宁兴街诞生了。

《新报》创刊时,正值中英赎买吴淞铁路产权事宜,《新报》遂成报纸中的"另类",被视为上海道台的言论机关,连续刊发了《铁路会议条款》、《火轮车路章程告示》等材料。根据报纸内容可知:双方协定,英人修筑的淞沪铁路作价 28.5 万两白银卖给中国政府,款项在一年半内分三次付清。

1877 年 10 月 20 日,吴淞铁路开出了最后一班车,两个月后路轨全部被拆卸,运往台湾修筑铁路。然而,台湾铁路未能即时开工。四年后,有人在台湾的海滩上发现了吴淞铁路的这些设备,此时这些材料几乎成为废品:路轨铁锈、车厢朽烂、枕木蛀空。1883 年,这批材料又被运回上海,然后从上海运到开平矿区作为开平铁路之用。

《新报》没能见证这一幕，1882 年，两江总督左宗棠派邵友濂任上海道台，这位出使过俄罗斯的新道台，上任不久就以"避免出现舆论麻烦"，下令停办《新报》。光绪皇帝的"戊戌变法"仅仅维持了百日就夭折了，"金口"许下的鼓励办报、言论自由，都成为泡影。

变法失败后，慈禧"秋后算账"下令捉拿各报主笔。除托庇于租界和改挂洋商招牌的报纸外，各地报刊几乎全部被封或被迫停刊。1900 年庚子事变，八国联军打进"紫禁城"，开报禁的呼声又在朝野间响起。大势之下，慈禧不得不启动新政。1901 年 1 月 29 日，慈禧以光绪名义发表了一道变法上谕，言及国家之病，有一句字字见血的话："误国家者在一私字，困天下者在一例字。"

这一年，清朝"洋务"官员纷纷出国开洋荤。去日本的官员借考察之名吃喝玩乐，丑态百出，被国内报纸揭露，激起公愤。屡试不第的江苏人李伯元从仕途梦中醒转过来，开始写《官场现形记》。1908 年，清政府颁布《大清报律》，其中的重要一条是，报刊发行前实行事先检查制度，这简直是对舆论自由的最大之阉割。

一时间，上海的报馆几乎都跑进租界，并请一个洋人出面到领事馆注册，以洋商受治外法权保护的招牌，"挂羊头卖狗肉"冒专制之大不韪，继续"有恃无恐"地尽报人天职。而望平街能成为"报馆街"，多少与此相关，其政治宣传方面的独特地位，在清末民初表现得淋漓尽致。最为典型的是中国同盟会早年成员、"中华民国"开国元勋之一的于右任，他在 1909 年屡禁之下屡办《民呼日报》《民吁日报》《民立报》，宣传民主革命，而被称为"竖三民"。

武昌兵变的消息传来后，望平街更成了世人瞩目的消息枢纽。在关注度最高的时期，各报馆通宵达旦，不惜纸墨，不断地发送各类传单，增发号外，供人们在最短时间内了解局势。当时，于右任、宋教仁、陈布雷等人都在望平街上执笔，成就了《民立报》等一批报纸在这段特殊历史时期的辉煌。

谁曾想到，一个世纪前那个积贫屡弱的中国，报界竟然如此强烈地介入革命舆论，并且引导了一场低烈度的国民革命。以至于清朝遗老恽毓鼎总结清亡教训时认为，上海报馆是导致清亡的一个重要因素。他在 1917 年 2 月 8 日的日记中写道："况宣统之季，构乱之奸徒，煽乱之报馆，议和逊位之奸谋，皆聚于此。清室之亡，实亡于上海。"

　　时代更迭，走上独立办《申报》之路的席裕福也历经变迁、浮沉，虽然苦心经营，但资金、设备、印刷、发行力量上的差距，让席裕福仍感力不从心。在报馆发薪水都困难的时候，他甚至接受了上海道的官方贴补，一度使《申报》变成官商合营。1912年9月，在发行量连连下滑的情况下，席裕福甚感难以为继，于是将《申报》全部资产以12万两白银转手。

　　32岁的史量才，在老乡、晚清状元实业家张謇等人的资助下，合股接盘了《申报》，出任总经理。史量才原名史家修，因得张謇"量才录用"的器重而易名"量才"。1915年，张謇等人陆续退出申报的经营，将股份转手售予史量才，于是《申报》的所有股权归史量才一人所有。此后二十余年，史量才成为中国最大的报业资本家，孜孜于经营《申报》。

　　史量才对《申报》进行了大刀阔斧的改革和整顿，高薪网罗人才，并史无前例地设立广告推广科，扩大消息来源和广告范围；为扩大读者面，他还辟出《自由谈》等新栏目以丰富内容，然后请鲁迅、蔡元培、茅盾、巴金等文豪撰稿。在一通快刀斩乱麻的组合拳后，《申报》的销量开始扶摇直上，1916年《申报》的全年发行量达到两万余份。这样一来，不仅稳固了《申报》的大报地位，还将张謇等人在《申报》的股款还清了。

　　正当史量才准备放手创业时，《申报》的二东家席裕福故意找史量才的麻烦，说他卖的是《申报》馆产业，"申报"商标并未卖掉，史量才不得继续用"申报"之名出版。官司打下来，史量才败诉，不得已倾囊拿出24.5万两银子给席裕福，卖下商标。席裕福用这笔钱，于1916年冬另行创办《新申报》，终因经营不善，办了一年多就停刊了，最后病死老家。

　　横遭"打劫"的史量才，并没有颓废，他大胆启用一批干练的管理人才，很快就恢复元气。1918年，史量才斥资70余万银元建造新的报馆大楼，并从美国购进每小时印3万份报纸的新式印刷机，从而使得申报馆的硬件设施在全国首屈一指。同时，业务水平的提高，也使得《申报》的利润逐年攀升，成为上海乃至全中国最大的商业日报之一。

　　第一次世界大战时，史量才趁机从日本购进大量廉价纸张，加以储存，获利颇丰。随后，史量才跨界进行了一系列令人眼花缭乱商业操作，先与南洋侨商黄奕柱共同创办中南银行，发起集股创办民生纱厂；接着协助民国"制药大王"

项松茂扩大五洲药房营业，随后又协助中华书局创办人陆费逵复兴书局……

有了强硬的经济实力，史量才的新闻事业也迅速发展，1926 年《申报》日销量达 14 万份，与《新闻报》一起成为全国发行量最大的两家报纸之一。不仅如此，1927 年史量才买下了《时事新报》的部分产权，两年后的 1929 年，又从福开森手里购进《新闻报》80％的股权。史量才真正成为上海最大的报业资本家，而《申报》也由此开始了一个新的属于史量才的黄金时代。

1931 年"九一八"事变后，主张抗日的史量才不满蒋介石的不抵抗政策，《申报》遂进行大肆抨击，蒋介石对《申报》犹如梗骨在喉。据说，蒋曾约史到南京谈话，警告说："把我搞火了，我手下有一百万兵！"史量才冷冷地回答："我手下有一百万读者！"壮语犯颜，蒋氏遂下杀史之心。1934 年 10 月 6 日，史量才携家眷赴杭州休养，一个多月后由杭返沪，汽车行驶到海宁县翁家埠时，遭国民党军统特务枪杀。一代报人，以身殉报，终年 54 岁。

史量才故去后，其子史咏赓继承父业，而《申报》迫于形势言论逐渐趋于保守，其他各项社会文化事业，也被迫中断或改弦更张。1937 年"八一三"事变后，上海沦陷，《申报》自动停刊，后转移至汉口、香港出报；第二年 10 月迁回上海租界，借美商之名复刊；1941 年 12 月，太平洋战争爆发，《申报》被日伪改组、控制；抗战胜利后，又被视作为"敌产"被国民党接收。

1949 年，一度寻求"第三条道路"的上海报人，走到了十字路口，如果不愿意离开"父母之邦"，就必须在国共之间作出抉择。在中国历史的大变局中，历经坎坷的《申报》，选择了支持共产党新政权。

在生存的七十八年间，《申报》历经同治、光绪和宣统三朝，也见证了辛亥革命、五四运动、北伐战争、抗日战争和解放战争等，在很长一段时间内，《申报》在中国内地几乎成为"新闻纸"的总称和代称，上海等地的江南人更是在近百年来，习惯将所有新闻纸都唤作"申报纸"。

如今，望平街、《申报》之名皆已成上海滩的传说，人们偶然能从一些电影中，依稀听见报童挥舞着《申报》，叫喊着"申报纸，申报纸……"

二

海派滥觞
【东方的西方切口】

　　上海，这座位于长江入海口的、中国极少数名称里带"海"的城市，因枕江滨海的水运之便，元、明时代就已是一个港口商镇。随着执政者的几次开海、禁海，上海的商贸和家庭纺织业等有所发展。

　　1757 年，乾隆一道圣旨从京城传到沿海各省，下令除广州一地可对外贸易外，停止厦门、宁波等港口的对外贸易。此后，又规定洋商不得直接与官府交往，而只能通过"广州十三行"办理一切有关事宜，这一闭关锁国的命令就是所谓的"一口通商"。一度繁荣起来的上海，再次沉寂、衰退。

　　两百多年来，乾隆这道隔绝中外的圣旨，一直被视为是导致近代中国落后于世界的祸根。在此后的近百年间，欧洲诸国多次向中国派出使团，叩击锈迹累累的国门，试图说服清朝皇帝放松外贸政策，进行对外开放，但都无功而返。其中，1793 年英国向中国派出的马戛尔尼使团，无疑是最著名的一次"叩门"，英国人对"拒绝贸易带来好处"的中国人感到莫明其妙。以"天朝不宝远物"自乐的中国人不知道，一场历史性的生死搏斗即将来临。

1843

就在乾隆下旨闭关的那一年，英国与印度在孟加拉地区爆发了普拉西战役，战斗的双方是英国东印度公司军队与印度的孟加拉王公军队，最后东印度公司取得了决定性胜利，占领了当时世界上最大的罂粟种植地——印度。

英国对中国也早已是垂涎三尺。1773 年开始，配备有重炮的英国帆船商队，源源不断地从印度装运鸦片来华走私，不仅使中国每年外流白银 600 余万两，还严重摧残了国人身心。《海国图志》作者魏源对此愤怒地说，"鸦烟流毒，为中国三千年未有之祸"。在走私和禁烟的博弈中，一场浩劫不可避免地到来了。1840 年，英国以"通商"为名发动了中英鸦片战争，最终的结果众所周知，中国的门户被砸开了，广州不再是中国官吏与商人唯一的"发洋财"的地方。

上海的赫然出场，与《南京条约》休戚相关。一次失败的战争，一卷辱国的合约却成就了上海滩的崛起。但是所谓"晚清上海都市化建设的有序推进"，如果从主权意义上区别，这个都市化的建设都只是"租界的"，而不是"上海县城的"。现在的上海市就是围绕着租界开始发展的，原来老的县城反而被冷落了。事实上，后来的历史也反复证实，每次遇到"麻烦"事情的时候，租界总是很容易地从上海分离出去，成为避祸的"世外桃源"。

由于中国现代化运动的"后发"性，中国社会最初的近代物质文明不是内生于自身的社会体系，而是来自于西方物质文明的植入，并与民族侵略历史缠绕、纠结着。与此同时，租界这个"胎盘"又在这一过程中，不断起着发挥、扩散的作用。于是，整个上海都以租界为发展模仿对象，从一个小县城跃升为一座新型的国际都市。到 1880 年上海人口突破 100 万，成长为中国的经济重心、通商巨埠，并在相当程度上也成了中国的文化和政治中心。

从视觉角度而言，城市的改变总是最先从道路和建筑物开始的。英、法、美等国在上海先后划了"圈圈"后，在管理时引入了西方城市建设的理念和规划，使租界城区形成了与中国城镇截然不同的面貌，上海被打上了浓厚的欧美城市的印记。所以，上海在地理上、行政上属于中国，但在气质上绝非如此。在中国，上海就是"西方"。

一位研究城市建筑的学者曾在其著作《一个中国建筑师心目中的双城记》中写道：上海与世界上的许多城市都有相似之处，世界上的许多角落，无论是纽约、巴黎、伦敦、马德里，在上海都能找到它们的影子，可是最相似的却是巴黎。

或许，正因为此，历史上的上海被称为"东方巴黎"。

1849 年 7 月 21 日，第二任英国领事阿礼国将领事馆迁到了外滩，怡和洋行、大英轮船公司、沙逊洋行等洋行，也在这片原本地势低洼、杂草丛生的荒地上，开拓了各自的掘金之路，外滩成了英国在上海乃至整个华东地区活动的中心。

19 世纪 50 年代中期，上海有各式各样的洋行 120 多家，重要的几乎都集中在外滩。根据 1855—1857 年的外滩地图，从毗邻英国领事馆的怡和洋行起，由北至南滨临黄浦江的大洋行有大英轮船公司、沙逊洋行、仁记洋行、琼记洋行、宝顺洋行、华记洋行、旗昌洋行、裕丰洋行……这些叱咤商海的洋行，逐渐在外滩形成了"万国建筑博览群"的景观。相对于浩大的西方文化冲击，万国建筑群和身后的海派文化一样，在上海完成了一场西式建筑启蒙。

还需要提到的是城市的血管——街道，它不仅是宽窄、新旧的物质显现，更是一种神秘而有生命的东西，租界内的每条道路背后，总是附着著名人的足迹、思想的浸润与历史的斑驳，由此形成一座城市的生命气息。

尤其是"法租界"的马路，为了彰显自己的特色，与公共租界以示区别，这些道路的名字大多是法式的，譬如敏体尼荫路、爱棠路、白赛仲路、金神父路、马思南路等，以驻华公使、驻沪领事、公董局董事、旅沪法侨、传教士等人名来为马路命名。其中，最为著名的是以法国元帅霞飞名字命名的霞飞路。这条建于 20 世纪初、横贯法租界的商业大街，以其浪漫和时尚闻名远东，媲美法国的香榭丽舍大道，堪称上海城市的时尚之源。

当初马路命名时，霞飞还专程从法国赶来，参加剪彩。据称，在他还是一个小兵时就来过上海，也算和上海有那么一段不解之缘。其实，不仅在上海，为了纪念这位在"一战"马恩河会战中成功阻击德军的统帅，法国人在上海、汉口、厦门和广州等租借地，都有以霞飞之名命名的马路。

如今，昔日的霞飞路皆已改名，然而名称虽变风情未变，留给人们的是挥之不去的记忆和遐想。原名为福开森路的武康路不到 1.5 公里长，却汇集了世界各地风格的洋房大宅，漫步其间，梧桐扶疏，"上海味道"倏地呈现，过去的故事随着光影浮现。

因为这座城市没有土著的贵族，没有可以求索的谱系，最大的奇迹都是外来的、不知背景的，因此那些精雅的楼房、园林、别墅背后，隐藏着无数令人着迷的神秘故事，而所有这些故事，似乎都凭空而至又忽然飘散，一段段历史最后都附着在了一条条马路、一幢幢楼房上，让后人遥不能望却又触手可及。

"一千年历史看北京，一百年历史看上海。"近代上海在短短一百年内迅速崛起，在中国城市发展史上可谓是一奇迹。

洋人在中国曾是一个享有特权的群体，但他们毕竟是漂洋过海而来的异乡人，始终处于华人的包围中，异乡感和孤立感是无往而不在的。他们不仅直接感受到中外政治、经济上的冲突，而且切身体会到中西文化的对立。尽管他们非常自豪，在半个世纪里造就了一个繁荣壮观的亚洲头号商埠，但身处对立和冲突之中，商业上的成功并没有给他们带来真正的安全感，哪怕军事上的优势也没能化解他们内心的紧张和恐惧。

"无须广泛而亲密的交往，中国人对外国人的态度，无论是官方的还是非官方的，都不是一种尊重，即使中国人不轻视我们，也要处处表现出他们的屈尊，如在恩赐我们，这就是我们眼下的处境。"这是美国传教士亚瑟·史密斯撰写的 *Chinese Characteristics* 一书中的一段话。

在 19 世纪末与 20 世纪交替的年代里，史密斯同妻子在中国生活了二十多年，和其他洋人一样，他在中国屡受中国人的轻视。1894 年，他将自己在中国多年生活的体会记录下来，以《中国人的气质》之名在纽约出版，引起较大轰动，日后被称为是罗斯福总统最喜欢的枕边书、美国国务院人手一册的必读经典，并被译成法、德、日等国文字，广泛传播。

这部一百多年前，由旅华美国人所撰写的书，写出了外国人眼中的中国民族性格：保守、自大，遵从等级而鄙视个人，颂扬顺从而忽略权利，缺乏热情漠视他人……史密斯批评的中国人种种毛病，在经过一次又一次的挫折和教训后，不但没有得到根治，有些甚至愈加严重了。

在 19 世纪以前，中国没有平等邦交的概念，19 世纪中叶，因落后而挨打的中国，有许多的知识亟待补课，然而从皇帝到士绅都急于在军事技术方面师夷长技，但实际最为迫切的莫过于"睁眼看世界"，为确定有远见的内外政策提供可靠的基础。可悲的是，戴着红顶子的统治阶层并不正视自身弱点，"但以垢毁洋人为快，一切不复求知"，愚蠢地排外，设置交流障碍，错过了制度维新的大好

1843

时机。

中国打开国门所付出代价之巨，是世界史上绝无仅有的。事实证明，旧事物的灭亡需要新事物的冲击，同时更需要自己内心的反省和觉醒，两者的结合，才是促成新事物的最佳动力。

尽管与广州相比，上海"吹西风"的时间要晚些，但经历了眩晕与激荡的西方文明冲击后，上海成为习得西方制度精神与文化气质最到位的城市，成为不同制度、文化、宗教、教育、生活方式、价值观念、审美情趣的汇聚地，变得极其复杂，也极为丰富。

近代上海由于一市三治，其社会治安、司法制度与中国其他城市极不一样，"上海人"在华界与租界的缝隙之间，学会了自保，加上市场经济的熏陶，养成了快速应变的能力；商业主义的张扬，使得他们更积极地追求物质上的虚荣；西方人的独立自由与契约精神，又让他们对法治与制度主义有了更加清醒的认识。

紧跟西方的上海，渐渐显出与传统城市截然不同的模样，她不再以中国"小脚女人"的步伐挪动，而是不顾一切地向前狂奔。一时间，黄浦江中汽笛声不断，跑马路旁灯火彻夜长明；西装革履与长袍马褂摩肩接踵，四方土话与欧美语言混杂一处；难民的窝棚和西式的大厦相邻而居。这中间，又涌动着大量的毒贩、妓女、流氓……真是令人眼花缭乱。

但是，正是在这样的一座城市里，一种新兴的文化出现了，人们称之为"海派"。"海派"得名，已有一个多世纪。

什么是"海派"？"海派"一词肇始于中国画，可以说上海的画家群体是"海派"之名的开山鼻祖。嘉庆、道光年间，主流画风衰弱无力，尤其在人物描绘方面存在很大的改进空间；到同治、光绪年代，大批画家为谋生或躲避战乱，纷纷携艺来闯上海滩。在欧美风气的影响下，他们跳出旧的窠臼，在传统中国画基础上吸纳民间绘画的写实成分，同时还吸纳了西洋画中的素描、色彩的技法，由此形成了融古今土洋为一体的海上画派，与以北京为中心的正统宫廷画派形成鲜明的对比，被称之为"海派"。

海派绘画的典型题材是花鸟，其次才是人物和山水，画家中的绝大部分人来自浙江、江苏和上海，具有较鲜明地域性。这些海派画家大都平民出身，以卖画为业，是中国第一批真正意义上的职业画家群体。

1843

自从"海派"大旗被竖起，由于他们卖画为生的身份，"海派"成为一个贬抑之词。时人认为京派是传统的正宗，海派则是叛逆的标新立异，充满浓郁的商业色彩。

事实上，"海派"与"京派"的论争一直是个颇为有趣的话题。最先挑起"京海之争"的沈从文等人，对海派的定义是"道德上与文化上的""恶风气"，是"名士才情"与"商业竞拍"的结合。这场文坛争论之所以引人瞩目，是因为它突破了文学领域而扩展到讨论文人习气与文化作风上来，并且吸引了南北许多文人学者参与争论。

曾分别在上海和北京生活过多年的鲁迅，也加入了这场论战，他在《"京派"与"海派"》一文中写道："北京是明清的帝都，上海乃各国之租界，帝都多官，租界多商，所以文人之在京者近官，近海者近商，近官使官得名，近商者使商获利，而自己也赖以糊口。要而言之，不过'京派'是官的帮闲，'海派'则是商的帮忙而已……而官之鄙商，固亦中国旧习，就更使'海派'在'京派'眼中跌落了。"

应该说，鲁迅的分析是比较公允的，他揭示了京沪两地的社会差异，以及各自对两地文人劣习的深刻影响。其实，海派是一种风格，一种有上海特点的风格，是民族文化融地域性文化并有选择地汲取外来先进文化的统一，单一维度的价值取向，从来不是海派文化的本性。1867 年，京剧传播至上海，迅速在市民中盛行。此时正是第一批上海中文商业报创刊之时。报纸对戏园、演员、剧目等方面的新闻报道，对京剧的风靡产生了推波助澜的影响，使上海成为京剧活动在南方的中心。据统计，晚清时上海正式营业的戏园先后有 120 家之多。

然而，在同治皇帝去世时，国丧期全国禁止演戏，京剧活动一度进入寒冰期。与此同时，西方的赛马、魔术等也传进上海，分流了一部分观众，上海的戏园陷入生存困境。为了渡过危机，一些受西方戏剧观念影响的戏班，不仅采取了与其他剧种合演的方式吸引观众，而且突出改善了舞台布景，使用机关布景，还在演出中加强表演，形成了唱念做打的崭新形式。这一为生存不得已的选择却改变了京剧在上海的命运，成为具有浓郁地域色彩的南派京剧。

20 世纪之后，崛起的上海取代北京成为京剧最重要的市场，在上海本地，周信芳、盖叫天等红角辈出，连北京的京剧大腕都必须以在上海唱红来证实自身的价值。此时，在上海滩看戏已经不是消遣，而是都市奢华生活的一种显示方式。

在上海海派文化的浸淫和影响下，浙江小县城里的"的笃班"，在上海发展成了有全国影响的戏曲曲种——越剧；上海郊区的"东滩调"发展成了地方性代表戏——沪剧；苏北的乡间小调香火戏，也是在上海发展成为淮剧；就连北方人最喜欢的评剧也是在上海发展成型的，评剧最早称之为"蹦蹦戏"，20世纪30年代中期，"蹦蹦戏"艺人大量涌向南方，到上海等地演出，并在上海正式发展命名成评剧，一代"评剧皇后"白玉霜就是在上海"恩派亚"大戏院唱红的。

上海自开埠以来，就一直受西方文化的熏陶，受各种移民文化的影响，但是上海从来没有简单地"西化"，也没有简单地"他化"，而是基于吴越文化的底蕴，不断从外部汲取养分，同时不断根据自身需要进行融汇、变革和创新，形成了一种独特的海派文化。

"中西合璧"的海派文化，最可宝贵的一个特点就是包容性，同时注重变化，与时俱进，富有创造，这就是海派文化的真正精华所在。如果用两个词概括海派文化的个性，非"海纳百川、兼容并蓄"莫属。

老上海的石库门和外滩的建筑，是典型的中外合璧风格；上海的舞台上，京戏、越剧和话剧、歌剧、芭蕾舞等"联袂"上演；音乐方面也是锣鼓、琵琶、二胡和钢琴、萨克斯交相响起；饮食方面不仅川、粤、京、鲁、苏浙、淮扬等菜系荟萃，西餐馆、咖啡厅亦数不胜数……还有去霞飞路吃冰激凌，到百乐门舞厅跳交谊舞，去大光明电影院看电影，都曾是20世纪30年代最标准的海派生活方式。

滥觞海派文化的上海，本身就是一个"海派"的绝佳承载体。由于是典型的移民城市，上海对其他文化体现出了一种宽容姿态，让海派文化形成了善于接受新鲜文化的因子。事实上，自上海开埠以来，传统文化和外来文化总是能在上海形成新的文化体，从京剧、昆曲、越剧到电影、话剧、美术……几乎每一种艺术样式，都能够在上海完成现代化的转型，实现历史性的"嬗变"。

电影从欧美传入中国后，最先在上海站稳了脚跟。1896年8月11日，上海徐园内的"又一村"放映了"西洋影戏"，这是中国的第一次电影放映。实际上，早期的中国电影史很大程度上就是上海电影史。据1927年1月出版的《中华影业年鉴》统计，20世纪20年代中期，中国出现的电影公司为179家，而上海就占142家。

上海还是中国流行服饰的发源地。香港导演王家卫拍的《花样年华》，凡是看过的人肯定对片中女主角苏丽珍的旗袍着装印象深刻。从 20 世纪 20 年代至 40 年代末，各式各样的旗袍风行二十年，成为大上海"摩登"的一个标签。"改良旗袍"是最具有中西合璧特色的服饰，当时西洋盛行短裙，从 1927 年起，中国旗袍吸收西方服饰长处，不断上提下摆，到 1930 年，旗袍下摆几乎与膝盖齐平，而且袖口叶逐渐缩短，腰身收紧，两边叉开升高，完全摆脱了满族旗袍的旧样式。

改良后的旗袍，吸取了西方的审美情趣，大胆体现了东方女性的曲线美，是中西方美学融合的成功尝试，也是上海作为曾经世界五大时尚之都的永恒印记。民国期间，旗袍几乎成为中国妇女必备的时髦装束，上海滩的名媛都穿着旗袍出入社交场合，演绎着独特的海派风情。这个时期，上海人对一切能增加美感的服饰都抱着开放态度，另外发型、鞋帽、配饰也都历经变革，其崇洋之风远超其他任何省市。

20 世纪二三十年代的海派旗袍，是一种既稳定又变幻无常的时装，款式层出不穷。先是流行高领头，领子越高越时髦，即使在盛夏季节，也必须配上高耸及耳的硬领头；渐渐地，低领头又流行起来，领子越低越摩登，当低到实在无法再低时，干脆穿没有领子的旗袍；袖子的变化也是如此，时而长过手腕，时而短至露肘；开衩也是两个极端，时髦女青年把衩开到大腿根部，相反也有小家碧玉穿无衩的旗袍。

一些电影明星和名媛，也经常在旗袍上标新立异。民国一代影后胡蝶，因为"蝴蝶"与"胡蝶"谐音，她动脑筋在旗袍的下摆和袖口上缀上蝴蝶褶衣边，同时缩短旗袍的长度和袖子，袒露小腿和小臂，时人称之为"胡蝶旗袍"，成了沪上女性的仿效对象。红极一时的女作家张爱玲也喜欢穿短旗袍，她不仅找专业的裁缝定制，还会根据自己的爱好，亲手设计旗袍样式。

时尚是商业的催化剂，作为商业化大都会的产物，海派旗袍不仅顺应社会心理，更

民国影星胡蝶，引领了一代旗袍风潮。

切合商业利益。在旗袍风的鼎盛时期，上海月份牌上的美人，都是身着风姿妙曼的连身旗袍。而能够将旗袍穿出无限风韵的，也莫过于上海女人了。试想，如果你在纸醉金迷的十里洋场，看见阮玲玉、周璇那一干女子袅袅走来，那一抹江南的雅致，带着一缕上海的风韵，女人的风姿和旗袍的韵味在那一刻，简直可以瞬间使人倾倒。

上海人的社会交往、婚丧礼仪等方面的细节，也在不知不觉中发生了变化，就连编门牌号码、人车分道等，也都受到西方影响。但我们断不可忽略"江南"的影响。

1843 年左右，在经济发达的江南地区，与京杭大运河沿岸的苏州、杭州相比，上海不过是一个普通的"壮县"。"天下富庶莫过江浙"，明清时期江南的精华，都集中在运河沿岸。但随着内河运输的衰败、海洋运输的兴起，使得苏州、杭州、扬州等江南明星城市黯淡下来，而战乱更是驱使富商、乡绅竞相投奔上海。江南地区拥有的深厚资源（包括资金、人力、市场乃至人文资源），被组合到上海，然后在西方因素的催化下，发生了变化、融合。正是得到了外在条件的支撑，让上海有了追求奢华、时髦的社会基础，养成了中西、新旧、上下、雅俗混杂兼容的海派文化，并不断膨胀。

洋行商船越洋带来了各种西洋器物，令生活在上海的人眼花缭乱、目不暇接，带"洋"字的物品皆成时髦名词。人们对西洋器物的认识发生了变化，从此前笼统的"奇技淫巧"论断，进而提出"师夷长技"的主张，产生效法西方、维新改革以求富国强兵的想法，这是中国对西方认识的一个突破。

长期以来，江南是泱泱华夏的地域"咽喉"，这里不仅是国家财库，边疆军防的粮仓，而且是世俗生活文明的最高体现，是秀美、雅致乃至奢靡的代表。不似北京人雍容的优雅，江南人的优雅是在工商氛围中熏陶出的，偏于精致化。在上海人的整体气质中不难觅到江南人的影子，江南人文中讲技巧、重知识、重商贸、勤勉敬业等方面的传统底蕴，对上海的成长也不无贡献。

上海是海派文化的发源地，也是中华文化与西方文化交融的试验地。在一种难以摹状的嘈杂世界里，上海人吸收了江南人的精明能干、精益求精和西洋人的讲求细节、遵循法治，使得上海这座城市像一座精密的钟表一样，丝丝入扣，而上海人凡事追求完美的生活观也正是这座城市性格的体现。

　　这种完美生活观，从中西融合的石库门建筑、西方别墅与东方园林融合的花园洋房；从吴昌硕的书画、张爱玲的小说；从喝美国可口可乐和法国白兰地……风情万种的海派文化从建筑、艺术一直延伸到生活方式，一度滥觞成为当代颇为流行的所谓小资情调，与红酒、咖啡、沙龙这样的名词碎片，优雅、悠闲、怀旧这样的形容词相联系，成为上海人生活中的某种"特产"。

　　上海人的"小资情调"，很大一部分是源于租界中的"法国情调"。上海法租界诞生于1849年，至1943年交还给中国，法租界存在了九十多年。在九十多年中，法国人保持着法国的衣食住行、风俗时尚等社交习惯，这使得上海的空气中隐隐约约弥漫起一股法兰西风情。

　　法国人天性乐观、懂得享受，是一个将生活艺术化的民族，他们喜欢跳舞、看歌剧等社交活动，喜欢在家接待客人；在阳光明媚的日子，他们还组织小型的交友沙龙，相约骑车郊游，等等。20世纪二三十年代，在法租界设立的逸园跑狗场和回力球场，是上海乃至远东的两处著名游乐场所。

　　跑狗作为一项运动，起源于16世纪英国一项"猎犬逐兔"的比赛，是英国上层社会的一种休闲活动。1928年1月，法国人邵禄与黄金荣、杜月笙等人共同筹建了"法商赛跑会股份有限公司"，其实就是一家跑狗赌场。1928年冬，逸园建成。新建的逸园有各式建筑25幢，6条赛狗跑道，内圈为标准足球场。此外，还设有小型高尔夫球场、网球场、露天电影院、舞厅、酒吧、饭店等。

　　赛马和跑狗成为了老上海特有的租界文化，尤其是跑狗这种博彩活动，当时全东亚大概只有上海才有。由于生意欣荣，跑狗场还专门有"狗报"，供赌客翻阅。上海解放后，公共租界的跑马场变成了人民广场，法租界的跑狗场则改建成了文化广场。

　　十分有趣的事情是，20世纪60年代，跑狗在澳门再度兴起。主办者不仅吸收上海逸园赛狗的经验，甚至直接将跑狗场改名为澳门逸园赛狗公司。原本进口改装的东西，竟然又出口了。据说，跑狗场内的起步钟及敲击的锤子，都是从上海运来的，这个钟被沿用至今天，经过七十年来不停地敲打，它的表面布满了如蜂巢般的细坑。

　　上海自开埠以后，西学东渐，海派崛起，云蒸霞蔚，日趋突出，到20世纪30年代达到了极盛。作为外贸中心，上海在抗日战争全面爆发之前，在外国对华进出口贸易和商业总额中占到了 80％以上，直接对外贸易总值也占到了全国的 50％以上；作为工业中心，上海是民族资本最集中的地方，1933 年时上海民族工业资本占全国的 40％；作为金融中心，上海不仅拥有外国对华银行业投资80％的份额，而且是中国几乎所有主要银行的总部所在地，全国四分之三的金融资产聚集于此。上海，真正宛若一颗"东方明珠"。

此时的上海，如万花筒一般不断变幻出瑰丽的色彩。经济突飞猛进，城市日新月异，似乎在一夜之间，来此碰运气的好多人都发财了。新派的留学生、工业资本家替代旧式绅商成为社会的主流阶层。同时，资产阶级的价值观念、生活方式逐渐成为

1930 年，外滩建筑群鸟瞰图。

上海社会的主流意识，他们对生活方式的选择反映着经济学背后的数据实力。假如没有足够多的金钱支撑，之后的所谓符号都是废话。所以即使是一个经济再窘迫的人家，箱子底下也会压几件笔挺的衣服，而这也正是《花样年华》式的小资情调得以孕育的基础。

海派文化是发生在中国的一种很奇特的文化现象。第一次鸦片战争之后，五口通商，广州、厦门、福州、宁波、上海都受到了外来文化的冲击，此后还有青岛、烟台、天津、大连、哈尔滨等地，这些地方至今都存有西方文化的遗迹，但是，它们最后都没有形成上海这样的海派文化，为什么会这样呢？

与广州、福州、宁波、天津相比，上海是一座典型的近代崛起的城市，而不是在传统城市基础上自然形成的。在开埠之前，上海本地人人口并不多，地域文化较弱，没有很强的文化抗力；从地形上说，上海位于长三角和整个长江流域的焦点，又是中国南北海岸线的中心，具有广阔的经济腹地，这是中国其他任何一个港口都无法与之匹敌的。正是这样的地理、人文的因素，使上海形成了一个

独特的文化演变实验室。

尽管海派文化滥觞于上海，但是，如果因此将"海派"视为上海的区域文化，把海派文化弄成"专卖店"，强调地域文化的独立性和纯粹性，那么无疑是局限、低估了海派文化的价值和意义。就像海派旗袍、交响梁祝一样，海派文化绝不是中西方两种文化交汇那么简单，从某个文化层面而言，海派的作用就像是一场文化实验，一场用世界性文化解读中华文化的"解码实验"，也是一次中华文化自由接轨世界文化的预演。

曾参与主编《上海：一座现代化都市的编年史》的著名学者熊月之，在这本书的序言中写道，近代上海的道路是独特的，它不同于伦敦、巴黎，不是由传统的中心城市演变为现代大都市的；不同于纽约、洛杉矶，不是在主权完整情况下形成的移民城市；也不同于孟买、香港，不完全是在殖民主义者控制下从荒滩上发展起来的。无论近代、当代，上海在中国的地位特殊，影响巨大，代表着中国前进的脚步。

这不由得让人记起美国作家墨菲说的话："假如你想了解中国，那么你必须先了解上海，因为上海是打开近代中国的一把钥匙。"从开埠的滨海县城，到20世纪30年代被称作世界"第五大都市"，再到越来越多新上海人加入这座城市的今天，城市里的每一个人都是"海派文化"的创造者，而它的内涵和外延还在不断地被充实和扩展着，这种未知的不确定性，恐怕也是海派文化最大的魅力吧。

三

说"洋泾浜"
【小河的沧海桑田】

上海曾是一个浜河密布的水乡。除吴淞江(苏州河)、黄浦江外,另一条著名的河流当数洋泾浜了。在上海的海派文化中,"洋泾浜"是一个非常闻名的词,甚至海派文化都曾一度被称为是"洋泾浜文化"。

现实意义中的洋泾浜,是黄浦江水系的一条支流,河道以江为界分东、西两段,浦东段称为东洋泾浜,浦西段称为西洋泾浜,与上海县城墙平行而流,相距半华里。在很长一段时期,洋泾浜不仅能通船,而且在排涝、灌溉、挡潮等方面发挥过很大作用。清乾隆年后,浦东段因淤泥堵塞不再通水,1832年逐渐被湮没废弃。

从此,浦西段便不再冠以"西"字,直呼洋泾浜。而被湮没的浦东段河道日后被填埋筑路。一个半世纪后,1988年建成的黄浦江隧道基本上就是沿着旧洋泾浜河道进入黄浦江底的。实际上,上海还有第三条洋泾浜,那就是流经洋泾镇的北洋泾浜,俗称洋泾港。全长4.2公里的洋泾港,是浦东北部重要的河道之一,其中段贯穿洋泾镇。洋泾镇也因洋泾港而得名。

在吴语方言中，"泾"泛指沟渠，"浜"是小河的意思。1840 年之前，洋泾浜一带荆棘丛生、沟渠纵横，田野旷地间有弯弯曲曲的泥泞小道，周围是上海老县城北郊的主要墓地。然而，这条曾籍籍无名的小河浜，却因为一帮洋人的到来而名声大噪，彻底改变了历史走向。

1845 年 11 月，英国驻沪领事巴富尔连吓带骗地与上海道咸龄"商妥"《上海土地章程》，同意把洋泾浜北、李家场（今北京东路外滩）南一带作为英国人居留地。1849 年 4 月，上海道台麟桂又屈服于法国驻沪领事敏体尼的淫威，同意将洋泾浜南、护城河（今人民路）北划为法租界。从此，其貌不扬的洋泾浜成了备受瞩目的租界界河，并迅速热闹起来。

英租界、法租界相继开辟后，洋泾浜两岸形成了两条路，英国人在北岸沿河修筑了"松江路"，法租界则在南岸修筑了"孔子路"。在南京路、福州路的商业街、文化街尚未形成之前，作为华洋分界的洋泾浜沿岸，妓院林立，茶楼酒肆鳞次栉比，成了上海最热闹的"洋场"。

洋泾浜周围首先出现的是供来往客商住宿存货的栈房旅店，几乎同时出现的便是青楼瓦舍，上海第一家徽戏馆"满庭芳"，第一家京戏馆"丹桂茶园"，以及上海最早且规模最大的新式茶楼"丽水园"等皆出现于此。

1875 年，在墨海书馆工作的王韬这样描述道："洋泾者，上海县之北郊也。今为西人通商总集，其间巨桥峻关，华楼彩轱，天魔赌艳，海马扬尘，琪花弄妍，翠鸟啼暮……"这段文字或许令人读起来有点枯涩，但王韬在字里行间透露出来的对洋泾浜的繁华感叹，多少能体味出一二。

由于洋泾浜是县城到租界的必经之地，所以去"洋泾浜"一度被用作去租界的代称。另一方面，当时上海道与租界签订的有关协定多以"洋泾浜"为文本名称，称之为《洋泾浜××章程》。就这样，"洋泾浜"就从河流的地理名词，延伸到了"洋场"、"租界"的宽泛代词。

17 世纪后，经过了资产阶级革命的英国不断向外扩张，掠夺世界市场。英国商人所到的港口、城市，在没有共同语言而又急于进行商业交流的情况下，形成了一种以当地母语为主，同时夹杂着英文词汇的"商业英语"（Business English），西方人称之为"皮钦语"（Pidgin English）。别以为"Pidgin"是原版英文，其实是由 Business（生意、贸易）的中文译音而出，再复为英文词，成了意指"在贸易或交往中形成的不同语种的混杂语言"的专门词汇。

在上海开埠以前,清政府限定只有广州一个口岸对外开放,并实行国营的贸易垄断,特许"十三行"负责经营、管理进出口贸易。这里大概是中国最早的中央商务区(CBD)了,买办商人也由此地繁盛。为了商贸交易,"十三行"的商人模仿"澳门葡语",发明了用粤语为英语注音的"皮钦语",由于广东人习惯将洋人讲作"番鬼",因此皮钦语也就被称为"番语"或"鬼话"。

在用广东话注音的番语中,英文 wha 或 wa 的发音一般都注为"屈",当下许多城市的"屈臣氏"连锁店,最早就是从用广东话注音的"番语"而来。

由于"番语"能够让洋人和华人之间实现简单的交流并进行商品交易,所以广州是西方人在中国"唯一有感觉的城市"。但这种一口通商的状态并没保持多久,英国人用鸦片和枪炮终结了"十三行"的贸易专营权,一口通商变成了五口通商。

根据中英《南京条约》,1843 年上海开埠,其对外贸易地位很快超过了广州。从此,原来设在香港、澳门、广州及南洋等地的洋行纷纷转迁上海,或在上海开设分支机构,西方本土的公司也在上海设立子公司,大量原"十三行"及洋行里的广东买办也相继北漂,进入上海后集聚在洋泾浜,在华洋之间充当贸易中介人。

老上海把懂外语的人叫做"通事",将游荡于街头的蹩脚翻译讥为"露天通事"。这些"露天通事"一般在洋行打过工,了解一些英文词汇,但语法不通、读音不准,洋人听了仅能勉强意会。当遇到外国水手或初到上海的洋商外出购物时,他们就自荐做向导,凭借半生不熟的英文单词,连带夸张的形体动作和脸部表情,在交易中"捣糨糊",倘若能翻译事成,也能从中赚些生活费。因为能赚钱,做露天通事的人越来越多,起先仅 30 余名,最多时竟有 200 多人。起初从事商贸翻译的还是从广州来的老手,后来随着宁波商人的大量涌现,露天通事逐渐开始本地化,形成了具有浓郁江南特色的皮钦语。

当时,上海以及周边地区的商人在洋泾浜一带,都是用结巴不清的、混杂着中国话发音的英语,再加上各种手势的比划,与洋商讨价还价、接洽生意。久而久之,这种中西语言混杂的"夹生英语"也有了较为固定的表达方式,并超出商业贸易的使用范围,成为十里洋场中一种时尚交际语。因为这种似洋非洋的语

1843

言流行于洋泾浜，所以又被称为"洋泾浜英语(Yang King Pang English)"。

虽然洋泾浜英语被冠以"英语"之名，但它受汉语的影响较受英语的影响要深，宁可服从于汉语表达习惯和词序，而置英语的基本语法、时态等结构于不顾。按《上海闲话》的作者姚公鹤的说法，这是一种"以中国文法英国字音拼合而成，为上海特别之英语"。它是用汉语中的近音字为英语单词标音，使英语读音汉语化，其特点一是不讲语法；二是按中国话"字对字"地转成英语。

简单地举例说，英文中"我不能"是"I can not"，而洋泾浜英语却说"My no can"。这种"洋泾浜英语"，尽管词汇贫乏，发音混杂，但语言结构简单明晰，很有实用价值，尤其是对那些没有受过正规英语教育的人，十分容易掌握。因此，那些到上海做生意的其他籍商人，为了能够与外商直接打交道，也纷纷自学洋泾浜英语。

最先看到市场需求的是深具商业敏感性的宁波人，他们以上海买办第一人穆炳元的"洋泾浜"英语为基础，乘机赶印了一种以中文读音注音的英文速成手册，取名《洋泾浜英语手册》在市场销售。于是，"洋泾浜"三字又成了夹生语言的代名词。外国人讲的蹩脚中国话，外地人讲不标准的上海话，或者带着土音的普通话，都被称之为"洋泾浜"。

据资料调查显示，1860 年冯泽夫等 6 位旅沪宁波人编写的《英话注解》，是上海出版的第一个"洋泾浜英语"读本。该注解录入的"洋泾浜英语"的单词，大约 700 个，共分银数、洋数、五金、出口、进口、天文、地理、时令等 40 个门类，每类选常用单词若干，以汉字注音。在某种意义上，《英话注解》的出版将日常口语用字规范化为雏形"字典"，预告了"洋泾浜英语"的诞生。

从"澳门葡语"到"广州番语"再到"洋泾浜英语"，我们可以清晰地看到一张中国人学习英语的路线图，触摸到两三百年的中外贸易史变迁。由于宁波和上海地理位置相近，方言相同，而宁波人在上海的人数众多，并且是上海商界的主流群体，因此《英话注解》被多次重印。就此而言，是宁波人创造

1860 年由宁波人编的《英话注解》，标志着"洋泾浜英语"的诞生。

了"洋泾浜英语",而"洋泾浜"也成就了宁波帮,他们是洋泾浜英语的最大受益群体。

上海的洋泾浜畔,华洋之间往来亲密,商贸交易繁荣,但远在北京的执政者们,似乎对即将到来的社会大转型茫然无知,不仅看不见西风劲吹的趋势,而且漠视西方所主导的近代世界的游戏规则。于是,在第一次鸦片战争结束后不到二十年,清朝再次顺理成章地陷入到局部战争的泥潭。

既然打不过人家,那就只能受辱了。然而,在订立《北京条约》时,清朝官员中竟连一个精通外文的人都找不到。其实两年前签订《天津条约》时,这个问题就已经暴露出来了,时任翰林院编修的郭嵩焘写"内参",奏请咸丰皇帝设立外国语学校,却没有引起重视。咸丰临死前终于认识到,中国所面临的外部环境实乃"三千来未有之变局",遂成立了一个前所未有的专门用来处理"洋务"的外交机构——总理各国通商事务衙门。

此后,建立"垂帘听政"体制的慈禧也觉得,要维护统治必须要借助西方的火枪大炮,因而默许了洋务派的一些提议,于是一场影响近代中国命运的洋务运动开始了。

在这样的一个求变的氛围里,1862年中国近代第一所外语学校——京师同文馆,正式创办了。这是在总理衙门之下设置的专门培养翻译人才的外国语学堂,其目的就是为清廷训练外交翻译官,以便在今后和西方列强打交道时"不受人欺蒙"。

这简直是一个惊世骇俗的决策,因为不久之前,这个国家还在死守着"尊王攘夷"、"夷夏之防"的敏感底线,此次中央政府不但公开成立学习外语的学堂,而且承诺成绩优异者可保举为六品官员。一个未出校门的学生,可以变成国家的官员,此举打破了中国传统的人才培养体系科举制度,这个变化无疑是巨大而突兀的。

1863年,倡导洋务的时任"江苏巡抚"李鸿章,也乘机向朝廷递送了《奏请设立上海学馆》的奏折,提出在上海开设外语学校的建议。或许是有了京师同文馆的先例,此奏折呈上去仅17天,朝廷就令准了。同年,李鸿章又上奏在广州设立继京师、上海同文馆后,中国第三所外国语学校——广州同文馆,也都获准了。

不久，上海的校舍动工。最初李鸿章拟名"上海外国语言文字学馆"，后正式定名为"上海学习外国语言文字同文馆"，简称"上海同文馆"，是上海官方筹建的第一所以学习外语为主，兼习其他西学的新式学校。由于那时上海很多人都在寻求接受英文教育的机会，因此上海同文馆的招生，远比北京热闹。

上海同文馆这个名称用了四年，1867 年因故改名"上海广方言馆"。所谓"广方言"，就是推广方言的意思。清政府把英语当做"方言"，不无"天朝老大"的傲慢味道。其实，其中倡办者也颇有难言之隐。在传统孔孟理学的熏陶下，绝大多数士大夫的观念仍然十分陈腐守旧，视入同文馆学习为歧途，声称"谁报考洋学堂就与谁绝交"，并以"孔门弟子，鬼谷先生"的话诋毁生事。

朝廷上下对同文馆的存废之争一直吵嚷了六年有余，而且这种局面很长时间都没有得到根本性改观。正是在这些标榜爱国的腐儒阻挠下，使一切有益于国家民族的先进新生事物，都得不到顺利地成长，以致丧失了一个又一个改革发展的良机。显然，李鸿章也深知传统的儒家社会变革之难，所以尽量三缄其口，并用"方言"代替"外语"，以示"天朝"之威，避免语汇上的口舌争议。

虽然李鸿章也是封建科举出身的进士，但他能看到自身的局限和不足，愿意听取别人的意见。所以，广方言馆名义上是仿照京师的同文馆，实际上两者有很大的不同。同文馆培养的对象主要是满族八旗子弟，广方言馆则向汉族士民阶层"开门"，广招周边地区 14 岁以下儿童入馆；同文馆仅仅是个外语学校，是为朝廷训练外交翻译官服务的，而广方言馆除了学外语还开设天文、算学馆，培养近代科学技术人才。这个学校，可以说是中国最早的语言和工程技术学校。

在近代硝烟的熏陶下，李鸿章这位官至直隶总督兼北洋大臣的砥柱官员，始终是近代学堂的积极创办者和支持者，大凡各类于自强运动有益的专业学校，如天津电报学堂、水师学堂、武备学堂，都是他亲上奏折并悉心给予维护。清末"北洋三杰"的段祺瑞、冯国璋、王士珍等人，皆是从这些学校毕业出来的。

一些清军将领见识到了西洋炮火和新式军械的威力，李鸿章认为"炸弹真神技也"，曾国藩也在他的日记中写道：中国人必"学做炸炮，学造舟船"。他们的主张都得到了北京的支持。1865 年，曾国藩、李鸿章奏请成立的"江南制造总局"在上海创办。江南制造总局堪称近代中国第一家新式工厂，是晚清规模最大的军工企业,这里生产出了中国的第一种步枪、第一门钢炮、第一艘铁甲军舰……成为中国机械制造产业的开端,有"机器母厂"之称。

李鸿章们的目标很快从兵器制造业扩展到发展工业,从采用新技术到学习新文化过渡,就这样孕育了自强的洋务运动。因此,在机械制造之外,江南制造总局还附设了翻译馆以及工艺学堂,以介绍西方知识,以及培养国家工业的"制器之人"。这里成了当时西学传播的一个中心,其影响绝不亚于江南制造总局本身。

1869 年,广方言馆被搬入江南制造总局,与局内翻译馆合署办公。学馆新址在江南制造局西北隅,共有楼房、平房共 8 座 74 间,楼上 24 间为翻译馆,楼下及平房 50 间为广方言馆。2010 年,上海世博会在黄浦江畔的制造总局原址上举办,在主会场北片场馆路边,人们仍然可以见到的那幢大红楼,就是广方言馆遗址的一部分。大国的复兴梦想,竟然在此巧合际会。

事实上,洋务运动仅仅只是几个先进官僚的变革主张,而不是朝廷的国家政策。他们没有领导核心、没有完整计划与统筹、彼此又未能通力合作,而且局限于改革军事,只看到西方"船坚炮利"却忽略了政治体制改革的配合,结果形成了一个缺乏规划的不全面的现代化运动。

再有顽固守旧势力的阻挠,加之国家领导人见识不足,"西洋新学"在中国的发展进步极其迟缓。

北京的同文馆,虽然参照西方办学模式,同时聘请饱学的西方人士担任"教习",试图对传统教育有所改革,但腐败的官僚作风和衙门习气,却被全盘搬到"学堂"里面,从教习、总教习、提调、帮提调、专管大臣、总管大臣……层层统辖,一派衙门作风。再者,翻译在当时社会还只能谋利,却无法立名,为一般士大夫所不屑,学而优则仕依然是寒窗学子认定的正途。

当然,北京、上海、广州的同文馆,以及闽浙总督左宗棠创办的福州船政学堂,对一百五十年前的国人向西方学习先进科技文化,还是起到了一定的作用,是中国近代新式教育的发端。1872 年 8 月 11 日,容闳率 30 名学童赴美留学,开中国官派留学生之先河,其中就有来自同文馆的学生。

这些学堂毕业的学生,就业途径主要有两种:一是被选送到京师继续深造,日后担任驻各国公使或参赞、领事、翻译等职;二是到各种新式企业、教育等机构工作。无论哪种，都是中国培养出的第一代精通西文和西学的学生，在清末民初的外交、教育、实业领域中，大有作为的优秀人物多出于此。

　　尽管当洋务运动初起时，全国风气未开，初创的京师同文馆和上海广方言馆都曾受到习惯势力的抵制。但从总体上说，由于城市地位和角色的不同，上海广方言馆与身处北京的同文馆相比，不仅阻力要小而且生源充足。

　　在十里洋场讨生活，更多没有机会受正规西洋教育的人为了能与外国人沟通，无师自通所学得的洋泾浜英语，依然是不同国籍、不同地域的人普遍使用的语言。其实洋泾浜英语中有些翻译通俗易记，不仅中英文含义兼顾而且很形象。比如"瘪三"就是英语 Begsir（乞丐先生）的翻译，以此戏谑叫花子之类的穷人；再比如"噱头"和"蹩脚"，最早是英语 Shit（呕心）、Bilge（船舱底污水）的音译，此后意义不断被衍生，分别成为臭美、滑稽和低劣、差劲的意思。自此，大批外来词在洋泾浜开始传播。

　　除了传教士的教堂之外，近代西学在中国传播的途径主要有三种：一是兴办新式学校；二是翻译西方书籍；三是发行报纸刊物。1873 年 2 月，《申报》连载了广方言馆毕业生杨勋以民间竹枝词形式，调侃洋泾浜英语的《别琴竹枝词》，"别琴"即"皮钦（Pidgin）"的沪语音译。

　　"来叫克姆（Come）去叫谷（Go），是讲也司（Yes）勿讲拿（No）；雪堂雪堂（Sit down）请侬坐，翘梯翘梯（Tea）吃杯茶。"这是《别琴竹枝词》里的一首，这样的竹枝词杨勋前后发表了近百首。"竹枝词"本是唐代乐府曲名，每首七言四句，形同七绝。这种易学易记，颇为符合当下"形象记忆法"和"快乐教育法"的作品，大受上海的市民绅商欢迎，以至于助推了《申报》的发行量。假若当时上海滩有畅销书排行榜，《别琴竹枝词集锦》必能荣登榜首。

　　1874 年，杨勋的校友、上海道署译官曹骧，推出了一本《英文入门》的读本。他把宁波话注音改成了上海方言，可以说是《英话注解》的一种升级版。另外的不同之处是，作为中国最早一批由正规外语学校培养出来的外语人才，曹骧把英语知识从字母发音、词汇、语句由浅入深分为若干课，适宜英语教育和自习，可以说是中国人编写的第一部英语入门教科书。

　　此时，"洋泾浜英语"的流行范围已不再局限于上海、广州，而是走出了国门，到达了南洋甚至美国。曾定居广州、香港的美国人威廉·亨特，是第一位向世界介绍中国"皮钦语"的人。1825年,亨特来到广州,发现十三行街头在出售一本叫《红毛买卖通用鬼话》的册子,便注意到这种商业口岸的新语言。

1844年,亨特返回美国写成《广州"番鬼"录》一书,在书中专门辟章节介绍"广东皮钦语"。凭这种语言,十三行商人可以跟西洋人做成数额巨大的生意。亨特赞赏说:"我常常想,是谁最先把'外国话'转变成了一种当地的语言?《鬼话》这本小册子才卖一两个便士,常见于仆役、苦力与店主手上。该书的作者是一个中国人,他独具匠心,应该名垂千古。为了纪念他,他的遗像应当供奉于文字之神的庙宇中,还要在他的祭坛上点起红烛,献上清茶。"

亨特不知道,继《鬼话》之后广州人还编了一本具有国际影响的"广东英语字典"——《华英通语》。根据存世的资料显示,这本或许是中国最早的一部商务汉英词典,编者署名"子卿",从封面所印时间"咸丰乙卯"可知该刊刻于1855年。当时,大量华工去往美国旧金山淘金,这些没有多少文化的底层劳动者急需一本实用语言工具书,以快速学会英语,因此《华英通语》刚付梓,便漂洋过海,流传到了美国。

1859年冬,为了交换《日美修好通商条约》的批准文本,日本派出史上第一个访美使团去美国,新派学者福泽谕吉主动要求随团赴美游历。在德川幕府统治的江户时代,日本同样对外实行闭关锁国政策,中国是当时日本仅存的通向外部世界的窗口。1600年,一艘荷兰籍的贸易船漂流到日本西部海岸,从而开启了日本与荷兰交流的新纪元,此后荷兰是日本唯一与西方保持联系的特许国家,这种局面一直持续到1853年美国海军"黑船"叩关。

根据"安政五国条约"的通商约定,横滨成为了日本的上海,允许外国人在此居留,不受限制地进行自由贸易。年轻的福泽谕吉到横滨游览,发现会荷兰语的他变成了"文盲",连外国商店的招牌都看不懂,这给他的思想带来巨大冲击。当时整个日本没有一本可供学习的日英互译工具书,唯一可依赖的只有荷英对照的字典,福泽谕吉因此痛感学习英语的必要。

在旧金山,福泽谕吉买了一部《韦伯斯特大辞典》,这是日本人引进这种辞典的开始。但如何准确地翻译和推广,这个问题困扰着福泽谕吉。离开美国前,福泽谕吉到一家中国商店买东西,发现店老板在看一本《华英通语》的书。这本用粤语标注读音的汉英词典,让福泽谕吉又惊又喜。九年后,福泽谕吉回忆说："那时候，我实在高兴极了，好像获得了天地间无上的至宝。"

回到日本后，福泽谕吉立即着手翻译这本"洋泾浜"式的《华英通语》，他在中国粤语和英语对译的基础上，用日文"假名"注音，并在汉字侧边附上日语的翻译，费时 4 个月，编成了一本《增订华英通语》。该字典分"数目·生意·日常用语"、"人物·天文·地理·交通"、"食品·蔬果·动物·用具"三个部类，约收单词 600 个，成为当时日本唯一的英语入门书，极为畅销，连出了数版。日本人迄今仍然确认，《增订华英通语》是他们在英语研修史上的一座里程碑。

19 世纪 60 年代初，日本也有浓重的排外情绪，出现了类似中国义和团的"尊王攘夷"运动，不少崇尚西学的人被暗杀。福泽谕吉深感盲目排外的"攘夷论"的愚昧，决心大力在日本提倡学习西洋，他开的私塾由教荷兰文改教英文，是当时江户（现东京）唯一教英文的私塾。

1872 年，37 岁的福泽谕吉写出了他一生最大的杰作《劝学》。书一上市，立刻造成轰动，总销量达到 340 万册，当时日本人口只有 3500 万，其中许多人还不识字，其影响可想而知。在《劝学》中，福泽谕吉说了这样一句在日本影响极大的名言："天在人之上不造人，在人之下也不造人。"意思是说，人人生而平等，谁也无需惧怕谁。福泽谕吉还主办了发行量很大的《时事新报》，将自己的政论刊登出来。

虽然福泽谕吉终生在野，但他以民间人的身份开办学校、发行报纸、著书立说，其实际影响要远远大于任何一个政治家或其他领域的人士。一百年来日本主流舆论给予了他极高的评价，他的肖像日后被印在了日本最大面值一万元的纸币上。

明治维新后，日本革除弊端进入了一个新的历史时期。已誉满日本的福泽谕吉，目睹了欧美国家的富国强兵和工商繁荣，反思着包括中国在内的东方国家封建主义的相继没落，遂萌生"脱亚入欧"的思想，在书斋里提出了侵占朝鲜、吞并台湾地区、再占领东北三省等一系列侵略主张和实施方略。这种军国侵略构想，对日本政治影响深远。

一本洋腔洋调的"洋泾浜"英语读本，改变了一个国家及民族的走向。日本人的拿来主义和模仿精神成就了日本，同样费了近一个世纪学习西方的中国，由于固守传统的"中学为体，西学为用"，无法形成推陈出新的思想。进三步，退两步,一心追求国家的富强,却始终没有在制度和思想方面取得突破,时喜时悲。

"读史可知兴替",先进国家之所以先进,就在于对世界的认识不断有新的发现,进而形成自己的价值思想;而后进国家之所以后进,就在于局限对世界的已有成见不能突破,循旧守缺以致创新停滞、制度僵硬。或许后知后觉也未尝不可,但如果需要一两个世纪方才知觉,未免也太过于迟钝了。

在中国商业口岸形成的"洋泾浜"英语,也受到了西方舆论的关注。

1875 年 7 月 25 日出版的《纽约时报》,刊登了一则新闻,题目是《清国人发明的"洋泾浜英语"》。文章的第一段写道:"在太平洋沿岸地区的国家中,普遍地会发现'天朝国民'把一种'洋泾浜英语'掺进了现在流行的一些行话中。而我们从令人悲观的经验中得知,这些话很快就会被任命接受并成为一种语言的正式部分。"

语言的交流是双向的,华人通过中文注音学习英文,洋人也同样在模仿上海人的地方语言。来自世界各地的传教士,是上海话最早的研究者和"粉丝",1920 年美国传教士编辑出版了《上海话课本》;1950 年法国传教十也出版了一本《上海话词典》,这本书可能是传教士留下的最后一部翔实的上海话词典。

上海租界较早的外文报刊《字林西报》,曾模仿"洋泾浜英语"的办法,辟专栏教外侨如何听懂上海话。其形式是左边列英文,右边列沪语,沪语下面再注英语读音,便于外侨拼读。例如,What is this? —— 第个啥事物? What are you doing? ——侬勒拉做啥? 不懂上海话的外国人,通过英中对照再加上英语注音,就知道怎么念了。

洋泾浜英语集中地反映了华洋杂处的社会文化特征,存世近两个世纪之久,在近代对外贸易、外交和文化接触中扮演了极其重要的角色。作为通事用语,其影响深远,是文化交融、贸易交往的必要工具。

至 20 世纪初,"界河"洋泾浜早已被划入租界内,此时浜水污浊不堪,且河上各桥狭窄,造成交通不便,公共租界和法租界当局共同协商后,决定填浜筑路。工期从 1914 年 6 月开始,第二年年底马路筑成,路面宽 27.5 米,命名为"爱多亚路"(Avenue Edward VII)。此后,路名屡经变化:抗战沦陷时,被改名"大上海路";抗战胜利后,国民党上海市政府又将其改名为中正东路;1950 年 5

月,新中国最后将它定名为延安东路。

一条河变成了一条路,"洋泾浜英语"也因为时代的变迁而日渐式微。1845年11月建立的上海租界,在第二次世界大战期间经过废除、收回主权的过程,被艰难地画上了句号。从开埠到废除,从

洋泾浜 1916 年填没后成为爱多亚路(今延安东路),图为 20 世纪 30 年代洋泾浜景象。

设立租界到收回主权,这个时间跨度整整跨越了一百年,对中国近现代历史产生了深远的影响。

如今,租界没有了,洋泾浜那弯曲的河道和狭窄的桥梁也早已无迹可觅,但有一种东西却留了下来,那就是"洋泾浜英语"。曾有学者认为,整个大上海的繁荣,应部分归功于洋泾浜英语的流行和成熟。用现代的眼光看,以中文注音、毫无语法的洋泾浜话或许很粗陋,但对于中西交融的历史、语言变迁的发展,其功莫大焉。沧海桑田的历史,其实往往粗陋如斯,恰似那山野之花,自有其因缘际会的灿烂,不可轻屑。

"洋泾浜英语"在上海普通市民的日常用语中,至今仍存有影响,如习惯称屋顶上的天窗为"老虎窗"(Roof window);"门槛精"是英语"Monkey"(猴子)加上汉语词根"精"组成,"猴子精"成了精明的引申词;此外还有"腔势"(Chance)、戆大(Gander)、嘎三壶(Gossip),等等。

娱乐化的"新洋泾浜"英语日益盛行,不但充满创意,而且凸显白领化和商业化。如源自意大利的咖啡 Cappucino,单词直译为"泡沫咖啡",音译为"卡布奇诺",但上海有人将此译成"加杯情浓",婉转地将西欧咖啡文化与浪漫温馨结合在了一起。

四

革命星火
【花园里的革命呐喊】

19 世纪是一个特殊的时期,人类社会发展成了两个世界,一个是亚洲的东方,另一个是欧美的西方,在此以前这两个世界偶尔也发生交集,但以老大哥自居的中国,认为那些藩属是可有可无的,只知"剿夷与抚夷"而不知平等外交。到了 19 世纪,局势开始转变,此时的英、法、美等历经工业革命的西方国家,对远东市场表现出了强烈的获取渴求。

当他们带着"狼人般的饥饿"漂洋过海来到东方时,中国对于他们显得十分诱人,它拥有无以替代的成瘾性商品——茶叶,有制作精美的丝绸和瓷器,同时还有全球最大的消费市场,以及具有强大竞争力的商人集团。然而,历史的悲剧正根源于这里,当全球化的新时代到来的时候,大清帝国的决策者们无动于衷背过身去,拒绝一切变化。

在两千多年的时间里,中国一直保持着中央集权的政治体制,这种国家治理逻辑显然与西方在工业革命以后形成的自由贸易和市场经济体系存在冲突性。最初,英国人的目的很明确,以最小的成本解决商业纠纷,进而打开中国市场，跟中国人进行商贸交易。然而，在寻求平等通商关系不可得之后，一场因管制毒品买卖而引发的战争出现了。由于认知出发点的不同，那次战争我们称为鸦片战争，英国人则称为通商战争，不论理由是什么，这终究是场强盗式的侵略战争。

任何一场战争，失败的根本原因就是落后，落后就要挨打。令人痛心的是，鸦片战争的致命伤还不是军事失败，而是失败后不力图革新，继续睡在天朝梦中。反倒是邻国日本深受刺激，开始转变观念脱亚入欧重新拜"大哥"，进行维新革命。由此可见，"鸦片战争"不只对中国影响甚巨，对日本也是一样，亚洲的近代史是由"鸦片战争"开始的。

1845年深秋，英国人在上海外滩圈了一块地，建立了中国第一块租界。若干年后，人们看到了履行程序的一份所谓"租地章程"，这份充其量相当于今天地市级单位发的公文，上面只有光秃秃的23项条款，连个像样的标题都没有，内容直白而裸露。与事后的郑重其事相比，当时没有人能预见这份章程将会给后世带来多么深远的影响。

西方的炮舰外交背后，是抵制中国传统的狭隘外交政策，最惠国条款最能体现中国和西方的这种新关系，上海租界的迅速发展就是按此处理的，西方人打开了清朝的锁国壁垒。在所有国家中，只有中国在利益均沾中受损。

另一个最让国人"诟病"的条款便是治外法权，这也是租界的最大罪名之一。从国家主权角度看，这是对中国主权的侵夺，但这恰恰是在清朝专制的格局中出现的一道缝隙。清政府无法对这里进行有效的控制与管理，清廷军队、官员不能随便经过，也不能随便入内抓人，维新派、革命派都看到了这点，并且有效地加以利用，最后租界成了许多政治失意者的"避难"天堂。而这种聚集又与意识形态领域一些思潮的流入相呼应，使上海在很长时间内成为各种"异端"思想的星火燎原地。

从1853年小刀会起义、租界实行中立开始，上海租界逐渐变成中国政治版图上的孤岛。在这个中央政府统治权力的治外之地，国际新观念的大量输入，让民众思想得到空前解放和自由，上海第一次规模性地生长起中国历来所缺乏的初具现代特征的经济形态。从民族工商业、银行业到房地产业、新闻业、出版业……现代社会应有的现代城市形态，在这里急速孕育生长起来。

1843

由于租界的存在,上海又在法律上出现了在原来官僚体制下所不能给予的某些公正,至少是程序公正,以及最起码的人格尊严,避免了"凌迟、挖眼、割舌"等酷刑。这些法治理念,在清朝治下都是闻所未闻的事情。因此,这里也第一次成规模地培育起了中国人历来所普遍缺乏的法治意识、公民意识、契约意识……由此萌生了自由、多元的城市公共治理机制。"华洋杂居"的上海租界给旧时中国提供了一个市民社会的"模本",这个结论似乎很有些匪夷所思,但事实确实如此。

租界是按西方模式兴建起来的城市,洋人还将西方的城市管理措施也移植了进来,使市政管理法制化、专门化。从理论或者意识上说,代表列强与中国签订条约的领事,是租界的最高领导人,但事实上,租界采用的是侨民自治管理模式,这些领事对租界的管治方式很少具有发言权。一开始,市政职能是由临时性质的"道路及码头公会"行使,1854年7月工部局设立,所有城市事务都被交到了这里,它是公共租界内的最高行政机构。

上海通商后,正值欧洲近代工业科技大发展时期,许多刚在西方出现的新事物很快就传到上海。1865年12月18日,上海南京路上出现煤气街灯,据称"光明如昼",引得人们争相观看,啧啧称奇。时人不知原理,见其不用添油就能喷火,故称之"自来火"。煤气灯给上海夜生活注入了生机,后来沿称了近百年的"不夜城"之名,就是从上海亮起煤气灯开始叫响的。1881年,自来水在租界内出现,第二年又出现了电灯和发电厂。电灯比喷火的煤气灯更神奇,人们又争相来看。之后,电报、自行车、缝纫机、电梯等西洋奇器接踵而来,"见多识广"的上海人就习以为常了。

接触了西洋器物后的心态变化,很微妙地改变着人们对近代科技的认识态度。从19世纪50年代开始,上海人就感受到了西方文明,并逐渐认识到西方文明不仅是船坚炮利,还有科技、文化和制度。

开埠和租界的设立几乎颠覆了原有传统的城市格局和社会秩序,黄浦江沿岸的洋行、银行、酒店,一点一点地改变着城市景观,将上海的发展带到另一个方向。如果说列强抢占上海滩只是拉开了强行催化的序幕,那么避难而来的移民则造就了城市的历史性变革。于是,华洋、城乡、农商之间,各种风俗与理念毫无界隔地混杂一地,传统城镇百姓与近代城市居民的差异、不协调性很快就表现出来，冲突也就在所难免。

在华洋共处的矛盾中，最著名的事件就是外滩公园那块"华人与狗不得入内"的牌子。在开埠前，外滩一带是船工劳作的纤道，1868 年租界当局挑土填滩建成了一个公园。在公园建成后十来年中，几乎没什么华人进园游览，管理方也形成了一种选择性默契，那就是针对中产以上的"公众"开放。但这样的模糊"定位"，显然是存有很大问题的。

1881 年，有华人欲入园游览被阻止，经交涉依然被拒。不久，公园出了六条管理细则，其中规定的第一条是"脚踏车及犬不准入内"，第四条是"除西人佣仆外，华人一概不准入内"。这些规则被人联系起来，最后概括成了"华人与狗不得入内"。虽然公园的投资

上海外滩公园旧照(今称黄浦公园)，位于上海的黄浦江与苏州河交界处。

方是租界，但土地所有权属于中国，在中国的土地上，却要拒绝主人的进入，显然是行不通的，而且带有明显歧视性，这样总结的一句话顿时在华人圈中掀起轩然大波，以至成为一段公案。

事实上，最初租界内很多公共设施也不对华人开放，英国总会、德国总会等娱乐场所，从来都禁止华人入内。"逃进"租界的华人也没有参政权，只是在西方人的耳濡目染之下，同样纳税的华人开始有了公共意识的觉醒，慢慢学会在抗议中获得公民权利，包括进入工部局董事会"参政议政"。

华人们的第一次抗议，没有产生什么实效。四年后，到了 1885 年，工部局打算扩展外滩公园，华人们的抗议又来了。一些华商团体联名具涵租界工部局，要求取消歧视的不平等待遇，更有反应强烈的华人跑到工部局门口抗议，这或许是中国历史上平民式"散步"的起源吧。

1843

　　面对一个数量庞大的华人下层群体,工部局如果不积极应对,那么这种冲突极有可能上升为民族冲突,这是租界当局不愿看到的,于是同意其条件向中国人开放,让华人凭券入园。1898年,为了彻底解决这个棘手的问题,工部局决定向开放式的外滩成倍投放座椅,同时在苏州河南岸辟出一块占地6亩多的新花园向华人开放,以改善华洋对立的状况。

　　百余年来,这场发生在"公共花园"里的中外冲突,成了中国近代屈辱史的一个标志,"华人与狗不得入内"被认作是西方列强辱华的铁证,然而直到今天,依然有学者对历史上究竟是否有过这样一个告示牌争论不休,这个过程充满了矛盾和挣扎。

　　实际上,一些善于自我审视的有识之士,看到了"硬币"的另一面,指出当年洋人限制华人很重要的一条理由,就是华人不守公德、摘花践草。晚清的《图画日报》在一篇文章中写道:"(国人)入是园后,往往不顾公益,任意涕唾,任意坐卧,甚而至于大小便亦不择方向。"1917年,在租界司法部门当文案的姚公鹤,在著作《上海闲话》里有如下记载:"……惟此事并无国际强弱之关系,乃国民教育之关系。闻昔时外人并无此禁令,历见华人一入公共地方,折花驱鸟,糟蹋地方,无所不为,于是跑马场首以营业公司名义,禁止华人之涉足。"

　　一个可以参考的事件是,1916年应华洋义赈会之请,房地产大王哈同开放自家后花园,"然采花、践草、掬水、攀藤,园中景物为游人所狼藉者甚多。会散后,哈同痛惜不已,亲自提壶掇梯,补葺花草"。从此,哈同花园不复开放。

　　对于"公共空间"的理解,中国老百姓侧重于"公共使用",却在"公共管理"方面意识薄弱。姚公鹤在《上海闲话》叹道:"呜呼,教育不普及,又曷怪公益心之薄弱耶!"自20世纪初以来,针对民众公德问题的反省,一直没有停过。一个国家的兴衰与成败,不仅取决于它的政府能否制定和实施正确的战略和政策,同时还取决于是否有能承认现实、自我剖析、自我反省的勇气。如果一个政权不能正确认识历史,连反省的勇气都没有,还能指望它真正与时俱进吗?

　　1909年5月29日,下午四点。广东水师提督李准率领170余名官兵,乘坐两艘木壳军舰前往西沙群岛巡视。这是自甲午战败之后,沉默多年的中国海军重返南海的第一次努力,同时也是中国人对拥有南海主权的一次宣示行动。当这批失意海军官兵,驾驶着破旧的舰船,缓缓驶出榆林港时,在夕阳落日的映照下，竟显得如此悲壮。

"盛世"大清国已不比当年"天朝物产丰盈"，屡战屡败后欠下了一屁股债，不仅里子的棉絮破烂困窘，外面的绸缎上也爬满了无比硕大的虱子。病急乱投医的大清国终于放下姿态，接连派人到美国、日本去学"师夷长技"，但始料未及的是，那些留日生与留美生并未"反哺"清朝，而是"反戈"一击，成为中国近代史舞台上的新主角。他们热衷于"主义"和"革命"，为了"真主义"可以洒热血、抛头颅。

清廷的倒台在很多人心里，似乎是一个命定迟早会发生的事情，就好像是害了癌症，气数已尽，非垮不可了。"墙倒众人推"，虽然是你推你的，我推我的，但众人推的方法和方向是一致的，这便是晚清辛亥革命的形式和性质。

武昌起义的枪响过后，顺江而下的上海是最先响应的城市。11 月 3 日，上海革命党就匆忙发动了起义，具有明确的支援武汉的性质。由于江南制造局是清廷军火生产的重要基地，因此上海的起义成功，对于改变革命军与清军的实力对比具有直接影响。与此同时，申城的革命派报刊也热烈欢呼革命，刊发社论宣布"天佑我汉，胡运告终"。为此，孙中山曾给予高度的评价："武昌起义，各省响应，吾党之士，不约而同，各自为战，不数月而十五省皆光复矣。时响应之最有力而影响于全国最大者，厥为上海。"

辛亥的革命风也让上海的民众雀跃异常。1912 年 1 月 15 日，上海各界在张园举行了一个规模盛大的剪辫大会，据称现场来了 4 万人。当时，会场上设立了几十个理发点，每到一个人剪辫，旁边的人都拍手叫好，群情激昂。剪辫成为了政府鼓励的时尚，据说在政府设立的剪辫点进行剪辫还有一碗面条的奖励。

历史总是充满了偶然和意外。虽然各省宣布独立的报告纷纷传至上海，声称推翻了当地清廷政权，但这场影响并改变中国近现代历史进程的革命，竟然没有一位最高主政者，这恐怕是辛亥革命最为怪诞之处。最后，起事者们将目标锁定在了此刻远在美国的孙中山。

从历史资料调查看，武昌起义期间，孙中山正在美国科罗拉多州丹佛市一家中餐馆打工。10 月 12 日中午，他从一份报纸看到"武昌为革命党占领"的简讯，才知道国内发生了翻天事件。他没有立刻回国，而是去了纽约、华盛顿，又坐船到伦敦和巴黎，希望筹款革命，却无功而返。在伦敦时，孙中山收到电报，要求他回去担任总统。

12月25日，圣诞节，孙中山乘坐的"地湾夏号"轮船抵达上海吴淞口码头。沪军都督陈其美派了一艘小火轮前去迎接，船上还挂了代表新政权的五色旗。在上海，孙中山居住了6天。此前，很多人猜测这位常居海外的革命者是带了巨资回国，《申报》还数次报道他购买战舰、兵舰带回的消息。当时有记者询问："您这次带了多少钱来？"孙中山回答："予不名一文也，所带者革命之精神耳！"

这位即将就任中华民国临时大总统的革命者，的确没有带回一文钱。在赴南京就任的前一天傍晚，孙中山找到日本友人借钱，"如果不保证在一周之内帮我借到500万元，我当了总统也只好逃走"——这样的类似记载在不少有关辛亥革命的著作及孙中山的传记中都有。最后解决这个棘手问题的是上海工商界，他们资助了700万两白银，从而在经济上支持了这位革命领袖开展工作。

事实上，对清政权极端失望的上海商业集团，是辛亥革命幕后的重要推动者之一。在同盟会中，亦不乏来自上海深具影响力的买办、银行家和实业家。上海绅商和革命党之间的合作不是随着起义才产生的，而是早在起义前就已经在合作，共同为起义做准备。沈缦云、虞洽卿等商人一直在暗地组织"革命军饷征募队"，替陈其美等人向商家筹借钱款。在陈其美任都督的军政府中，商人有着惊人的高比例：中国通商银行总董、轮船招商局董事李平书担任民政部长；信成商业储蓄银行大股东沈缦云任财政部长；大达内河轮船公司总董王一亭任交通部长；四明银行理事、买办虞洽卿任顾问官、外交次长；另外"粮食大王"顾馨一、老买办朱葆三等都担任了重要的职务。

上海的地方绅商在辛亥革命前后，不遗余力地在经济上支持革命党，是革命政府初期的重要资助者。在某种程度上，是他们维系了这个新生的政府，让其度过了最初的生存危机。跻身革命起义队伍的上海绅商，努力防止着这座城市陷入动荡，同时避免战火损毁生意的运作。当他们在军政府中掌握权力后，加紧实施着理想中的现代城市规划。由于他们的出身和所捍卫的社会准则，他们的行为使人很容易相信这的确是一场资产阶级革命，如同一个世纪前的欧洲。但是，职业革命家和绅商的结盟是脆弱的，他们最终没能突破自己的局限，没能对城市和国家命运产生持久的影响。

1843

1912 年 1 月 1 日，孙中山成为"中华民国"的首任"临时大总统"。共和之制，由此肇始。可惜，孙中山等人过高地估计了自己的力量，这个与帮会搅和在一起的革命党，其实在各省独立政府中所占力量并不大，不同的政治理念让这种结盟很快分崩瓦解。从这个时候起，一个出自同盟会的政党——国民党，就与上海帮会之间保持了一种特殊的关系，而且这种关系一直保持到了 1949 年。

孙中山的临时大总统，仅仅做了 92 天就卸任了。他又回到了上海，在法租界宝昌路 491 号的寓所，度过了一段相对平静的隐居生活，并开始着手用英文撰写《实业计划》。据考证，从 1894 年上书李鸿章途经上海算起，孙中山一生共到过上海 27 次。尤其是辛亥革命后的 1912 年至 1924 年，在这段日子，孙中山发动二次革命和两次护法战争，每遇挫败，他就回到安全较有保障的上海租界。有人因此说，如果南京是孙中山的政治顶峰，那么，上海就是他的革命港湾。

后来，袁世凯成了民国大总统，头衔中没了"临时"两字。袁世凯是典型的"乱世奸雄"，他在晚清官场混迹多年，能力很强，是继李鸿章之后国家最大军事集团"北洋"系统的领导人。但历史对袁世凯的诟病很多，按照传统教科书的说法，辛亥革命的果实是被他篡夺的，而且他还复辟当皇帝，完全破坏了民主共和，是窃国大盗、复辟元凶。其实，袁世凯最初当选大总统，是实至名归的，当时很多国会代表认为袁世凯有可能同意革命，否则孙中山也不会那么轻易"禅让"。所谓"篡夺"一词，只是后来的说法。

1913 年 3 月 20 日夜，宋教仁准备赴京接任国务总理，却在上海火车站遭遇暗杀。宋教仁的去世加速了革命党和袁世凯的决裂，最终引发"二次革命"。上海商界的精英们出于自身革命的经历以及对有序政体的向往，放弃了原来的选择，拒绝支援南方起义者的"二次革命"，主张谈判解决争端。为维护地方利益，上海商务总会还宣布："上海乃通商口岸而非军事战场……不论什么政党，首先挑起对立冲突者，即被视为民众之公敌。"

这个时候，世界出大事了，1914 年"一战"爆发。对东方而言，"一战"就是"欧战"，因为主战场基本在欧洲，但日本主动参战了，它只打了一仗，就是攻击了驻扎中国青岛的德军。这场战争规模不大，对中国的影响却不小。袁世凯的麻烦也随之而来，日本人将著名的"二十一条"送到了他面前。为了维护自身权位的袁世凯，几经"软磨硬拖"，最终屈服于日本"最后通牒"，签订了《民四条约》。

袁世凯的声名从此发臭,再加上此后宣布复辟称帝,连他的亲信大将段祺瑞、冯国璋等人都站出来反对,最后袁世凯在众叛亲离中死去,成为一个历史悲剧。袁世凯死后,中国的政局又陷入了一种因权威缺失而导致的混乱状态。

纵观中国的千年历史,可以发现一个很耐人寻味的现象,那就是当一个中央集权强势出现的时候,往往会带来经济的高度繁荣,而在集权丧失的乱世,却往往是思想和文化的活跃期。民国初年的军阀割据,导致各种思潮在中国交错激荡,新刊物、新思想层出不穷,犹似春秋战国,出现儒家、道家等灿如星河的诸子百家一样,民初思想界的日子很像一个人的青春期,明亮、躁动而又充满忧伤和苦闷。

1915 年,36 岁的陈独秀从日本返回上海,落脚在法租界里。他把自己办《青年杂志》的想法,告诉了当时开办"群益书店"的陈子佩、陈子寿兄弟。陈氏兄弟欣然同意承担《青年杂志》的印刷和发行工作,并议定杂志为月刊,每月的编辑费和稿费 200 元。

9 月 15 日,一本竖版排印、16 开的杂志在上海法租界创刊。在第一卷第一号的封面,印着美国钢铁人王卡内基的头像,旁边印着杂志的刊名:青年杂志。为了与基督教上海青年会主办的杂志《上海青年》区别开来,从第二卷起该杂志改名为《新青年》。或许陈氏兄弟没有想到过,他们每个月出的这 200 块钱,会对未来中国起到多么深远的影响。

陈独秀主编的《新青年》杂志创刊号封面

在向传统挑战的时候,当一个老的解决问题的方式不再生效时,体现中国式现代化的租界,便成了知识分子思考国家命运和实现自己企图的理想地方。一般都认为,《新青年》是"五四"的一面旗帜,新文化运动的序幕起始于这份杂志的创办。作为创刊地的上海,从 19 世纪末的戊戌变法时期开始,就是中国新型知识分子的集合地,这不仅是因为上海的新式学堂培养了许多"新青年",还在于上海租界的特殊性,给予了宽松的政治环境与发达的文化市场。"新青年"们在上海,不但能够比较充分地表达自己的思想,而且较少受到压抑。

因此，上海这本提倡新道德反对旧道德，提倡新文学反对旧文学的杂志，迅速得到全国思想文化界的关注。陈独秀也顿时成为向往新思想的青年心目中的精神领袖，年轻的周恩来、刘少奇、邓小平，以及当时还是湖南第一师范学生的毛泽东，都是《新青年》的粉丝。

随着影响力扩大，陈独秀身边聚集了一批有着新思想的青年知识分子撰稿人：李大钊、胡适、鲁迅、蔡元培、吴稚晖、马君武、苏曼殊、周作人、钱玄同、傅斯年……当然，还有笔名"二十八画生"的毛泽东。与此同时，全国出现了许多效法《新青年》的杂志和社团。

1917 年，蔡元培出任北大校长，他力邀陈独秀做北大文科学长。陈欲以回上海办《新青年》为由推辞，蔡元培表示"可以把杂志带到学校里来办"，陈答应了。他不仅将《新青年》编辑部从上海迁到北京，还把李大钊、胡适、鲁迅、刘半农等一批新文化运动的战将带进了北大，北京也因此替代上海，成为新文化运动的中心。

1918 年 11 月 11 日，第一次世界大战以协约国胜利宣告结束，中国也是协约国成员之一。自鸦片战争以来，中国何尝有过如此"胜绩"？举国上下顷刻间沉浸于巨大的喜悦之中。然而，盛大的庆祝活动余音尚绕，巴黎和会上传来了外交失败的消息：英、法、美、日等国不仅拒绝了中国代表提出的取消"二十一条"以及无条件收回德国等战败国在华特权的要求，还厚颜无耻地把德国在山东的特权，全部转让给日本。中国作为战胜国，在"公权战胜强权"的逻辑下却受此凌辱，而北洋政府居然同意在和约上签字，一时举国哗然。

当局出卖民族利益、割让山东的行径则像一捆枯草遇到了火星，一股炽热的民族主义浪潮奔涌而出。觉醒的中国青年知识分子率先走上街头，打出"还我青岛"、"废除二十一条"、"外争主权，内惩国贼"等口号，掀起了全民族反抗帝国主义的浪潮。这一天是 1919 年 5 月 4 日，"五四"由此成为了时代的印痕，被国人永远铭记。

陈独秀因散发传单被捕，是"五四"这一特殊时期重大的新闻。当时正在上海进行南北和谈的孙中山对北洋政府代表厉声道："你们做了'好事'，足以使国人相信，我反对你们是不错的。你们也不敢把他杀了，死了一个就会增加五十个、一百个。你们尽管杀吧！"远在湖南长沙的毛泽东也在《湘江评论》上高呼：

"陈君之被捕,决不能损及陈君的毫末,并且留着大大一个纪念于新潮,使他越发光辉远大……我祝陈君万岁! 我祝陈君至高至坚的精神万岁!"

其实,知识分子不是唯一被爱国情绪感染的群体,在巴黎和会举行期间,早已得知消息的上海商界就行动了起来,他们以同乡会的名义致电北京和巴黎,反对将德国权益转让给日本。5 月 4 日,北京大规模镇压、逮捕游行学生的消息传到上海,上海商业联合会当即与复旦大学和江苏教育总会联系,筹划大规模抗议行动,声援爱国学生。

五四运动爆发不久,日本有报纸以讽刺的口吻写道:"这场示威将是稻草上的火星,燃烧时间不会超过五分钟。"但几个星期后,这"五分钟的示威"还在延续。6 月 5 日,上海工人开始大规模罢工,总人数约 6 万,这是上海开埠以来发生的最大规模的罢工活动。不仅是学生、工人、商业经营者,甚至连上海的帮会组织表现都十分突出。这天上海青、红帮头目开会,决定让他们控制下的所有喽啰参加总罢工;乞丐们也被命令在罢工期间暂停乞讨,他们的饭食由丐帮头子提供。还有报道说,有些妓女还停工歇业,唱起了爱国歌曲。

在上海的示范下,罢工、罢课、罢市浪潮席卷全国 22 个省的 150 多个城市,五四运动不可遏制地演变成了一场全民参与、影响深远的历史事件。民众的示威游行终于有了当局的回应:宣布被捕学生悉数释放,曹汝霖、陆宗舆、章宗祥被免职;不久大总统徐世昌提出辞职;月底,中国代表拒绝在和约上签字。

在震耳欲聋的爱国呼声中,抵制日货是一个贯穿始终的主题。5 月 17 日,上海八家主要报纸同一天发布公告,称不再接受日货广告或者发布日本商业新闻;中国企业家们也倡议"一致戒用日本货",抓住机会发展民族工业;很多商铺也贴出了"本店绝不售日货"的标语。7 月份五四运动达到高潮,日本对华出口几乎断绝。中国将日本牢牢地定位为头号公敌,而抵制日货也成了日后中国社会的常态。

游行的学生捣毁了一些日本商店,并警告经营日货的商人与日本断绝关系。与激进的青年学生相比,企业家阶层显得较为实际,他们尽量把抵制运动的边界局限在非暴力的范围内,使社会秩序不滑向全面崩溃的境地。一个小插曲是,担任五四运动旗手的北大青年傅斯年,在"火烧赵家楼"事件出现后,对运动中的打砸烧做法提出异议,因争辩未决,第二天愤而退出了学生运动。傅斯年开始反省自己并决定赴欧留学,践行他所谓的"改造社会的方法第一步是要改造自己"。联想到 2012 年"保卫钓鱼岛"游行示威活动中的众多"爱国"行为,不禁令当下人汗颜。日后,傅斯年游学归国,曾任台湾大学校长,逝世于台北。

准确地说,五四运动应该分成两个部分,一是倡导思想解放的文化运动,另一个是反对霸权侵略的抗议运动,这两个概念之和才是真正意义上的五四运动。这场运动改变了中国的社会生态,首先是陈独秀、李大钊、胡适、蔡元培等文化思想领袖一跃而起,其次是工人阶级作为一支不可忽视的政治力量,第一次登上了历史舞台。追溯这段历史,新的政治力量和各种自由萌生的主张,是 1919 年留给历史的最大功绩。

工人队伍的大本营就在上海。20 世纪 20 年代的上海,是中国第一大城市,有 229 万人口,是第二大城市天津的 3 倍。这座城市正处于它的青春期,新的阶层在膨胀,新的思想在这里汇集、激荡。据陈独秀主编的《新青年》发表的"上海劳动状况"资料显示,当时全国工人队伍发展到 194.6 万人,其中 51.4 万人在上海,占总数的四分之一还多。

随着"一战"的结束,环视 1919 年前后的世界格局,在中国的北方,俄罗斯人一声炮响,列宁领导的布尔什维克以暴力方式建立了社会主义国家,马克思主义在"十月革命"中响彻世界;而在中国西南方,印度人则在律师莫罕达斯·卡拉姆昌德·甘地的带领下,发起了"非暴力不合作运动",直到 1947 年印度宣告独立。回望 1919 年的中国,同样到了一个十字路口,各种内外部压迫性环境齐集,极端而尖锐的运动方式逐一呈现,再加上南北两大社会思潮的夹击影响,毫无心理准备的中国将选择走向何方呢? 更深沉的诘问是,谁将可能领导未来中国自强并复兴?

"五四"之后,北京政府重新采取文化高压政策,使得包括陈独秀在内的大批文人学者,又纷纷南下上海。在饱受欺辱的黑暗年代里,这个古老东方国家的年轻人,最终决心打碎一切坛坛罐罐。

1920 年春天,在浙江义乌的一间破旧柴房里,从上海返乡的陈望道开始翻译《共产党宣言》。半年后,中国第一个中文全译本《共产党宣言》在上海出版,首版千余册,不多时日就销售一空。就像分娩前带有的剧烈胎动与兴奋,《共产党宣言》全译本在上海面世,无疑给了中国共产党的诞生,注入了一剂强有力的催产针。

5月,俄共派特使魏金斯基"访问领导五四运动的人物",在上海会见了陈独秀,两人"一见如故",此时毛泽东也来到上海拜会陈独秀。这是一个极有意思的交集点,历史结果已经证明,最终完成中国独立与统一的中国共产党,此刻正在酝酿建立之中。

1921年7月23日,上海法租界望志路106号,13位中国年轻人和2位国际友人聚集于此。这批中国最早的马克思主义者,通过一次富有仪式感的会议,宣告了自身的存在。这是那个时代最时尚、最前卫的行为,他们的父辈尚未

上海法租界望志路106号,中共"一大"会址。

适应民国,他们却开始商讨救国建党纲领,梦想着重塑一个中国。二十八年后,参加会议的毛泽东,站在天安门城楼上庄严宣布:中国人民从此站起来了!

中国从此翻开了新的一页,而百年上海滩,也在江轮的汽笛声中开始了新的一天。

后 记

从我的故乡嘉善,到与浙江省接壤的上海市枫泾小镇,开车只需 10 分钟便到了。如果沿着沪杭高速继续往东行驶,40 多分钟后就可以驶进徐家汇一条以嘉善为名的马路。从嘉善路到外滩,只需地铁两站路。

这就是我和上海的距离,这样的距离在高铁时代几乎是可以忽略不计了。

2013 年 4 月 30 日,一个假日,我陪家人登上了黄浦江畔的东方明珠塔,在离地 350 米处鸟瞰上海滩。江面上船只往来,对岸楼宇林立,身后是浦东最为繁华的陆家嘴 CBD 商务区,金茂大厦、环球金融中心和建造中的上海中心大厦……一幢幢拔地而起、高耸入云的摩天高楼,犹如划破天空的经济利器,坚毅、挺拔、神秘,散发着浓郁的城市荷尔蒙。

站在这幢标志着上海改革开放与新时代肇始的建筑里,耳畔是身边的人们发出的阵阵喧嚣声,眼前的景色弥漫着盛世的繁华感觉。此时,也许没有人意识到,他们脚下的土地,在 170 年前发生了惊天巨变:因为一场肮脏的鸦片战争、一纸丧权的卖国协议、一张昏庸的租地章程,西方殖民者肆无忌惮地在上海滩画圈占地,随后,东西方文化在这片“十里洋场”发生了剧烈的撞击,以及绵长的融会。

　　上海，这座城市的历史不是被圈在博物馆里的，而是散落在各个角落中。在南京路、淮海中路、武康路……还有天平社区那些精雅的别墅、石库门背后，隐藏着无数动人心魄的故事。这些故事一定比世界上其他城市里边的故事更为离奇、曲折，因为这里的奇迹大多是外来的、不知背景且神秘的。

　　当西方淘金者和避难者，与中国封建的传统的社会生态相邻而居，外来的傲慢、贪婪、自由，和本土的拘谨、狡黠、抗争难分难解。这中间，又夹着传教士、官员、报人、革命者、黑帮分子……或没头没尾，或怅然若失的故事，这些恰恰是上海这座城市吸引我，让我寻觅并讲述那些故事的一个重要原因。

　　考察近代中国，上海是一个绝佳的切入口，这也是本书写作的初衷之一。外滩的"万国建筑博览群"，在晨钟暮鼓里展示着时光留下的痕迹，每个角落只要轻轻一掸，就能扬起一片厚重的历史尘灰。但世间的残酷在于，某些历史片断，总是会被选择性地遗忘，最后淹没在时间的风尘之中，宛若浮光掠影。探寻这个城市的起源DNA，就像挖掘埋封于地下百年的文物，它们带着满身历史的泥土味扑面而来，让人有种窒息感。

　　感谢多年来支持、鼓励我写作的吴晓波老师，他的师友之言总会让我有醍醐灌顶之感；感谢浙江大学出版社的编辑胡志远、何瑜，以及王留全、屈波、余燕龙、叶赞等"蓝狮子"众多弟兄姐妹，你们的无私帮助让我确信，拥有真挚友情的人生是幸福的。

　　当然，我还要感谢我的家人。已然年迈的父母，常常是烧一桌最好的菜，等候着他们的儿子回家；岳父母则用最为淳朴的慈心，帮我照顾着他们的女儿和外孙；感谢妻子陆月凤和儿子卞一帆，因为我的工作而未能履行的为夫、为父责任，你们的最大谅解和你们的支持是我每一本书的写作动力。

　　最后，必须要感谢当下手捧《上海滩·1843》的你，你们就像闪亮的星星，给我带来了一片璀璨的星空，点亮我的双眸。

卞君君

2013 年 5 月 6 日于杭州

参考文献

[美]费正清.伟大的中国革命.刘尊棋译.北京:世界知识出版社,2005

熊月之,周武.上海:一座现代化都市的编年史.上海:上海书店出版社,2007

姜龙飞.上海租界百年.上海:文汇出版社,2008

吉建富.海派报业.上海:文汇出版社,2010

熊月之,徐涛,张生.上海的美国文化地图.上海:上海文艺出版(集团)有限公司,2010

梁元生.晚清上海.桂林:广西师范大学出版社,2010

[法]白吉尔.上海史:走向现代之路.王菊,赵念国译.上海:上海社会科学院出版社,2005

雪珥.国运 1909.西安:陕西师范大学出版社,2010

马长林.上海的租界.天津:天津教育出版社,2009

夏伯铭.上海旧事之哈同夫妇.上海:上海远东出版社,2008

苏智良.上海:城市变迁、文明演进与现代性.上海:上海人民出版社,2011

宋钻友,张秀莉,张生.上海工人生活研究(1843—1949).上海:上海辞书出版社,2011

吴晓波.跌荡一百年:中国企业 1870—1977(上、下).北京:中信出版社,2009

秦宝琦.中国地下社会.北京:学苑出版社,2009

赵云声.中国工商界四大家族.北京:中共中央党校出版社,1995

图书在版编目（CIP）数据

上海滩·1843/卞君君著.—杭州：浙江大学出版社，2013.9

ISBN 978-7-308-11883-5

Ⅰ.①上… Ⅱ.①卞… Ⅲ.①上海市—近代史—研究—1843 Ⅳ.①K295.1

中国版本图书馆 CIP 数据核字（2013）第 170815 号

上海滩·1843

卞君君　著

策 划 者	蓝狮子财经出版中心
责任编辑	何　瑜
出版发行	浙江大学出版社
	（杭州市天目山路 148 号　邮政编码 310007）
	（网址：http://www.zjupress.com）
排　　版	杭州林智广告有限公司
印　　刷	浙江印刷集团有限公司
开　　本	710mm×1000mm　1/16
印　　张	14.25
字　　数	226 千
版 印 次	2013 年 9 月第 1 版　2013 年 9 月第 1 次印刷
书　　号	ISBN 978-7-308-11883-5
定　　价	39.00 元